DEJA DE SER TU PROPIO OBSTÁCULO

Britt Frank

DEJA DE SER TU PROPIO OBSTÁCULO

¿Eres capaz de superar lo que te frena?

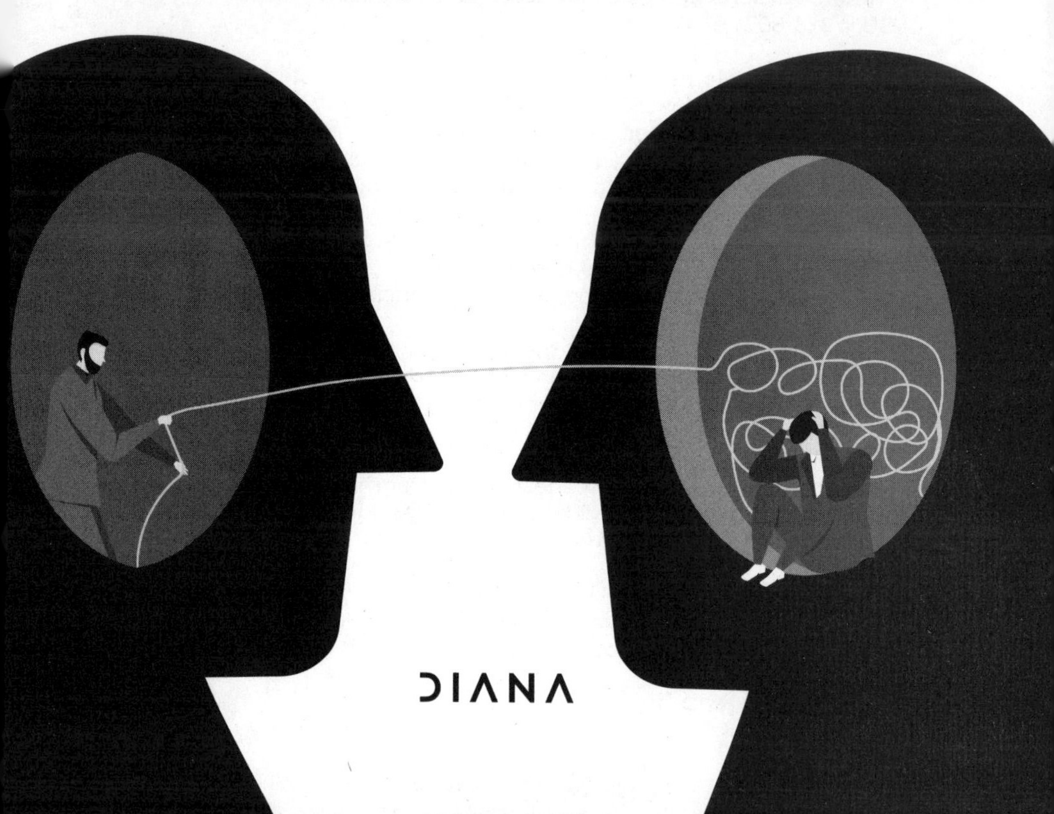

DIANA

Título original: *The Science of Stuck*

Esta edición se publica por acuerdo con TarcherPerigee, un sello de Penguin Publishing Group, una división de Penguin Random House LLC.

Traducción: Ixchel Martínez
Diseño de interiores: Alejandra Ruiz
Diseño de portada: Planeta Arte & Diseño / Paulina Zaragoza Colin
Ilustración de portada: © Getty Images
Fotografía de la autora: © Wheat Photography

Bajo el sello editorial DIANA M.R.
Avenida Presidente Masarik núm. 111,
Piso 2, Polanco V Sección, Miguel Hidalgo
C.P. 11560, Ciudad de México
www.planetadelibros.com.mx

Primera edición en formato epub: marzo de 2025
ISBN: 978-607-39-2608-9

Primera edición impresa en México: marzo de 2025
ISBN: 978-607-39-2439-9

Impreso en los talleres de Litográfica Ingramex, S.A. de C.V.
Centeno núm. 162-1, colonia Granjas Esmeralda, Ciudad de México
Impreso y hecho en México – *Printed and made in Mexico*

Dedicado a b

NOTA DE LA AUTORA

Este libro es una guía que contiene investigaciones científicas, prácticas basadas en evidencia y anecdóticas, así como historias profesionales y experiencias personales. Veo el mundo a través del lente de una mujer blanca cisgénero privilegiada que vive en la cultura occidental. Existen tantas razones para estar estancado como humanos hay en la Tierra. La información aquí proporcionada está dirigida a personas que tienen a su disposición opciones, una relativa seguridad y acceso a recursos, pero *no* se aplica a situaciones de abuso, opresión, esclavitud, enfermedad mental grave o crónica, diferencias de poder o racismo sistemático. Cualquier práctica que te aliente a analizar tu diálogo interno o a «modificar tu mentalidad para cambiar tu estado de ánimo» tiene el potencial de ser tóxica y victimizante. Como regla general, «controlar tus pensamientos» *solo* funciona si estás en un ambiente seguro en el que tienes opciones a la mano.

Esta información no tiene fines terapéuticos ni remplaza los tratamientos para la salud mental. Las herramientas y ejercicios *no* se aplican de forma universal a todas las personas, en todas las culturas y en cada situación. El capítulo sobre dinámica familiar asume que tus padres o tutores tienen la capacidad de autorregularse y hace referencia específicamente a las normas de la sociedad occidental moderna. Existen tradiciones culturales, circunstancias socioeconómicas y muchas otras razones por las que los menores en ocasiones necesitan asumir roles de adultos. Este libro no se enfoca ni debe aplicarse en situaciones de «estancamiento» relacionadas con el género, la sexualidad o la desigualdad social.

Toma lo que te sirva y olvida el resto. Si bien es cierto que a menudo factores psicológicos generan síntomas físicos, *siempre* debes recurrir a un profesional de la salud para descartar causas médicas antes de hacer cualquier otra cosa. No dejes de tomar tus medicamentos sin la supervisión de un profesional de la salud calificado. Si actualmente eres adicto a alguna sustancia química, busca atención médica, ya que intentar desintoxicarse del alcohol y ciertas drogas sin supervisión puede ser peligroso e incluso poner en riesgo tu vida. La información que comparto habla sobre modificar patrones de *conducta*, no sobre disminuir gradualmente el consumo de sustancias. Si reconoces que representas un peligro para ti o para los demás, o conoces a alguien que lo sea, deja el libro y ve a una sala de urgencias de inmediato. Asimismo, cambié los detalles que identifican a los pacientes.

Deja de ser tu propio obstáculo incluye información sobre enfermedades mentales, abuso, violencia de pareja, trauma sexual, dolor, adicción a las drogas, trastornos alimentarios y otros temas que algunos lectores pueden considerar perturbadores. Si requieres ayuda inmediata, llama a la Línea de la Vida al número 800 911 2000.

ÍNDICE

PRÓLOGO

Hacer amigos en la adultez es un fenómeno incómodo y extraño para el que nadie te prepara. ¿Quién en su sano juicio quiere mostrarse vulnerable y preguntarle a otro adulto, de forma explícita o no, «¿Quieres ser mi amigo?»? La respuesta es nadie. Es tan vergonzoso como ser el niño nuevo del salón.

Bueno, hace unos años, descubrí una entrevista que le hicieron a Britt en el pódcast del *show* de Meredith Atwood, *The Same 24 Hours* [Las mismas 24 horas]. Britt me hizo carcajearme, asentir de vez en cuando e incluso gritar «Amén» una o dos veces. ¿Quién es esta psicoterapeuta tan graciosa y amable que manifiesta la verdad y aniquila la vergüenza? *¡Yo quiero ser su amiga!*

Si tan solo hubiera tenido esta joya de libro para consolarme (lee el capítulo 6), pero —¡qué lástima!— no la tenía, así que envié un tonto mensaje como fan a @brittfrank en Instagram.

Para mi fortuna, Britt tiene la capacidad de neutralizar la incomodidad de un momento torpe en redes sociales en menos de tres segundos porque es una de esas personas peculiares que en verdad se deleitan con las locuras de lo que el reconocido psicólogo Albert Ellis llamaba «humanos falibles y miserables».

Dos años después, Britt no es solo una estimada colega, sino también (y más importante aún) mi querida amiga.

Como te habrás dado cuenta, la conducta humana es una verdadera desgraciada. Todos en algún momento luchamos con el exasperante problema de *saber* lo que hay que hacer y, sin embargo, seguir sin hacerlo. Es la gran paradoja de la condición humana y, como tal, no es nada nuevo.

Hace doscientos años, Saulo de Tarso, entonces conocido como Pablo, escribió en *Epístola a los romanos*: «No entiendo lo que me pasa, pues no hago lo que quiero, sino lo que aborrezco». Y finaliza el sentimiento con esta declaración (con la que todos podemos identificarnos): «Aunque deseo hacer lo bueno, no soy capaz de hacerlo». Creo que san Pablo da rotundamente en el clavo.

Pienso que esta guerra interna es la característica determinante del estancamiento; pero, al igual que la experiencia de la felicidad, el estado de estancamiento puede definirse más fácilmente a través de la metáfora (sí, Britt te enseñará que está bien que los científicos conductuales se adentren en las artes del lenguaje y usen la metáfora con gran eficacia). El doctor Robert Kegan, psicólogo del desarrollo y profesor de Harvard, describe el *estancamiento* como intentar conducir un auto con los pies sobre el acelerador y el freno al mismo tiempo. Un pie presiona el acelerador (tus buenas intenciones) y el otro se hunde en el freno (actuando de manera opuesta a las buenas intenciones). Revolucionamos nuestros motores, pero no nos movemos, lo cual es agotador.

A juzgar por el hecho de que estás sosteniendo este libro, imagino que conoces bien el carrusel de tu desconcertante conducta. Me atrevería a suponer que estás listo para bajarte de él e, incluso, salirte del parque de diversiones.

Permíteme asegurarte que encontraste la guía correcta para encontrar la salida.

Con su candor, humanidad y humor, Britt Frank te ayudará a comprender por qué estás estancado desde un enfoque sensible al trauma (pista: ¡no es lo que crees!). También descubrirás qué sucesos predecibles pueden llevarte de vuelta al estancamiento (sugerencia profesional: llévate este libro a casa para las vacaciones) y cómo aceitar las bisagras atascadas de tu vida para comenzar a aflojarlas. Nota: Hay ejercicios prácticos en cada capítulo.

Sin embargo, ya que es evidente que eres lo suficientemente valiente para aceptar que hay un área de tu vida que se está yendo por la borda, voy a respetar tu valentía y a decirte la verdad sobre este libro. Ahí te va: No promete transformaciones fáciles; no es sutil, y, sin duda, derribará la pantalla de kabuki de tu vida para revelar la mugre estancada. ¿Suena divertido? Probablemente no, pero estar estancado tampoco lo es.

Si, como dicen, en verdad estás harto de estar harto, quédate con Britt. No te ofrece un dulce trago de aceite de serpiente, sino medicina psicológica efectiva que salva vidas. Cabe añadir, que su medicina se basa en investigaciones y se ha perfeccionado a lo largo de su propia y muy próspera práctica terapéutica, lo cual es un valor añadido en este mundo de expertos sacados de Instagram en el que vivimos.

El desarrollo evolutivo por cada estadio, desde la cuna hasta la tumba (sí, existen estadios de desarrollo incluso para nosotros los adultos), trata prácticamente de la continua tensión en constante evolución entre nuestro impulso de protegernos y nuestro impulso de transformarnos. La tensión entre defensa y mejora, límite y posibilidad, es, en esencia, un acto de esperanza en sí mismo. Si nos encontramos por completo en modo defensa, límite y estancamiento, no hay esperanza; pero si nos hallamos en modo mejora, posibilidad y crecimiento ilimitado, no se necesita la esperanza.

Este libro no solo ofrece esperanza para quienes estamos estancados, sino que nos enseña que conforme nos involucramos en esta tensión entre nuestra protección y nuestra evolución, nos convertimos en una auténtica representación de esperanza viva.

Dale la vuelta a la página y comprométete a seguir la sabia y compasiva guía de Britt Frank porque tú, querido lector, sin importar qué tan profundo te encuentres metido en tu propio estiércol, eres la esperanza misma. Después de todo, el estiércol crea excelentes fertilizantes.

Doctora Sasha Heinz,
psicóloga del desarrollo y *coach*

INTRODUCCIÓN

Si el cerebro humano fuera tan simple como para entenderlo, seríamos tan simples que no lo comprenderíamos.

EMERSON M. PUGH

Es el final de un día entre semana: terminaste tus tareas; tus hijos, si los tienes, están durmiendo; cumpliste con todas tus obligaciones. Desde hace tiempo quieres comenzar a ejercitarte y, por fin, tienes una noche libre. Piensas que *deberías* ir a correr, pero lo que *realmente* haces es sentarte en el sillón[1] y ver un maratón de tu serie de televisión favorita.

O quizá has estado anhelando conseguir mayores logros en un trabajo nuevo. Ya aprendiste todo lo que podías en tu puesto actual y es momento de seguir adelante. Tu vida es, por fin, estable y sientes que *deberías* comenzar a enviar solicitudes para un empleo nuevo, pero lo que *realmente* haces es seguir en un trabajo

[1] Si no lo has hecho todavía, mira la parodia de *Saturday Night Live* «Pro-Chiller Leggings» [Mallones prorrelajación]. Te sentirás totalmente identificado.

para el que ahora estás sobrecalificado, por lo que ya no te proporciona un sentido de recompensa, energía o propósito.

Tal vez estás estancado en una relación tóxica; estancado en problemas de alimentación o de imagen corporal; estancado en la espiral del autojuicio y el «debería»; estancado en la presión familiar; estancado en el modo bloqueo sin poder dar el paso entre lo que *sabes* y lo que *realmente* haces, y, la cereza del pastel de la vergüenza: es probable que asumas que el problema eres *tú*.

No eres flojo; *no* estás loco;[2] no eres débil, tonto, frágil, imperfecto ni te hace falta fuerza de voluntad. Y a pesar de que tu agobiante yo crítico interno te lo diga, *no* tienes un problema de motivación. Hay algo *más* detrás de tus planes de autocuidado descartados, listas de actividades abandonadas y metas desatendidas; salir de ahí es más fácil de lo que crees.

Por qué deberías creerme

A pesar de tener una vida que aparentaba ser impecable (con un título de una prestigiosa escuela enmarcado en caoba y colgado en la pared), yo era un verdadero caos andante. Tal vez en la definición de *estancado* de Wikipedia encuentres una foto vieja mía en la que estoy con un Marlboro mentolado humeante en la boca, ignorando testarudamente el moho (y los ratones) en mi departamento ubicado en el centro de Los Ángeles y tambaleándome gracias a otra relación *desastrosa*, un ataque de pánico o un episodio de depresión.

Sé lo que se siente estar estancado.

Después de graduarme de la Universidad Duke, abandoné mis actividades intelectuales y desperdicié mis múltiples habilidades de manipulación en un empleo de una empresa de publicidad que

---

2 La palabra *loco* es imprecisa desde el punto de vista biológico. No existen las personas «locas». Tener una enfermedad mental o sufrir síntomas de salud mental no significa estar loco. En el libro, la palabra *loco* se usa como una metáfora para denominar lo que se siente cuando no hay una explicación evidente para emociones o síntomas intensos.

aborrecía. Mi vida era más *Fumar, llorar, atascarse* que *Comer, rezar, amar*. Cuando ya no me fue posible recurrir a la anorexia, los analgésicos, el azúcar, la revista *Us Weekly*, la adicción al amor o la negación para anestesiarme, me uní a un culto fundamentalista. Sí, un culto.

En efecto, las extrañas prácticas religiosas desviaron mi atención de las emociones dolorosas (algo así como una mordedera para mi cerebro). Obedecer reglas no negociables y seguir disciplinas estrictas crearon la ilusión de tener una familia y un sentido de pertenencia. Mi sistema sumamente sensible y volátil se sintió temporalmente reconfortado por el hecho de que alguien *más* me dijera qué hacer y cómo pensar. Cuando la vida del culto no funcionó, probé con psíquicos, exorcismos, meditación, yoga, ayuno intermitente, medicamentos, ser una buena persona, ser una mala persona, ser auténtica, ser falsa, y todo lo de en medio.

Sin embargo, el estancamiento persistió.

La primera vez que observé un atisbo de posibilidad de que la situación podría cambiar fue durante una sesión en un grupo de apoyo. Una noche, un terapeuta compasivo puso su mano en mi hombro y me susurró al oído mientras berreaba en el suelo a moco tendido: «Britt, *no* estás loca». Esta simple declaración abrió una puerta que me llevó a un recorrido de una década hacia el descubrimiento de por qué hacemos lo que hacemos.

¿Cuál es la conclusión? Existe una *razón* por la que estás estancado, y *no* es la flojera. La salud mental *no* es un proceso mental, sino un proceso *físico*. Para la mayoría de nosotros, incluso los síntomas más aterradores no son enfermedades mentales, sino *respuestas corporales*. La trayectoria de toda mi vida cambió cuando aprendí sobre las respuestas corporales. Los síntomas del trastorno límite de la personalidad, el trastorno bipolar tipo 2, la depresión clínica y los trastornos alimentarios prácticamente desaparecieron. Los patrones de estancamiento de toda la vida se esfumaron y quedaron en el pasado remoto. Al final, regresé a la universidad y me convertí en una psicoterapeuta profesional. Este libro no resolverá tus finanzas, ni cambiará tu cuerpo, ni curará enfermedades como por arte de magia, pero te *mostrará* cómo me liberé, así como las formas en las que puedes hacerlo tú también.

Por qué leer *este* libro

Es probable que tengas una pila de libros en tu mesa de noche. Adentrarse en millones de investigaciones puede aumentar el grado de agobio de tu ya saturado sistema. Por ello extraje y reuní información de mi propia pila de libros para que puedas tener todo en un solo lugar, como una guía de estudio sobre autoayuda. Haremos un recorrido veloz en lancha por el mundo de las relaciones, los hábitos, la motivación, la procrastinación y el agobio. Aunque puede ser divertido echar el ancla y sumergirse en el abismo, el objetivo del libro es darte la información *justa* para salir adelante.

Cada capítulo cuenta con tareas que puedes completar en cinco minutos. Una advertencia: todas las herramientas y técnicas asumen que tienes suficiente comida, un lugar seguro para vivir y cierto acceso a recursos. Hay tantas razones para estar estancado como hay humanos en la Tierra, y algunas veces las personas se encuentran estancadas porque no tienen opciones. Las causas y soluciones para enfermedades mentales graves y crónicas, el racismo sistemático, la desigualdad social, la opresión patriarcal, la pobreza generacional y el trauma severo están fuera del ámbito de este libro.

Cómo usar el libro

¿Recuerdas la serie de libros *Elige tu propia aventura*? En lugar de comenzar a leer en la primera página y terminar en la última, tú decidías cómo se desarrollaba la historia. Cada vez que te sentabas a leer, experimentabas el cuento de una forma nueva. Leer de principio a fin nunca ha funcionado para mí, así que estructuré el libro de manera que puedas leerlo en el orden que quieras. Puedes elegir entre tres caminos, ya que cada uno presenta una estrategia diferente para abordar la información.

Camino 1. «No tengo tiempo»

No necesitas leer todo el libro. Elige los temas que te llamen la atención y ve directo al final de cada capítulo, donde encontrarás un resumen en forma de lista, una breve sección sobre qué hacer y qué no hacer, y desafíos de cinco minutos que pueden aplicarse *hoy mismo*. Encontrarás notas a pie de página a lo largo de la lectura que puedes pasar por alto.

Camino 2. «Tengo curiosidad por saber más, pero no tengo mucho tiempo»

Lee los capítulos que se apliquen a tu situación. Si tu familia es maravillosa, pero no puedes dejar de procrastinar, sáltate la sección de familia y dirígete al capítulo 3, «El mito de la motivación». Si las relaciones con tus amistades son saludables, pero no puedes dejar de comprar o comer, ve al capítulo 8 para aprender sobre los hábitos y las adicciones. Lee lo que te parezca relevante, échale una ojeada a lo demás, y revisa los resúmenes y ejercicios al final de cada capítulo. Ignora las notas a pie de página y vuelve a ellas cuando tengas tiempo.

Camino 3. «Tengo tiempo. Cuéntamelo todo»

Lee cada capítulo (en el orden que desees) y realiza todos los desafíos de cinco minutos. Ten contigo un marcador, una pluma y un cuaderno de apuntes. Como contenido adicional, encontrarás datos divertidos y pensamientos aleatorios en las notas a pie de página. Si estas te distraen, puedes leer el capítulo completo primero y regresar a ellas después. Estos «aperitivos para el cerebro» están esparcidos por todo el libro.

¿Ciencia... o pseudociencia?

Es una verdad universalmente aceptada[3] que, cuanto más sabemos, más nos damos cuenta de que no sabemos *nada*.[4] Por ejemplo:

- Un rayo *puede* impactar dos veces en el mismo lugar.
- Los avestruces *no* entierran la cabeza en la arena para eludir a los depredadores.
- La estrella polar *no* es la más brillante en el cielo.
- Los murciélagos *no* son ciegos.
- Plutón *no* es un planeta.

Mmm.

Unos médicos del siglo XIX «cancelaron» a un colega porque sugirió que lavarse las manos reducía la mortalidad en los hospitales.[5] Si buscabas en Google «el ser viviente más grande en la Tierra» a principios de 2021, el resultado arrojado era la ballena azul, pero eso es impreciso. El ser viviente más grande del planeta (a la fecha en que se escribió este libro) es un hongo en Oregón conocido como *Armillaria ostoyae*, al que también se le da el sobrenombre de *hongo gigantesco*.

¿Qué significa esto para ti?

Cuando se trata de comprender las emociones, los comportamientos y la conciencia, nadie puede decirte con absoluta certeza:

[3] Modifiqué esta frase de *Orgullo y prejuicio*: «Es una verdad universalmente aceptada que un hombre soltero en posesión de una gran fortuna necesita una esposa».

[4] Paráfrasis de la cita original atribuida a Aristóteles: «Cuanto más sabes, más te das cuenta de que no sabes».

[5] Las creencias del doctor Ignaz Semmelweis sobre el lavado de manos sí que enfurecieron a sus colegas. No les gustó la acusación de que necesitaban limpiar *aún más* sus rechinantes manos masculinas antes de tocar a los pacientes. Lo acosaron hasta ocasionarle un colapso nervioso y finalmente murió en un asilo para lunáticos. La cultura de la cancelación *no* es un concepto nuevo. Lee <https://www.britannica.com/biography/Ignaz-Semmelweis>.

«*Así* es como funciona el cerebro», ya que es un sistema complejo y probablemente desconocido en su totalidad. El famoso científico Carl Sagan una vez escribió: «Se dice que la astronomía es una experiencia que genera humildad y forja el carácter».[6] Podría decirse lo mismo de la neurociencia si consideramos que las células en tu cabeza son tan hermosas y desconcertantes como los cúmulos de galaxias. Con suficiente tiempo e investigación, a menudo los *hechos* científicos se convierten en ciencia *ficción*.

Aunque todos quisiéramos tener una tablilla con la verdad científica inalterable, esta no existe. El libro es una compilación cuidadosamente seleccionada de la información y las herramientas más útiles que he utilizado conmigo misma y mis pacientes. No pretende ser una «teoría del todo» aplicable a todas las personas, problemas y circunstancias.

Advertencia

La ciencia siempre está sujeta a cambios sin previo aviso, y los científicos en ambos lados de un problema pueden citar estudios que «prueban» casi cualquier cosa. Debido a esto, puede ser difícil distinguir entre la buena y la mala ciencia. Con frecuencia los choques entre los que aceptan y los que niegan la ciencia tienen consecuencias catastróficas. Algunos ejemplos son el debate sobre si el calentamiento global[7] es real (lo es) y la discusión sobre si las vacunas salvan vidas (lo hacen).[8] Una forma útil de abordar tu proceso es preguntarte: «¿Creer en esta idea o probar este ejercicio podría

---

[6] Esta cita de Carl Sagan proviene del libro *Un punto azul pálido*. Lee el libro si requieres una dosis de inspiración.

[7] Incluso los escépticos aceptan que el calentamiento global es un fenómeno real. Lee «Know the Facts: A Skeptic's Guide to Climate Change» [Conoce los hechos: una guía sobre el cambio climático para escépticos]: <https://static.berkeleyearth.org/pdf/skeptics-guide-to-climate-change.pdf>.

[8] La comediante Hannah Gadsby es quien mejor lo resume en su monólogo titulado *Douglas*: «A pesar de que la vida es difícil, es bueno tener una vida, y es particularmente bueno tener esta vida en un mundo sin polio. La poliomielitis es mala, y eso es un hecho, no una percepción».

causarme daño a mí o a otros?». La mayoría de mi trabajo como psicoterapeuta está inspirado en teorías académicas claras y bien definidas, pero la práctica es un juego más desorganizado.

Los supuestos con los que se trabaja en este libro son los siguientes:

- Cuando estás en modo lógico, sientes que estás en el asiento del piloto de tu cerebro.
- Cuando estás en modo emocional, sientes que estás atrapado en la cajuela de un auto que va a toda velocidad sin frenos.
- Tu personalidad no es una sola pieza, sino una serie de partes y subpartes.
- Tienes el poder de cambiar tu manera de *pensar* (en la medida en que tengas opciones, voluntad para hacerlo y acceso a recursos).
- Tienes el poder para cambiar tu forma de *actuar* (en la medida en que tengas opciones, voluntad para hacerlo y acceso a recursos).

La sanación emocional es un proceso tanto artístico/creativo como fáctico/científico. Orson Scott Card escribió una vez: «Las metáforas tienen la capacidad de contener la mayor verdad en el menor espacio». Estos son algunos ejemplos de metáforas que se usan a lo largo del libro, las cuales no deben interpretarse literalmente:

- **Cerebro de sobrevivencia:** no es una descripción literal de tu anatomía.
- **Sistema límbico:** descubrimientos recientes de la neurociencia han desmentido la idea de que existe un área fisiológica exacta donde residen las emociones.
- **Cerebros programados:** el cerebro es una red en constante cambio y evolución. No estamos «programados» en un sentido literal.
- **Interruptores cerebrales de activación y desactivación:** si hubiera circuitos e interruptores claramente etiquetados

en nuestras cabezas, solo necesitaríamos electricistas cerebrales para sentirnos mejor, no terapeutas, *coaches* o libros.

Una de las metáforas más extendidas que verás en la cultura pop (a pesar de su inexactitud científica) es la idea de que tienes un «cerebro reptiliano». Proviene de la teoría (obsoleta) de que el cerebro es un pastel de tres capas con una capa inferior llamada cerebro reptiliano, una capa intermedia que se conoce como cerebro emocional[9] y una capa superior que recibe el nombre de cerebro racional. Actualmente los neurocientíficos señalan que el cerebro es una sola red, no un pastel de tres capas. Las investigaciones indican que las emociones surgen a partir de las experiencias; no están preprogramadas ni recluidas en un lugar específico del cerebro.[10]

De acuerdo, pero ¿cuál de estas declaraciones te es más útil?

1. «De estos avances surgen los conceptos sistema estriado-palidal ventral y amígdala extendida, los cuales han cambiado nuestra concepción de la organización funcional-anatómica del prosencéfalo basal. No es fácil conciliar estos descubrimientos con los modelos actuales del sistema límbico».[11]
2. Cuando estás enojado, algunas veces sientes que se activa un interruptor en tu cabeza, lo que ocasiona que te despidas del cerebro racional y le des la bienvenida al cerebro iracundo.

En realidad, no tienes un reptil endemoniado en la base del cráneo que te obliga a enviarle un mensaje de texto a tu ex o a gri-

---

[9] Continuaré utilizando los términos *cerebro emocional* y *sistema límbico* porque la palabra *límbico* proviene del latín y significa «borde» o «límite». Quizá no exista un límite en el sentido literal que delinee dónde va qué en el cerebro, pero ¿quién de nosotros no se ha sentido irracional y al límite?

[10] «No existen criterios anatómicos para determinar cuál tejido pertenece al "sistema límbico" y cuál no». <https://how-emotions-are-made.com/notes/Criticisms_of_the_limbic_system_concept>.

[11] <https://brainmaster.com/software/pubs/books/Anatomy%20of%20Neuropsychiatry.pdf>.

tarles a tus hijos.[12] Si no conoces la teoría del cerebro reptiliano, mira el *sketch* de la comediante Iliza Shlesinger sobre el «duende fiestero». Según sus palabras, «el duende fiestero duerme en la parte trasera de tu cerebro... y se despierta cuando te escucha decir: "Creo que voy a salir a tomar un trago"». ¿El «duende fiestero» es una verdad científica inmutable?, ¿es importante? Les pedí a varios de mis pacientes que miraran los videos de Shlesinger, ya que son graciosos y útiles; además, es fácil identificarse con ellos.

Cuando estaba hundida hasta el cuello en un patrón de disfunción sexual y adicción a las drogas, dosis digeribles de información y técnicas fáciles de usar me mantuvieron a flote. Lo que necesitaba en ese momento es lo que tienes ahora en tus manos: una selección de las prácticas más eficaces que he recopilado durante mi travesía. Toma lo que te sirva y olvida el resto. Estos recursos pueden ayudarte a sentirte más en control en aspectos como las relaciones de pareja, las amistades, los hábitos y la procrastinación. No tienes que quedarte estancado. Mi propio terapeuta me recordó que «cuando William James escribió sobre empirismo radical, dijo que lo que es real es lo que funciona. Cuando se trata de tu propia salud emocional, eso es lo único que de verdad importa».

Me alegra que estés aquí. Te doy la bienvenida y espero que la lectura de estas páginas sea un viaje que te lleve a cambiar tu mentalidad y derribe la vergüenza. Te invito a hablarte con amabilidad y a hacer un alto al fuego en la guerra en tu cabeza. Si te sientes culpable porque «otras personas viven en peores circunstancias», recuerda esto: la perspectiva es útil, pero la comparación no. Tienes derecho a existir; tienes derecho a ocupar un espacio en el planeta; tienes derecho a sentir ira, miedo y dolor, y también tienes derecho a experimentar la felicidad en tu vida o sentirte como en casa en tu cuerpo.

Salgamos del estancamiento.

---

[12] Desde 2020, la mayoría de los neurocientíficos ya no sostiene la noción de que nuestras vidas están regidas por instintos programados que se activan automáticamente como respuesta a detonantes particulares con determinadas emociones acompañadas por una expresión facial y una sensación física específicas. Lee <https://drsarahmckay.com/rethinking-the-reptilian-brain/>.

LA ANSIEDAD ES UN SUPERPODER

Sin ella, permanecemos estancados

**La locura no tiene por qué ser un colapso.
También puede ser un avance.**

R. D. LAING

Cuando se enciende el testigo de «revisión del motor» de tu auto, sabes que es momento de abrir el cofre. La luz no es el problema en sí, sino una señal que te indica *dónde* está. Tratar de «deshacerte» de la ansiedad es tan contraproducente como intentar desactivar el testigo de «revisión del motor» de tu auto. En algunos casos, la ansiedad es una enfermedad que debe tratarse médicamente antes de poder lograr cualquier otra cosa. Sin embargo, si estás leyendo este libro, es posible que tu ansiedad sea una *luz indicadora*. Aunque es aterradora, incómoda y confusa, la ansiedad es en realidad un superpoder que te brinda la capacidad de alterar el tiempo, saltar de edificios altos en un solo intento y atravesar el concreto con un láser. La mayoría de nosotros aprende a ver la ansiedad como una adversaria, pero en este capítulo aprenderás a verla de una forma totalmente nueva.

¿Por qué deberías creer esta información si todos los titulares de la psicología popular nos cuentan una historia diferente?

Cuando las investigaciones logran salir del laberinto del proceso de publicación, ya pasó una década. Esta es la razón por la que rara vez obtienes la información más reciente en los medios de comunicación tradicionales. Líderes de opinión como el doctor Bessel van der Kolk (*El cuerpo lleva la cuenta*), el doctor Stephen Porges (*Guía de bolsillo de la teoría polivagal*), el doctor Peter Levine (*Curar el trauma*) y la doctora Pat Ogden (*El trauma y el cuerpo*) tienen montañas de datos que demuestran que la salud mental requiere conciencia *corporal*. La ansiedad es una señal física que nos permite saber cuándo no estamos alineados con nuestra seguridad externa o nuestra verdad interna. El uso de medicamentos psicotrópicos fuertes y las etiquetas de enfermedad mental deberían ser casos atípicos, *no* la norma.

El doctor Bessel van der Kolk, psiquiatra y autoridad en el tema del trauma, señala: «El pasado está vivo en forma de incomodidad interior prolongada [...] en un intento por controlar estos procesos, [las personas] a menudo se vuelven expertas en ignorar sus instintos y adormecer la conciencia de lo que sucede en su interior. Aprenden a esconderse de ellas mismas».

La ansiedad es un mapa que te ayuda a salir del estancamiento.

Debido a que la ansiedad es una señal, te quedarás estancado sin ella. Sé que estar inundado de ansiedad es una sensación muy desagradable, abrumadora e incluso paralizante. No obstante, la ansiedad es 100% necesaria para resolver el problema del estancamiento. No es una emoción, sino una serie de sensaciones corporales, y no te ataca, más bien intenta ayudarte. Que se te dificulte lidiar con la ansiedad no significa que estés loco o dañado.

Espera... ¿qué dijiste?

«Pero detesto mi ansiedad».

«Siento ansiedad todo el tiempo».

«Pero mi ansiedad evita que haga ciertas cosas».

«Pero la ansiedad me ataca».

«Pero la ansiedad...».

PUNTO FINAL.

La mayoría de las personas me mira fijamente como si fuera una conspiracionista cuando les explico que la ansiedad es uno de los ingredientes más importantes para salir del modo estancamiento. La epidemia de personas con ataques de pánico, adicción, ansiedad, agobio y enfermedades físicas es un claro indicador de que algo anda mal cuando tratamos de entender la ansiedad, ya que esta no te mantiene estancado; más bien es un mapa que te ayuda a salir del estancamiento.

De acuerdo con la Anxiety and Depression Association of America (Asociación Estadounidense de Ansiedad y Depresión), «los trastornos de ansiedad son las enfermedades más comunes en Estados Unidos y afectan a cuarenta millones de adultos en dicho país [...] o el 18.1% de la población cada año».

¿Es necesario que 40 000 000 de personas sufran enfermedades mentales incurables de por vida o es posible que algo más esté sucediendo? Como trabajadora social clínica especialista, estoy autorizada para diagnosticarte trastorno de ansiedad generalizada, trastorno de ansiedad, trastorno obsesivo-compulsivo, trastorno bipolar y trastorno límite de la personalidad marcando tus síntomas en una lista de la quinta edición de un libro titulado el *Manual diagnóstico y estadístico de los trastornos mentales* (*DSM-V*, por sus siglas en inglés). El *DSM-V*[1] es la biblia de los profesionales de la salud mental, pero lo que la mayoría *no* sabe es que el *DSM* está influido por políticos, su diagnóstico es incompleto y no toma en cuenta los factores del trauma y el entorno. Una vez mi profesor de psicopatología nos dijo en clase: «El *DSM* debería

[1] Con suerte, las siguientes ediciones del *DSM* incluirán más información sobre los factores del trauma y el entorno.

significar *manual tope de puerta*, ya que solo sirve para mantener la puerta abierta».[2]

¿Y si el problema no está dentro de ti?

Durante mi residencia en el hospital psiquiátrico, nunca me enseñaron a preguntar sobre opresión, patriarcado o racismo sistemático como un factor que pudiera contribuir a la ansiedad. En ninguna parte de mi gran pila de libros y tareas se me pidió aprender sobre el sistema nervioso, incluidas las respuestas fisiológicas del cuerpo al estrés. En mi primer trabajo como terapeuta infantil, ninguno de los médicos o terapeutas consideraron la ansiedad como algo más que una enfermedad médica. Pocos saben que los terapeutas pueden obtener una cédula profesional y comenzar a trabajar sin tener que aprender sobre el cuerpo humano. Tuve que tomar capacitaciones *opcionales* durante varios años (así como mucha terapia individual) para recopilar y resumir la información que se encuentra en estas páginas.

La ansiedad no es agradable. En ocasiones puede ser desorientadora y sentirse como si la vida estuviera en riesgo. Es lógico que busques respuestas fuera de ti mismo, pero las brillantes y resplandecientes luces *fuera* de ti no iluminarán tu discernimiento. Las respuestas a tus preguntas se encuentran *dentro* del oscuro bosque de tu propia mente. Cuando intentas adormecer o evitar la ansiedad atascándote de comida, viendo YouTube, bebiendo alcohol, obsesionándote con tus relaciones o comparándote con publicaciones de apariencia perfecta de Facebook, pasas por alto potentes señales de tu mundo interior que te guían a tu yo más auténtico. Si aprendes a escuchar su llamado, la ansiedad puede ser un faro sombrío y misterioso que te guíe hacia el interior, a través y fuera del bosque de tu caos de manera segura. Se trata de una travesía que muchos no están dispuestos a realizar y que otros no pueden

---

[2] Advertencia: El DSM no es perfecto, pero es necesario. Sus diagnósticos nos permiten tener acceso a servicios y coberturas de seguro.

sobrevivir. Como señala M. Scott Peck, quien escribió *El camino menos transitado*: «La salud mental es un compromiso con la realidad a toda costa».

Y algunas veces la realidad parece *realmente* imposible.

Un salto atrás, al principio de la década de mis veinte, cuando nadé sin rumbo fijo en una fosa séptica de estancamiento. Vivía en un estrecho departamento en Santa Bárbara con colillas de cigarro que se derramaban a montones sobre latas de Coca-Cola light vacías. Estaba tan flaca debido a la anorexia que ya no menstruaba, y cuando trataba de impartir mi abarrotada clase de *spinning* en el Gold's Gym los lunes y miércoles en la noche, de pronto comenzaba a sudar y a temblar, pues me daba pánico desmayarme frente a la muchedumbre que me miraba fijamente. El drama en mis relaciones estaba a la par de *The Jerry Springer Show*, y acababa de darme cuenta de que mi «idílica niñez» en realidad era una procesión de límites difusos, manipulación psicológica, secretos y mentiras, a pesar de que todo parecía perfectamente normal.

Después del doloroso final de mi aventura en Santa Bárbara, no tenía idea de qué hacer con mi vida. Junté el poco dinero que tenía y hui a un pequeño pueblo en la montaña en el norte de California, donde decidí entender por qué nunca podía desacelerar, relajarme, respirar, escucharme pensar, confiar en mí, disfrutar el sexo, mantener una relación o sentirme como en casa en mi cuerpo. Al final, busqué refugio en un culto religioso. La vida ahí era extraña, pero nunca aburrida. Mi rutina diaria incluía pasar horas rezando en la base de los misioneros, donde se podía ver a los devotos extendidos en el suelo o caminando de arriba abajo por los pasillos, murmurando mantras para sí mismos. Después de un especialmente riguroso día de ayuno, agarré mi Biblia y un galón de agua[3] (para poder alardear humildemente ante mis compañeros guerreros espirituales que estaba eligiendo abstenerme

[3] Un galón de agua es un símbolo de estatus similar a una bolsa Birkin en muchas comunidades religiosas. Puedes traer contigo una botella de agua como una persona normal, pero un galón les dice a todos que eres una superestrella que rechaza la comida.

de alimentos y sobrevivir con agua), y me senté en mi auto a fumar empedernidamente Marlboro Lights preguntándome cómo diablos mi vida se había convertido en este lío.

Los neoyorquinos no son conocidos por ser relajados y fáciles de tratar. Cuando entré a la adolescencia a mediados de la década de 1990, la ansiedad era la característica principal de los mensajes frenéticos de mi mamá sobre *cuidarme de los ladrones* y del tono serio que mi abuela usaba cuando me aconsejaba que las mujeres «de verdad» deben «mantener a sus hombres felices pase lo que pase». La ansiedad tiñó lo que desde afuera parecía una familia de clase media normal, pero dentro era una masa turbulenta de conductas sin límites y papeles padre-hijo distorsionados. Crecí pensando que era demasiado sensible, mandona, emocional, demandante, dependiente y difícil de manejar para mis padres. El mensaje que recibí fue hacerme chiquita, estar callada, no molestar a mi padre y, por el amor de Dios, tratar de no pensar mucho. Después de que me fui a vivir sola, la ansiedad era mi compañera constante y el antecedente de años de elecciones destructivas en cuanto a espiritualidad, sexualidad, finanzas, relaciones y salud.

Si me hubiera abierto a las personas (entonces prefería aislarme con mi propia miseria), les habría dicho que, si tan solo pudiera encontrar al terapeuta adecuado, el medicamento correcto, el programa idóneo o el gurú indicado, sería feliz y descubriría la vida a la que estaba destinada. No tenía idea de cómo sería esa vida, pero sabía que implicaría comer sin calcular cada caloría, dormir sin despertar bañada en sudor y observar críticamente las relaciones e identificar los *focos* rojos en lugar de confundirlos con *rosas* rojas.

No estás dañado

Las industrias farmacéuticas, de la salud mental, del bienestar, de la belleza y del acondicionamiento físico están, en gran medida, construidas sobre la idea de que la ansiedad es tu culpa y «mejorarte a ti mismo» es la solución. Cada vez que escuchas un anuncio que te promete libertad, alegría, dicha o paz al comprar un producto o servicio, te conviertes en presa de la mitología cultural que te impulsa a buscar las respuestas fuera de ti. Las soluciones a muchos problemas pueden descubrirse con tan solo recorrer tu propia mente. Para varios de mis pacientes, la ansiedad es el resultado de *ignorarse*, no una indicación de deficiencia o daño *dentro* de ellos mismos.

> Tina sufría de un trastorno alimentario, pensamientos obsesivos y ansiedad generalizada. Su madre era una narcisista controladora y acosadora, pero Tina nunca sintió que podía decir que no y establecer límites. Aunque tenía 32 años, se sentía como una niña de 6 cada vez que estaba con su madre. El torrente de mensajes de texto, llamadas y visitas sorpresa causaba que Tina viviera en un constante estado de pánico. Como consecuencia, perdió a su novio y amigos, quienes ya no pudieron soportar que se negara a defenderse. Además, estaba crónicamente estancada en empleos para los que estaba sobrecalificada. Tina repetía: «Sé que la relación con mi mamá es tóxica. Sé que si pudiera confrontarla, finalmente sería feliz, pero me siento tan estancada. No puedo hacerlo. No sé qué me pasa».

El hecho de que Tina se centrara en su ansiedad le impedía ver la parte de sí misma que estaba involucrada en esa disfunción porque tenía miedo de desapegarse emocionalmente y tomar sus propias decisiones. Cuando enfrentó su miedo a crecer, por fin pudo establecer límites con su madre y, con valentía, aceptar un trabajo retador y bien pagado en el que sobresalió. Analizaremos los retos de actuar como un adulto en el capítulo 9.

> Naomi vino a verme porque tenía vaginismo, que es el problema de ansiedad sexual más común y del que probablemente nunca has escuchado. El vaginismo causa constricción y espasmos dolorosos en la vagina cuando se quiere tener sexo con penetración o usar un tampón.

> El esposo de Naomi trató de ser comprensivo, pero estaba frustrado y confundido por la falta de deseo y, con frecuencia, explotaba. Ella estaba llena de autodesprecio y le preocupaba que estuviera volviéndose loca. El pánico de que su esposo se marchara le robaba el sueño cada noche. Aunque quería socializar, se sentía incómoda saliendo con amigos porque sufría un miedo paralizante a que su menstruación se presentara y se revelara su secreto.

La ansiedad de Naomi era una señal que le indicaba su insatisfacción con su matrimonio. Su esposo era alcohólico y tenía graves problemas de ira, pero la idea de dejar la relación le aterraba. Como mecanismo de defensa, el cuerpo de Naomi convirtió su dolor *psicológico* en un problema *físico*, una alteración conocida en el mundo de la salud mental como *trastorno de conversión*. Yo misma sufrí de vaginismo y no sabes cuántos médicos me dijeron que «todo estaba en mi cabeza». Sus prescripciones eran solo «tomar una copa de vino» o «hacer respiraciones profundas», pero el vaginismo no es un problema de mentalidad, es un verdadero problema *físico*. Aunque *siempre* es necesario descartar causas médicas con un profesional de la salud, muchas veces el dolor crónico puede disminuir o incluso erradicarse por completo cuando se enfrentan verdades emocionales incómodas. Cuando atendí mi trauma sexual, los síntomas de vaginismo desaparecieron. Cuando Naomi aceptó su deseo de ser soltera y dio los primeros pasos hacia su verdad, pudo por fin disfrutar el sexo y usar tampones.

> Kaitlyn vino a terapia avergonzada por sus «problemas de primer mundo». Tenía un excelente trabajo, una casa lujosa perfecta, y era muy respetada en su comunidad debido a su voluntariado en el hospital infantil local. Sin embargo, bebía una botella de Chardonnay en secreto todas las noches y se encerraba en su recámara, ajena a las súplicas de sus hijos para que jugara con ellos. En el exterior, daba la apariencia de estar en total control, pero

> se estaba desmoronando por dentro. Kaitlyn no cumplía las fechas límite en su trabajo y olvidaba presentarse a juntas importantes. Creía ser una mala persona por sentirse casi siempre inquieta, irritable y nerviosa. «Tengo un esposo maravilloso, unos hijos hermosos y un hogar fantástico: todo lo que alguien podría desear. ¿Qué me pasa?, ¿por qué no puedo relajarme y disfrutar mi vida? No quiero ser esta privilegiada bruja remilgada. ¿Por qué soy así?».

La ansiedad y el mordaz diálogo interno de Kaitlyn eran una distracción eficaz de los recuerdos reprimidos por mucho tiempo: los gritos, las nalgadas y las humillaciones que había recibido en su niñez por esconder animalitos y plantas en su habitación. Cruelmente, su madre los tiraba en la basura o en el inodoro cada vez que Kaitlyn, entusiasmada, intentaba meterlos a hurtadillas en su casa después de la escuela. Debido a su crianza en un entorno familiar rígido, donde la disciplina y la limpieza eran la ley, nunca se dio permiso como adulta de explorar la creatividad o la naturaleza. Durante su terapia, descubrimos formas en las que pudo encontrar escapes creativos que no requerían que abandonara a su familia, renunciara a su trabajo o se mudara a una comuna. Sus síntomas desaparecieron.

> Geri vino a terapia porque comenzó a sufrir ataques de pánico después del nacimiento de su segundo hijo y se sentía como una mamá fracasada. Por mucho que Geri intentaba mantener la casa limpia, playeras sucias de futbol y pantalones de mezclilla enlodados cubrían el piso, y platos con costras de comida se desbordaban del fregadero. Por mucho que deseaba ser el tipo de mamá que leía cuentos nocturnos a sus hijos, casi siempre les insertaba una tableta entre las manos en lugar de arroparlos en la cama. Decía: «Me siento tan estancada con la maternidad. Quiero ser una buena madre y haría lo que fuera por ellos, pero simplemente no logro ser la mamá que

ellos necesitan. ¿Qué me sucede?».

La ansiedad de Geri suprimía la realidad tabú pero común de que para las mamás la maternidad a veces es *muy* dura. Puesto que la percepción compartida parece ser que nadie tiene permitido expresar públicamente que se siente agobiado por los desafíos de la crianza, Geri se sentía como una fracasada. Todas las madres competentes y amorosas que he conocido me han dicho que, aunque morirían por sus hijos y harían cualquier cosa por ellos, una parte de ellas extraña su vida antes de la maternidad. A pesar de que es una experiencia universal, hay pocos (no suficientes) *influencers* en redes sociales que hablan sobre el fenómeno de que «a veces la crianza es un fastidio». Cuando Geri pudo identificar y trabajar con estas emociones, su energía regresó, su relación con el alcohol dejó de ser compulsiva y pudo estar presente en su vida y para sus hijos.

¿Qué tienen en común Tina, Naomi, Kaitlyn y Geri? Todas creían que la ansiedad era la razón por la que estaban estancadas. Debido a que la voz de la ansiedad era más fuerte que los murmullos de sus mundos internos, la ansiedad era el centro de atención, pero esta era el *síntoma* del problema, no el problema en sí mismo.

La ansiedad no te «ataca»

Llamar a la ansiedad un «ataque» es como tratar de apagar el fuego con gasolina. Si crees que algo dentro de ti quiere atacarte, tu fisiología responde como si *de verdad* estuvieras bajo ataque. Hablaremos más sobre el sistema nervioso en el capítulo 3. La ansiedad se *siente* como un ataque porque parece surgir de la nada. Cuando piensas que es posible ser objeto de una emboscada en cualquier momento, es difícil que te sientas seguro en tu cuerpo, pero nada surge de buenas a primeras. Incluso si no conoces el origen de un síntoma, eso no significa que no exista una buena razón para que esté ahí. En el capítulo 3, analizaremos qué hacer cuando no sabes por qué tu cuerpo entra en pánico y cómo ayudarte, aunque no tengas idea de qué lo provocó. Está claro que la manera en que nos enseñaron a enfrentar la ansiedad no funciona, y los millones de personas que sufren enfermedades mentales en Estados Unidos cada año son prueba de ello. La evasión compulsiva de la ansiedad y las ideas equivocadas sobre ella conllevan caos emocional y profunda infelicidad.

Recuerdo estar sentada en el piso de una clase de yoga restaurativo y tener un colapso nervioso cuando me pidieron que alzara las piernas sobre la pared. «¿Qué te pasa? ¡Contrólate!», me regañé. La clase era el epítome de la relajación zen: música relajante, luz tenue, almohadas y cobijas, y posiciones corporales cómodas; sin embargo, yo temblaba, mis palmas sudaban, y no salir corriendo por la puerta tomó toda la fuerza de voluntad que pude reunir. Puesto que tenía el hábito de ignorar mis emociones, el esfuerzo de forzar la relajación en mi sistema detonó mi alarma interna. Mi ansiedad, al sentir que estaba por fin moviéndome lentamente para escuchar mis pensamientos, gritó: «NO ESTÁS BIEN». Aunque las respiraciones profundas suelen ayudar y no es inherentemente algo malo, cualquiera que haya intentado (y no haya logrado) reducir la ansiedad a través de la meditación, el autocuidado, la respiración, los baños de burbujas y el yoga sabe que se necesita algo más para salir del estancamiento.

Qué es ese «algo más»

El cerebro humano es poderoso, hermoso y misterioso. Las investigaciones recientes indican que estamos programados para la sobrevivencia,[4] no para la felicidad. Estamos programados para buscar la seguridad, no la serenidad, lo que significa que tu cerebro escanea con frecuencia el entorno en busca de amenazas y oportunidades; pero, ya que no vivimos más en cuevas o ante la presencia de leones, tigres y osos, el cerebro tiende a malinterpretar

[4] *Sobrevivencia* se refiere a la seguridad física y el manejo eficiente de las necesidades energéticas.

las señales de peligro. El efecto de esta confusión en tu bienestar es impactante. Aunque tu lógica sabe que estás seguro, muchas veces sientes que te es imposible moverte. Cuando el cerebro opera en modo sobrevivencia, es probable que te sientas abrumado, reactivo, impulsivo, hostil y, al mismo tiempo, tenso y agotado. Al instante, tus seres queridos se vuelven animales hostiles y depredadores.

El término técnico de esta experiencia es *neurocepción*, que es la percepción del cerebro sobre si las personas, las cosas y los lugares son seguros o peligrosos. Una percepción incorrecta de seguridad en lugar de peligro es un terreno fértil para síntomas debilitantes y relaciones desastrosas. Una neurocepción de peligro creará *exactamente* los mismos síntomas que un trastorno de ansiedad, pero esos síntomas son *respuestas de sobrevivencia*, no trastornos ni enfermedades. Cuando te sientes ansioso, es probable que hayas cambiado de modo racional a modo sobrevivencia. Al actuar de forma intencionada, decisiva y consciente, percibes la actividad en la parte lógica del cerebro. En cambio, cuando estás reactivo, fuera de control o estancado, es porque dejaste el «terreno lógico» y entraste en el ámbito del *cerebro de sobrevivencia*.

Un ataque de pánico no es un ataque.

El cerebro de sobrevivencia no está diseñado para dañarte. El lenguaje que todos aprendemos a usar es impreciso: un ataque de pánico no es un ataque, sino una mala interpretación que tu cerebro hace de los datos. Cuando sufres un ataque de pánico, tu cerebro está tratando de ayudarte y mantenerte a salvo. La mayoría de las personas aprende a creer en los siguientes mitos sobre la ansiedad:

- Es una enfermedad.
- Es un desequilibrio químico.
- Es un problema genético.
- Es un trastorno mental.
- Es un signo de debilidad mental.

Mito: la ansiedad es una enfermedad

Consecuencia de creer el mito: «Si es una enfermedad, entonces debo aprender a vivir con ella».

El modelo de enfermedad de la salud mental es útil porque les permite a las personas tener acceso a los servicios de salud mental y a coberturas de seguro, pero cuando te refieres a la ansiedad como enfermedad, es probable que te sientas impotente y abrumado. El objetivo de la ansiedad no es herirte, sino ayudarte cuando no estás seguro o te estás desviando de tu yo auténtico. Cojear después de torcerte el tobillo no es una enfermedad; el dolor es una señal que indica que la lesión requiere atención. Vomitar después de beber *shots* de tequila no es una enfermedad, sino una señal de que bebiste demasiado. En lugar de ver la ansiedad como una enfermedad, considérala una señal, lo que es una estrategia más efectiva para salir del estancamiento.

Mito: la ansiedad es un desequilibrio químico.

Consecuencia de creer el mito: «Solo necesito medicamento».

La teoría del desequilibrio químico es eso: una teoría, no una realidad. Los medicamentos promocionados para tratar la ansiedad (y la depresión)[5] pueden causar adicción, dependencia y efectos secun-

[5] Florence, Ana. (4 de agosto de 2020). «Disproven Chemical Imbalance Theory Leads to Worse Depression Outcomes». Open Excellence. Disponible en: <https://openexcellence.org/disproven-chemical-imbalance-theory-leads-to-worse-depression-outcomes/>.

darios. Las benzodiazepinas (benzos) son un tipo de medicamento para la ansiedad, entre las que se encuentran Xanax, Ativan, Klonopin y Valium. Si se consumen ocasionalmente, funcionan para tratar episodios de pánico aislados o acontecimientos especiales como vuelos largos o recuerdos retrospectivos peligrosos originados por trastorno de estrés postraumático (TEPT). Sin embargo, estos medicamentos son altamente adictivos y, con mucha frecuencia, no se informa a los pacientes sobre los riesgos. Los medicamentos son útiles y cumplen su función, pero sin conocer toda la información y alternativas a la mano, muchas personas se percatan de que la cura termina siendo peor que los síntomas. Mi advertencia aquí es recordarte que tu bienestar es tu elección, y para algunos los medicamentos son milagrosos.

Confieso que tomo medicamentos psiquiátricos, y *no* es porque me hice unos análisis de sangre que mostraron un «desequilibrio» de dopamina o serotonina. ¿Por qué los tomo? Después de *muchas* pruebas y errores (incluida una hospitalización debido a una reacción alérgica grave a medicamentos para la bipolaridad), descubrí un medicamento que me ayuda a limar mis aristas. Si tomar medicamentos te ayuda a sentirte *más* tú mismo, genial; por eso los tomo. El objetivo de los medicamentos psiquiátricos es ayudarte (de manera segura) a *sentir* tus emociones, no a *escapar* de ellas. Si no te gusta tomar medicamentos, asegúrate de consultar a tu médico antes de hacer cualquier cambio. De cualquier forma, para tomar decisiones bien informadas, debes conocer los posibles riesgos de los medicamentos psiquiátricos y la imprecisión de la teoría del desequilibrio químico.

Chris, un paciente que me remitió un médico local, tomaba una dosis de Xanax tan alta que no podía hablar sin arrastrar las palabras; no obstante, *no* tenía idea de que el síntoma era directamente causado por su medicamento. Su médico nunca se lo explicó. A mí me prescribieron Ativan para la ansiedad, y nadie me explicó las propiedades adictivas del fármaco. Muchas personas desconocen el costo tan alto que pueden pagar por algunas horas de alivio inducido por las benzos. Creer en la teoría del desequilibrio químico ocasiona que las personas que lo sufren piensen que el origen de sus problemas es meramente químico. Una sencilla búsqueda en Google arroja resultados de múltiples expertos que hablan sobre la imprecisión de esta teoría.[6] Nuestros cerebros son sistemas muy intrincados, y no existe una forma sencilla (hoy en día) para señalar de manera clara cómo luce un cerebro con «equilibrio químico». Alix Spiegel, de National Republic Radio, citó el siguiente comentario del blog de Joseph Coyle, neurocientífico de la Harvard Medical School: «El desequilibrio químico es una idea del siglo pasado. El tema es mucho más complejo que eso».

Mito: la ansiedad es un problema genético.

Consecuencia de creer el mito: «No hay nada que pueda hacer al respecto».

¿Es importante considerar los genes? Sí, pero el entorno es un factor igualmente importante en la ecuación de la ansiedad. No hay manera de identificar una causa única de la ansiedad. Los genes pueden explicar algunas de tus tendencias, pero tu código genético no te define. Algunas personas usan la explicación de que la «ansiedad es genética» para evitar el proceso de cambio. Cierto. El proceso de cambio puede ser doloroso, y la mayoría de nosotros (incluida yo) prefiere evitar el dolor. En su fascinante libro sobre epigenética,[7] el autor Mark Wolynn refiere:

---

[6] «Las definiciones del DSM no incluyen factores personales y contextuales, como si los síntomas de depresión fueran una respuesta entendible debido a una pérdida, una condición de vida terrible, un conflicto psicológico o factores personales». Frances, Allen, *Saving Normal: An Insider's Revolt Against Out-of-Control Psychiatric Diagnosis, DSM-V, Big Pharma, and the Medicalization of Ordinary Life* [Rescate de la normalidad. La sublevación de una persona con información privilegiada contra el diagnóstico psiquiátrico descontrolado, el DSM-V, la industria farmacéutica y la medicalización de la vida ordinaria].

[7] Según los Centros para el Control y la Prevención de Enfermedades (CDC, por sus siglas en inglés), «La epigenética estudia cómo tus conductas y el entorno pueden causar cambios que afectan la función de tus genes. A diferencia de los cambios genéticos, los cambios epigenéticos son reversibles y no modifican tu secuenciación del ADN, pero sí pueden alterar cómo tu cuerpo la lee». <https://www.cdc.gov/genomics/disease/epigenetics.htm>.

> Cuando intentamos resistirnos a sentir dolor, a menudo prolongamos el mismo dolor que estamos tratando de evitar. Hacerlo es una receta para el sufrimiento continuo. También hay algo en la acción de buscar que nos impide encontrar lo que estamos buscando. La constante búsqueda fuera de nosotros mismos evita que nos demos cuenta cuando damos en el blanco. Es posible que algo valioso esté sucediendo dentro, pero si no volteamos a verlo, lo podemos pasar por alto.[8]

En otras palabras, los genes no son una razón para aceptar la ansiedad u otros problemas mentales como inevitables y grabados en piedra.

Mito: la ansiedad es un trastorno mental.

Consecuencia de creer el mito: «Algo no está bien en mí».

> Después de cancelar sus dos sesiones previas sin aviso, Jan, una diseñadora gráfica de 42 años, regresó a mi consultorio unas semanas después con un aspecto agotado. Después de un largo periodo de abstinencia de sus síntomas de bulimia, Jan se encontraba atrapada de nuevo en un ciclo de atracones y purgas. Decía: «No sé qué me pasa. Me siento tan ansiosa todo el tiempo y aparece de la nada».

La idea de que la ansiedad «aparece de la nada» es una queja común de los que la sufren y contribuye al mito de que la ansiedad es un trastorno mental. Un truco para el cerebro que sirve para

[8] Wolynn, Mark, *Este dolor no es mío*. Mi advertencia sobre este libro es que, aunque presenta mucha información importante, no estoy de acuerdo con la teoría de Wolynn de que necesitas reconciliarte con tus padres y perdonarlos. El perdón es un regalo maravilloso, pero no es necesario para sanar el trauma.

detener episodios de pánico es repetirte: «No apareció de la nada... Hay una razón para esto, aunque no sé cuál es». Puede ser reconfortante recordarte que todos los síntomas tienen sentido en un contexto, incluso si lo desconoces. Nada aparece de la «nada», la ansiedad *siempre* tiene un origen.

Para Jan, la bulimia era una perfecta distracción de su divorcio tan conflictivo y de su adolescencia descontrolada. La bulimia (y otros trastornos alimentarios) pueden ser mortales. Los síntomas de estos trastornos requieren atención médica previa para que cualquier trabajo psicológico tenga efecto. Sin embargo, los trastornos alimentarios no son enfermedades que existan en el vacío. La mayoría de los terapeutas especializados en trauma usa la teoría de los sistemas para tratarlos, la cual sostiene que una compleja red de factores (como el hogar, el entorno, el trabajo, la escuela, la genética y el nivel socioeconómico) moldea la conducta; estos factores funcionan en conjunto como un sistema que influye en las decisiones y los resultados.

En el *Mito de la enfermedad mental*, el difunto profesor de Psiquiatría de la Universidad Médica de Upstate, del sistema de la Universidad Estatal de Nueva York, y distinguido miembro vitalicio de la Asociación Estadounidense de Psiquiatría, Thomas Szasz, escribió: «La evaluación psiquiátrica no considera, con frecuencia, los precursores personales y sociales de la enfermedad mental, ya que evita o no toma en cuenta esas consideraciones sociales. La psiquiatría convencional actúa con base en la hipótesis somática de la enfermedad mental, lo que afecta la comprensión de los problemas de las personas».

Una enfermedad o trastorno se define como algo que está mal en la mente o el cuerpo. No debemos preguntarnos qué está *mal* con la ansiedad, sino qué está *bien*. Si consideramos la ansiedad como una enfermedad o trastorno, cada intento por resolverla fracasará. No se debe «arreglar» la ansiedad, sino comprenderla. ¿Por qué? Si observas detenidamente los factores que la rodean, te sorprenderá descubrir que tus «reacciones exageradas» y «crisis» de hecho tienen *total* sentido en un contexto.

No se debe «arreglar» la ansiedad, sino comprenderla.

Mito: la ansiedad es un signo de debilidad mental.

Consecuencia de creer el mito: «Estoy dañado».

La presencia de ansiedad significa que tu cerebro y cuerpo están haciendo exactamente lo que están diseñados para hacer: indicar la presencia de peligro o que estás ignorando un mensaje vital. Sentir ansiedad es un signo de *fortaleza*. Muchos de mis pacientes en un inicio se oponen a la noción de que sentirse como un manojo de ansiedad es un signo de fortaleza, pero se requiere una cantidad hercúlea de fuerza para tolerar la sensación de ansiedad, y aún una mayor cantidad de valentía para escuchar su *mensaje*. En estos tiempos en los que contamos con acceso instantáneo a Instagram, Hulu y ciclos de noticias 24/7, sin mencionar la disponibilidad de bebidas alcohólicas, Tinder, juegos de naipes y joyería artesanal en Etsy, desde luego nos resulta más conveniente que nunca huir de nuestra voz interna de la verdad.

Ser insensible no es un signo de fortaleza y sentir dolor emocional no es un signo de debilidad. Aunque en un inicio aproveches la oportunidad de no sentir dolor jamás, cuando te desconectas de tus receptores del dolor, las consecuencias son graves. La incapacidad para sentir dolor no es un don; es más bien un síntoma de la enfermedad debilitante conocida como *mal de Hansen* o lo que muchos llaman *lepra*, la cual afecta el sistema nervioso e inhabilita la respuesta al dolor. Sin dolor, nunca sabrías si una estufa está caliente, si un cuchillo está filoso o si te estás rascando muy fuerte. Si desactivas tu capacidad para sentir dolor físico, la consecuencia es literalmente la muerte. Si intentas desactivar tu capacidad para sentir dolor emocional, la consecuencia es la muerte *emocional*.

Sentir dolor emocional no es un signo de debilidad.

Ansiedad, miedo y preocupación: ¿cuál es la diferencia?

A menudo las personas usan las palabras *ansiedad, miedo y preocupación* de manera indistinta. Las tres son similares, pero no son sinónimos. Imagínate los épicos errores que cometerías en Pinterest si creyeras que el azúcar, la sal y la harina son lo mismo. Existen diferencias significativas entre la ansiedad, el miedo y la preocupación. Analicemos el caso de Jo, una paciente de 34 años que vino a terapia por su ansiedad social.

Ansiedad

Como señalé anteriormente en este capítulo, la ansiedad es como el testigo de «revisión del motor» en tu auto, la cual no siempre identifica problemas específicos, sino que solo te induce a llevar tu auto al servicio.[9] La ansiedad es una serie de sensaciones físicas incómodas en el cuerpo sin un origen identificable; un rastro que te lleva a heridas emocionales no resueltas. Jo no sabía por qué se sentía ansiosa en entornos sociales, por lo que asumió que algo estaba mal en ella. Estaba tan enfocada en los «ataques de ansiedad» que no se daba cuenta de que esas sensaciones tenían una *función*. En lugar de seguir el rastro hacia el origen, Jo estaba estancada en la vergüenza y la culpa.

[9] Algunos autos cuentan con testigos de revisión de motor que informan sobre problemas específicos. Ojalá fuera igual de sencillo con la ansiedad.

Miedo

El miedo aparece en el cuerpo con las mismas sensaciones físicas que la ansiedad: respiración superficial, frecuencia cardiaca acelerada, palmas sudorosas, boca seca y tensión; pero a diferencia de la ansiedad, el miedo está ligado a un origen directo. Algunas veces el origen es un peligro presente, y otras, una inquietud futura. El dilema de Jo no era la ansiedad social. ¿Cuál era el verdadero problema? Las situaciones sociales le recordaban inconscientemente una fiesta de fraternidad de la universidad donde fue víctima de abuso sexual. El problema de Jo no era una enfermedad mental, sino un *trauma no resuelto*. Su cuerpo producía una *respuesta de miedo* cuando se enfrentaba a situaciones sociales. Como creía que «no era para tanto» y que ya debía haberlo superado, enterró sus emociones, las cuales le anunciaban su existencia en forma de respuesta de miedo en situaciones sociales, especialmente en aquellas donde había más hombres que mujeres.

Preocupación

La preocupación es la versión liviana o ligera del miedo, y crea las mismas señales corporales que el miedo, pero sin su intensidad. Después de que Jo se dio cuenta de que su ansiedad social era totalmente razonable, la siguiente tarea fue transformar su miedo en *preocupación*, ya que esta es mucho más fácil de manejar que intentar «superar» el miedo. A Jo le preocupaba quedarse atrapada en situaciones peligrosas, lo cual tenía mucho sentido en su contexto, así que dejó de sentir que estaba loca. Ahora que podía pensar con claridad, sin el peso de la vergüenza, decidió pararse junto a las puertas de salida durante eventos sociales. Su cerebro lógico se volvió a activar y creamos una lista de estrategias para sobrellevar la situación, como reportarse constantemente con un amigo de apoyo, validar el dolor de su pasado y darse permiso para abandonar temprano los eventos. Al final, pudo eliminar su «ansiedad social» por completo.

Reflexiones finales

Los ataques de ansiedad no son realmente ataques, por lo que sería más preciso llamarlos *episodios*. El lenguaje que usas para describir tus experiencias tiene un gran impacto en tu capacidad para cambiarlas. Tu cuerpo no está tratando de hacerte daño. Cuando te das cuenta de que tu cuerpo está de tu lado, ya no le temes a los episodios de ansiedad ni sientes vergüenza o culpa. Cuando quitas la vergüenza y la culpa de la ecuación, es asombroso lo rápido que puedes encontrar el camino hacia soluciones factibles. Algunas veces, la ansiedad es el resultado de ignorarte o de amenazas fuera de ti mismo, no de algo defectuoso dentro de ti. Los trastornos de ansiedad deberían llamarse más bien *respuestas de ansiedad*. No estás loco.

Lecciones clave

1. La ansiedad es como el testigo de «revisión del motor» de tu auto. Si lo desactivas, estarás en problemas.
2. Tu cerebro está programado para mantenerte vivo, *no* para hacerte feliz.
3. Un ataque de pánico no es un ataque, sino tu cerebro intentando comunicarse contigo.
4. La incapacidad para sentir dolor no es fortaleza, sino lepra emocional.
5. La ansiedad *no* es una enfermedad.
6. La ansiedad siempre aparece por algo, incluso si no sabes qué es ese *algo*.
7. La teoría del desequilibrio químico de la depresión nunca se ha comprobado.[10]
8. La ansiedad no necesita arreglarse, sino *comprenderse*.

[10] A la fecha, la teoría del desequilibrio químico no se ha constatado.

9. A menudo una respuesta de sobrevivencia tendrá la apariencia de un trastorno de ansiedad, pero no lo es.
10. No estás loco.

Qué hacer y qué no hacer

Qué hacer	Qué no hacer
Decirte: «No saber por qué me siento así no significa que no hay una buena razón para tener estas emociones».	Avergonzarte diciéndote palabras como «Hay algo mal en mí».
Recordarte que tu cuerpo no te está atacando, sino ayudándote.	Minimizar lo mal que te sientes. A pesar de que la ansiedad es un mecanismo útil, sigue siendo horrible y aterradora.
Preguntarte si hay áreas en tu vida que no quieres abordar porque temes el resultado.	Sentir que tienes que resolver todo de una vez. Si desconectarte emocionalmente de forma segura te ayuda a aguantar el día y te permite cumplir tus responsabilidades, tienes derecho a hacerlo. Todos necesitamos una sesión de desconexión de vez en cuando.
Hablar con tu médico sobre los medicamentos que ingieres y asegurarte de que entendiste toda la gama de efectos secundarios potenciales, incluida la posibilidad de desarrollar dependencia.	Decidir dejar de tomar medicamentos sin consultar a tu médico. Los medicamentos pueden salvarles la vida a algunas personas en determinadas situaciones.

Retos de cinco minutos

1. En un lado de una hoja de papel, escribe una lista de todas las personas que causan estrés en tu vida. No te preocupes por herir sus sentimientos, es para uso personal. Del otro lado de la hoja, escribe lo siguiente para cada persona en la lista: «Mis verdaderos sentimientos por él/ella/ellos/ellas son ________________». Al final de la página, escribe: «Tengo derecho a sentir esto».

2. Crea una lista con todas las tareas estresantes pendientes. Al final de la lista, escribe: «Tiene sentido que sienta agobio. Me sentiré mejor cuando haga ___________ primero».

3. Escribe una lista de cualquier otro asunto que te estrese (enfermedad física, entorno laboral opresor, obligaciones financieras, etc.). Al final de la hoja, escribe cinco cosas que puedes hacer los siguientes cinco minutos para sentir un 5% menos de estrés.

4. Escríbete una nota que diga: «Mi ansiedad tiene sentido. Cualquiera en mi situación se sentiría ansioso. Tal vez no puedo comprenderlo todo ni cambiarlo ahora mismo, pero tengo la certeza de que no estoy loco». Coloca la nota donde puedas verla diariamente.

2 LOS BENEFICIOS OCULTOS DE PERMANECER ESTANCADO

Podemos hablar de valentía, amor y compasión hasta sonar como una tienda de tarjetas de felicitación, pero a menos que estemos dispuestos a tener una conversación honesta sobre lo que nos impide ponerlo en práctica en nuestra vida diaria, nunca cambiaremos. Nunca.

BRENÉ BROWN,
Los dones de la imperfección

Cuando les pregunto a mis pacientes por qué piensan que están estancados, escucho las mismas respuestas:

«Soy muy flojo».
«No tengo motivación».
«Hay algo mal en mí».
«No consigo empezar».

«Estoy dañado».

«Estoy loco».

«No soy suficientemente bueno».

«Me rechazarán si lo intento».

Brené Brown nos enseñó que tenemos regalos incorporados en nuestras imperfecciones. En *El poder de ser vulnerable*, escribe: «Debido a que la pertenencia real solo se da cuando presentamos nuestro yo auténtico e imperfecto al mundo, nuestro sentido de pertenencia nunca puede ser mayor a nuestro nivel de autoaceptación».

El trabajo de la doctora Brown causó una revolución de la autoaceptación. Si hay regalos en tus imperfecciones, seguro se pueden encontrar regalos en tu estancamiento. ¿Qué regalos podrían descubrirse en los estados de estancamiento que tan rápidamente condenas? A veces, estar estancado trae recompensas inconscientes que te motivan a quedarte exactamente donde estás, tal como estás y como eres. Al analizar tus motivaciones y sesgos desde una auto*aceptación* feroz, en lugar de una auto*vergüenza* implacable, amplías tu capacidad para avanzar hacia tus sueños.

Incluso los entornos más traumáticos pueden inducirnos a la inactividad con sus cantos de sirena. Recuerdo la primera vez que este discernimiento iluminó mi mente. Sucedió a mediados de mis veinte, cuando trabajaba como productora asociada de una cadena de televisión (de la que ni has escuchado) en un *reality show* (que nunca has visto). Después de andar sin rumbo por todo el país trabajando como recepcionista de un restaurante de mariscos, mesera en una parrilla, coordinadora de sesiones de fotos, escritora independiente para revistas y organizadora de sótanos, conseguí empleo en una casa productora de televisión. Con esfuerzo conseguí muchos elogios y palmadas en la espalda por mi capacidad para hacer llorar a las personas delante de una cámara, una habilidad de la que no estaba orgullosa.

Mi alarma sonó a las tres de la mañana, insistiendo con su chirrido ensordecedor que me arrancara las ásperas cobijas de mi cuerpo que protestaba y me fuera a trabajar. Me enjuagué la cara, fumé algunos cigarros, uno tras otro, y me terminé un café tibio de 500 ml que compré en una gasolinería. Entonces, me dirigí a la franja de Las Vegas. Las siguientes 16 horas, mi trabajo fue ir de un lado a otro con unos camarógrafos grabando para un programa sobre relaciones abusivas. Las mujeres presentadas en el proyecto entendían el *estancamiento* mejor que nadie con quien hubiera trabajado antes o desde entonces, y en nuestras conversaciones revelaban una sorprendente verdad cuyo eco ha surgido una y otra vez en diferentes grupos de personas.

Cuál era la sorprendente verdad

Esta es la verdad. Si escarbas bajo las conductas más dañinas, encontrarás recompensas ocultas. Todas las mujeres que entrevisté afirmaron que recibieron muchas recompensas, especialmente al inicio de sus relaciones. Muchas de ellas hablaban con melancolía sobre sus primeros años con sus parejas abusivas. Miradas soñadoras y medias sonrisas a menudo aparecían en sus rostros cansados por la batalla cuando describían los «buenos» tiempos. Para un observador externo, es imposible concebir que una relación abusiva pueda ofrecer recompensas; sin embargo, todas las mujeres entrevistadas expresaron sentirse (en un inicio) muy felices. Incluso cuando sus parejas las traicionaron, estas mujeres comentaban que la seducción de las recompensas las hacía regresar una y otra vez.

Si abandonar una relación abusiva fuera fácil para aquellos que se encuentran en ella, todos lo haríamos. Cualquier apostador puede confirmar que la promesa de una recompensa crea un ciclo de repetición. Estas mujeres se sentían estancadas porque tenían miedo de volver a empezar, creían que necesitaban que un caballero de armadura brillante llegara a rescatarlas (un mito del que muchas mujeres, incluida yo, caen presas). Como alguien que estuvo estancada en una relación violenta, entiendo el miedo a empezar de nuevo, el deseo de subcontratar el servicio de rescate, y cómo incluso las relaciones más traumáticas y abusivas otorgan recompensas.

Siendo brutalmente honesta, confieso que toleré conductas tóxicas a cambio de recompensas, como el aprecio de la comunidad, la seguridad financiera y la compañía. No obstante, aunque muchos sobrevivientes de violencia doméstica se quedan en relaciones peligrosas, el abuso nunca, jamás, es culpa de la persona que sufre el abuso. *Nadie* tiene derecho a decir: «Mereces sufrir abuso porque elegiste quedarte y recibir los beneficios ocultos». NO.

A pesar de que estos ejemplos son extremos, todos, incluyéndote, reciben recompensas por conductas «dañinas». Para salir del estancamiento, debes hacer un inventario honesto de tus conductas, incluso aquellas que de verdad quieres cambiar. Culparte y lamentarte por tus elecciones no va a funcionar; así que, en lugar de juzgar tu conducta, necesitas mostrar curiosidad por ella, ya que es el combustible para el proceso de cambio. Si puedes observar tus conductas con curiosidad, se vuelve más fácil advertir los beneficios, además de que comprender la función de la conducta es la clave para cambiarla. Cuando hablo de los beneficios ocultos de las conductas dañinas, siempre hay un escéptico en el grupo que alza la mano y dice: «Oye, ¿entonces supuestamente debemos creer que pasársela en el sillón o ser procrastinador crónico tiene beneficios para la salud?». Sí, eso es exactamente lo que estoy diciendo. Permíteme explicarlo mejor.

Nuestros cerebros están programados para la sobrevivencia, no para la felicidad, y nuestros sistemas nerviosos están entrenados para conservar tanta energía como sea posible. Si la meta es la *sobrevivencia*, hacemos un uso eficiente de nuestros recursos cuando permanecemos estancados, pero se vuelve un problema si la meta es la *productividad*. Comprender los beneficios del estancamiento es el primer paso para cambiar.

Beneficios del estancamiento

Existen cuatro beneficios importantes que debemos tomar en cuenta:

- **Evita** la incomodidad.
- Te **protege** de las emociones.
- **Promueve** la conexión.
- **Señala** los problemas.

Evita la incomodidad

El estancamiento es una forma de permanecer en la zona de confort. Nos sentimos abrigados y cómodos cuando nos acurrucamos bajo las cobijas. Si permanecemos estancados, evitamos la incomodidad que acompaña al proceso de cambio. Hay que ser valiente para analizar el caos que se encuentra debajo de las aguas cristalinas de nuestra imagen pública. A menudo, al hacer un inventario honesto y exhaustivo de tus relaciones, carrera, hábitos y creencias, descubrirás que salir del estancamiento implica tener conversaciones incómodas. Si te preocupa que los cambios alteren tu *statu quo*, entonces estarás invirtiendo en el estancamiento de manera inconsciente.

Irina, una mujer alegre de 52 años, llegó a mi consultorio con un cuaderno lleno de gráficas, listas y cronogramas de sus síntomas de ansiedad. En su bolsa cargaba varios libros de crecimiento personal y un inventario de varias páginas de suplementos y medicamentos recetados por su médico, cuyo objetivo era «curar su trastorno de ansiedad». Mientras intentaba sutilmente sacarle información sobre su historia, admitió con vacilación que no era feliz en su trabajo, «PERO» enfatizó a través de sus lentes con borde rojo: «es un gran trabajo y me tratan bien. Llevo 13 años trabajando para ellos y, si me voy, tendría que empezar de nuevo. NO quiero hablar sobre mi situación laboral; solo necesito enfocarme en esta ansiedad y encontrar una manera de detener mis ataques de pánico». Irina tenía un miedo paralizante a ser una desertora y, en consecuencia, no estaba dispuesta a ver la realidad de su tóxico entorno laboral: era sobreexplotada, mal pagada y constantemente debía esquivar el *mansplaining* de su condescendiente supervisor. Uno de los beneficios de la situación de Irina era mantener una fachada de lealtad y coherencia. Le preocupaba que, si se embarcaba en el proceso de salir del estancamiento, se daría cuenta de lo miserable que se sentía en su empleo y tendría que dejarlo.

Te protege de las emociones

No existen las emociones negativas, sino emociones incómodas y temibles, pero incluso nuestras emociones más desagradables tienen una función importante. La ira señala la injusticia; la tristeza, la pérdida; el miedo, la amenaza. El estancamiento es una forma de evitar las emociones angustiosas, ya que pueden causar incomodidad, miedo y confusión. Tuve que hartarme por completo de perder el hilo de las conversaciones, encontrarme en relaciones abusivas y sentir vergüenza cuando veía mi cuerpo en el espejo para estar dispuesta a enfrentar mis emociones. Si no crees que enfrentar el miedo a tus emociones para salir del estancamiento vale la pena, seguirás estancado.

Promueve la conexión

La mamá de mi mamá murió repentinamente de un aneurisma cerebral. Después de eso, a sus 2 años, su padre la abandonó en manos de unos parientes abusivos para que la criaran. La ansiedad permeaba su sistema en ese momento y ha estado estancada desde entonces. Si tu figura de apego principal está estancada en un estado de ansiedad aguda, no está emocionalmente abierta para involucrarse plenamente contigo. Debido a que no pueden crear un apego seguro, tratarás de establecer una conexión imitando sus conductas. De niña yo era muy sensible, nerviosa y dependiente. De manera inconsciente, intentaba vincularme con mi mamá compartiendo su ansiedad, y estos problemas tempranos de apego generaron un sentido crónico de desconexión y no merecimiento. A menos que se les eduque correctamente, los niños pequeños creen que son malos si no actúan como sus padres. Hablaremos más sobre el apego y la dinámica familiar en el capítulo 7.

Señala los problemas

A menudo las personas usan las palabras *deprimido* y *estancado* de manera indistinta. A través de la historia, se ha considerado que la depresión clínica es una enfermedad médica, pero las investigaciones sobre el trauma y el cerebro ofrecen una perspectiva alternativa. El psicólogo clínico Phil Hickey señala:[1]

> En contra de la afirmación de la APA, la depresión no es una enfermedad. De hecho, es un mecanismo de adaptación que le ha funcionado bien a la humanidad durante millones de años. Cuando todo va bien en nuestras vidas, nos sentimos bien. Esta sensación de bienestar es la forma en que la naturaleza nos dice que sigamos haciendo lo que estamos haciendo. Cuando nuestras vidas no van bien, nos sentimos decaídos o deprimidos. Esta es la forma en que la naturaleza nos indica que debemos hacer algunos cambios.

Como alguien que sufrió de depresión clínica durante años, cuando se me reveló este punto de vista alternativo, pensé: «Espera... ¿qué? ¿La depresión NO es una enfermedad? Intenta decírselo a alguien que ha sentido que quiere morir, desaparecer, o a alguien que no ha podido levantarse de la cama durante semanas».

Los síntomas de la depresión son muy reales y, a menudo, mortales. Cuando entiendes el mecanismo de bloqueo del ce-

---

[1] Hickey, Phil. (9 de marzo de 2013). «Depression Is Not an Illness: It Is an Adaptive Mechanism». *Behaviorism and Mental Health*. Disponible en: <https://www.behaviorismandmentalhealth.com/2009/07/28/depression/>.

rebro[2], se crea espacio para un lente más potente con la que podemos ver la depresión, la cual no es siempre una enfermedad interna. Aunque todo aparente estar bien en la superficie, un cerebro que se siente seguro *no* produce, por lo general, síntomas de depresión clínica, que es un signo que apunta a un problema, pero no es el problema en sí. Tal vez parezca que la ansiedad y la depresión juegan en equipos distintos, pero ambas sirven para el mismo propósito. A pesar de que las circunstancias del entorno pueden volver difícil o incluso imposible sanar la ansiedad y la depresión, el objetivo de estos estados mentales no es dañarte; ambos son esfuerzos de tu cerebro para protegerte del peligro. ¿La depresión es una enfermedad? Tal vez, pero una cita anónima irónica que veo seguido en las redes sociales señala una advertencia importante: «Antes de diagnosticarte con depresión o baja autoestima, asegúrate de no estar más bien rodeado de idiotas».

Los nueve beneficios principales del estancamiento

1. **Conservación de la energía:** si no haces nada, no necesitas gastar energía valiosa haciendo algo.
2. **Preservación de la imagen:** si te quedas estancado, no tendrás que preocuparte de que las personas descubran que eres un «fraude».
3. **Manejo del riesgo:** si no inicias algo, no tienes que preocuparte por fracasar.
4. **Control:** si mantienes tus ideas guardadas de manera segura en tu cabeza, puedes controlarlas.
5. **Adormecimiento del dolor:** si nunca inicias algo, puedes adormecerte fantaseando con lo que harás «algún día».

[2] El mecanismo de bloqueo del cerebro se explica a detalle en el capítulo 3. Ninguna parte de esta información debe considerarse como una sugerencia médica o terapia. Muchas veces los síntomas de depresión deben tratarse medicamente antes de que cualquier intervención psicológica pueda tener efecto.

6. **Familiaridad:** a menudo aceptamos la incomodidad de lo conocido, en lugar de tomar el riesgo de vivir lo desconocido del cambio, incluso de los cambios positivos.
7. **Seguridad:** en ocasiones sentimos que permanecer con un perfil bajo es más seguro.
8. **Seguridad financiera:** permanecer estancado no requiere que arriesgues tus recursos en busca de un resultado desconocido.
9. **Equilibrio en las relaciones:** si no haces nada, no tienes que preocuparte por cambiar la dinámica de tus relaciones.

La procrastinación no es flojera.

Tener la voluntad para aceptar los beneficios de tus elecciones te impulsa hacia delante y negarlos fomenta la vergüenza. La procrastinación es un excelente ejemplo de cómo las conductas «dañinas» proporcionan beneficios. La procrastinación no es flojera, sino una forma de protección que evita que caigas de lleno en la vergüenza. Si nunca terminas ese proyecto, solicitas ese trabajo, sales a una cita o comienzas a entrenar, nunca correrás el riesgo de fracasar y sentirte rechazado. Ya sea que quieras tener una mejor condición física, cultivar relaciones significativas, iniciar un negocio, lanzarte al mundo de las citas o hacer realidad un sueño creativo, los beneficios de permanecer estancado son múltiples.

Nada de esta información es un llamado para que dejes de tomar medicamentos (nunca lo hagas sin consultar a tu médico). Esta información *no* pretende minimizar o desacreditar tu dolor; tus síntomas son reales, del mismo modo que lo son tu depresión y ansiedad. Algunas veces nuestros síntomas más extremos deben tratarse médicamente antes de intentar cualquier intervención psicológica. Dicho esto, sentirse estancado es una *respuesta de sobrevivencia*, y la analizaremos con mayor detalle en el capítulo 3. Un cerebro en modo estancamiento mostrará los mismos síntomas que la depresión clínica, pero no son lo mismo.

Cuando hablar no funciona

Julie, una paciente que sufría de episodios de pánico incapacitantes y crisis psicógenas no epilépticas (convulsiones causadas por factores emocionales, no médicos), logró sanar tan solo con aprender a hacerse amiga de las respuestas de sobrevivencia y comprenderlas. Pasó de sufrir entre 15 y 20 convulsiones diarias a cero. Lo primero que necesitaba hacer era dejar de culparse. Se regañaba diciéndose: «Detesto que mi cerebro sea tan débil. ¿Por qué no puedo dejar de hacerlo? ¡Necesito que se detenga!». Imagina gritarle esto a un bebé y esperar que lo comprenda:

> Odio que seas tan débil. ¿Por qué no puedes dejar de llorar? ¡Deja de llorar en este instante!

Parecería absurdo (sin mencionar abusivo) porque los bebés no tienen la capacidad de entender tus pensamientos o tus palabras. Pensar y hablar del problema no ayudó a Julie a resolverlo. ¿Por qué? La parte de tu cerebro comúnmente llamada *sistema límbico* (emocional) no responde ante la lógica o el pensamiento positivo. No es tu culpa si se te dificulta hablar o pensar cómo salir del estancamiento. Pensar sobre los problemas solo es útil si tu cerebro racional está disponible. Usar tus pensamientos y palabras para resolver tus problemas es la idea principal detrás de la terapia cognitivo-conductual (TCC).

Ese tipo de terapia es un enfoque para la salud mental que está basado en evidencia y su objetivo es usar el pensamiento lógico para reducir las emociones angustiantes. La TCC definitivamente tiene su lugar en el mundo. Un artículo publicado en 2018 en *Frontiers in Psychology* establece: «Debido a que está claramente respaldada por la investigación, la TCC domina las directrices internacionales para los tratamientos psicosociales, lo que la convierte en un tratamiento de primera línea para muchos trastornos».[3]

Y en el mismo artículo se señala: «Dicho esto, debemos añadir que, aunque la TCC es eficaz, aún hay margen de mejora, ya que en muchas situaciones hay pacientes que no responden a la TCC o recaen [...]. Por lo tanto, prevemos que las mejoras continuas en psicoterapia provendrán de la TCC y conducirán gradualmente el campo hacia una psicoterapia científica integradora».

La TCC tiene sus limitaciones. Una de las principales limitaciones es que el modelo no enseña a las personas a comprender la forma en que sus *cuerpos* contribuyen a la creación de pensamientos y emociones. Existen razones *corporales* por las que tus pensamientos no siempre consiguen cambiar tus sensaciones. Julie no podía controlar sus convulsiones porque usaba soluciones mentales para un problema corporal. La TCC es una solución basada en el cuerpo que utiliza el poder de los *pensamientos* para cambiar las *sensaciones*. En cambio, las terapias basadas en el cuerpo utilizan el poder de las *sensaciones* para cambiar los *pensamientos*. Necesitamos ambos enfoques. Una vez que logras conectar «tu cerebro lógico» de nuevo, podrás hacer uso de herramientas cognitivas como el pensamiento positivo, las afirmaciones y el diálogo interno motivacional. Hablaremos de las soluciones corporales más adelante en este capítulo.

Sensaciones, emociones y pensamientos: ¿cuál es la diferencia?

Nombrar tus experiencias de manera precisa es el primer paso para cambiarlas. Si no sabes cómo describir algo correctamente, es probable que cualquier intervención que intentes falle. Si vas a la sala de emergencias y no describes bien tus síntomas, es posible que

---

[3] David, Daniel; Cristea, Ioana, y Hofmann, Stefan G. (2018). «Why Cognitive Behavioral Therapy Is the Current Gold Standard of Psychotherapy». *Frontiers in Psychiatry*, 9(4). Disponible en: <https://doi.org/10.3389/fpsyt.2018.00004>.

terminen realizándote una apendicectomía, cuando solamente necesitas antibióticos debido a una infección en la vejiga. Uno de los principales factores que contribuyen al estancamiento es no saber la diferencia entre sensaciones, emociones y pensamientos. No son lo mismo. Aprender a identificarlos, analizarlos y separarlos puede producir cambios increíbles en el estado de ánimo y en el sentido de bienestar en general. Al usar las palabras *sensación, emoción y pensamiento* indistintamente, el mundo de la salud mental perjudica en gran medida a las personas. Desglosémoslas.

Sensaciones

Las sensaciones son un conjunto de *percepciones* puramente *físicas*. Si te sientes cansado, es posible que presentes sensaciones como párpados pesados, falta de energía y sueño. La ansiedad es una *sensación* porque es un conjunto de percepciones corporales como corazón acelerado, palmas sudorosas, boca seca y opresión en el pecho. El dolor es una *sensación* porque está conformado por una serie de percepciones corporales. Tenso, relajado, animado, mareado, caliente, frío y cansado son sensaciones.

¿Por qué esto es importante? Para desacelerar tu cerebro y regresar al estado racional, necesitas *quitar* tus interpretaciones y emociones de la ecuación y enfocarte primero en las señales/sensaciones del cuerpo. Decirte «Hay algo mal en mí» es una interpretación, una historia. Decirte «Debería ser capaz de controlar esto» es también otra historia, y cuando mezclas *historias* con *síntomas*, quedas *estancado*. La simplificación es el primer paso para encontrar alivio.

Cada vez que alguien viene a mi consultorio colmado de historias y emociones, la primera pregunta que le hago es «¿En qué parte del cuerpo sientes todo esto?». Cuando alejas tu atención de las historias y las emociones, y te enfocas primero en las sensaciones corporales, la intensidad del sentimiento de agobio a menudo se reduce al instante. ¿Por qué? Porque el acto de observar tu experiencia la cambia.

Emociones

Las emociones son sensaciones corporales con una *historia* adjunta. Quizá el martes tengas la sensación de una mandíbula tensa, puños apretados y un corazón acelerado. Tal vez se sienta como ira, ya que tu historia es que no obtuviste el ascenso que querías. El sábado tal vez presentes la misma sensación de una mandíbula tensa, puños apretados y un corazón acelerado, pero en lugar de experimentarla como ira, la vives como entusiasmo porque estás a punto de iniciar un medio maratón para el que entrenaste todo el verano. La diferencia entre la ira del martes y el entusiasmo del sábado es la historia.

Sensaciones + historias = emociones. Las historias que adjuntamos a las sensaciones corporales son las que crean nuestras emociones.

No llamarías emoción al dolor que resulta de romperte el tobillo y no describirías los retortijones estomacales como emociones; son sensaciones. ¿Por qué es importante esto? Porque sentirse estancado puede ser aterrador, ya que produce una serie de sensaciones corporales que flotan libremente y en las que proyectamos historias de *insuficiencia* y vergüenza. Si consideras los síntomas como algo concreto y fisiológico, en lugar de algo abstracto o etéreo, se vuelve más fácil contenerlos y, por ende, reducirlos. Cuando trabajo con pacientes agobiados, mi meta inmediata es ayudarlos a convertir el amplio concepto del estancamiento en algo tangible. ¿Cómo se hace? Tomemos el ejemplo de Maddie, una paciente de 29 años que, al llegar a sesión, comenzó a sudar e hiperventilar tan pronto como se sentó.

Sensaciones + historias = emociones

MADDIE: Siento que me estoy volviendo loca. Estoy tan ansiosa que siento que me voy a morir, y estoy muy enojada conmigo misma por seguir sintiéndome así. ¿Qué me sucede?

YO: Ahora te sientes muy abrumada. ¿Puedes decirme en qué parte del cuerpo sientes la ansiedad?

MADDIE: Siento el pecho apretado y mi corazón late muy rápido.

YO: ¿Estás dispuesta a enfocarte en la tensión en tu pecho?

MADDIE: Sí.

YO: Muy bien. Descríbeme las características que percibes de esa tensión de tu pecho. ¿Tiene algún color o forma?

MADDIE: Se siente como una gran bola roja.

YO: ¿De qué tamaño es esa bola roja? ¿Puedes identificar dónde inicia y dónde acaba?

MADDIE: Percibo que tiene el tamaño de una toronja. Comienza justo debajo de la garganta y termina en medio del pecho.

YO: ¿Puedes poner tu mano en el área del cuerpo donde la sientes? ¿Qué crees que la bola del tamaño de una toronja te pediría si pudiera hablar?

MADDIE: Creo que me pediría que desacelere el paso y me encargue de ella.

YO: ¿Desacelerar el paso y hacerte cargo de ella tiene sentido para ti?

MADDIE: De hecho, sí. Esta semana fue una locura. No he podido hacer mis rutinas de ejercicio habituales ni planear mis comidas porque mi mamá no está bien. Creo que va a tener que mudarse a una residencia asistida, y con el COVID-19...

A partir de aquí, Maddie pudo calmarse lo suficiente como para reactivar su interruptor lógico. En ese punto, pudimos procesar sus pensamientos sobre la salud de su mamá y creamos una estrategia para lidiar con el estrés que implican los cuidados. Debido a que puso atención a sus sensaciones, el pánico se disipó y pudo pensar con claridad. Cuando hablamos de los beneficios para la salud del estancamiento, a Maddie le sorprendió darse cuenta de que la *energía* era uno de los beneficios de su ansiedad. Admitió: «Cuando en verdad me detuve a pensarlo, tenía miedo de que, si dejaba de sentirme tan ajetreada, la depresión se apoderaría de mí y no podría hacer absolutamente nada. La ansiedad es horrible, pero es cierto que te proporciona mucha energía».

Es importante analizar tus creencias sobre tu conducta y sus beneficios. En lugar de avergonzarte por sentirte estancado, descubre las historias detrás. En el caso de Maddie, una vez que identificamos las sensaciones en su pecho y reconocimos su necesidad para volver a comprometerse con su autocuidado, la historia de que estaba loca cambió. Aprendió a decirse: «Claro que me siento agobiada; no me he cuidado a mí misma y tengo un cúmulo de responsabilidades sobre mi espalda. Esto comienza a cobrar sentido».

Cuando mezclas pensamientos, sensaciones y emociones, se vuelve imposible realizar la exploración necesaria para encontrar soluciones. Sería como tratar de orientarte en un parque nacional sin señalizaciones y con escombros obstaculizando el camino. En el caso de Maddie, cuando quitamos de la ecuación las historias («Me estoy volviendo loca») y las emociones («Estoy enojada conmigo misma») y nos enfocamos en las sensaciones (pecho apretado), se volvió más fácil organizar las piezas.

Pensamientos

Los pensamientos son constructos mentales como ideas, creencias, perspectivas, opiniones y juicios, y es posible que estén o no acompañados de sensaciones corporales. Puedes pensar en tu viaje a la playa con tu familia y sentir calor en el abdomen; puedes pensar en tu horrible divorcio y de repente sentirte mareado y agotado; puedes pensar en una tarea que necesitas realizar y sentirte paralizado. Como leíste previamente, la TCC pretende cambiar las sensaciones enfocándose en los pensamientos, lo que en ocasiones puede ser útil, pero muchas veces somos bien conscientes de que nuestros pensamientos son ilógicos, pero continuamos dándoles vueltas.

La siguiente vez que te sientas agobiado, tómate unos minutos y percibe tus sensaciones corporales específicas. Siente curiosidad por saber qué están tratando de comunicarte. *Después*, pregúntate qué ganas con seguir estancado. Intenta que el juicio o la vergüenza no formen parte del proceso. El objetivo de los ejercicios es descubrir hechos y recopilar datos. *No* necesitas echar más leña al fuego del autorreproche, la autovergüenza y el autodesprecio. Anotar en un diario tus sensaciones corporales y beneficios conductuales puede ayudarte a acelerar el alivio y calmar los síntomas.

Conclusión

Es controversial pensar que los síntomas son respuestas del cuerpo más que enfermedades mentales, ya que toda la carga de la responsabilidad de trazar el camino por nuestros inexplorados terrenos internos recae en nosotros. Algunas veces nos conformamos con nuestros diagnósticos porque nos brindan una conexión y un sentido de comunidad con personas que tienen la misma mentalidad. La miseria es tu compañera y, a menudo, conforme aumentan tu salud y felicidad, probablemente te des cuenta de que ya superaste la zona de juegos y a los jugadores de los que obtenías consuelo. Como dice Marianne Williamson en su libro *Volver al amor*: «Nuestro miedo más profundo no es ser insuficientes, sino tener poder inconmensurable. Es nuestra luz y no nuestra sombra lo que más nos asusta».

Todas las emociones, sensaciones y pensamientos necesitan ser bienvenidos con un espíritu de hospitalidad y curiosidad. Las áreas de tu vida que requieres explorar con valentía incluyen relaciones románticas, amistades, trabajo, dinámica familiar, espiritualidad, salud financiera, salud física, creatividad y diversión. Conforme aceptas tus experiencias externas, el estancamiento deja de jugar el papel de benefactor. La voluntad para experimentar tus sensaciones, la tolerancia gradual a las incómodas sensaciones corporales y la valentía para analizar lo que yace bajo la superficie despejan el camino hacia la felicidad y la sanación.

No disfruto sentirme estancada. Aunque trabajo con estas prácticas de día y de noche con otras personas, el trabajo personal sigue siendo retador para mí. Lidiar con las sensaciones corporales parece, a veces, como algo más que añadir a nuestra ya inflada lista de obligaciones. A menudo escucho a los pacientes decir: «No estoy seguro de poder hacer esto, Britt. Es demasiado trabajo». Es cierto. Desarrollar fluidez en el lenguaje de las sensaciones y aprender a sacar provecho de los beneficios ocultos del estancamiento puede ser difícil al principio, pero no importa lo frustrada que esté con mi cuerpo o cerebro, la respuesta que me doy a mí y a los pacientes es siempre «Sí, es duro y se requiere esfuerzo, pero cuesta más trabajo *no* hacer el trabajo».

Perder relaciones y oportunidades laborales, pasar días en la cama, ignorar aventuras creativas para vivir en un estado perpetuo de estancamiento conlleva muchísimo trabajo. El mito es que hay una forma fácil, pero la verdad es que solo existen dos formas: la difícil que da vueltas, vueltas y vueltas en círculos, y la difícil que tiene un principio, un intermedio y un final.[4] El dolor de enfrentar las sensaciones muchas veces es más fácil que atravesar el dolor de evitarlas.

Puedes experimentar genuina alegría solo en la medida en que entiendas y aceptes todas las partes de tu ser. Los capítulos que siguen te ayudarán a aprender a traducir el lenguaje de tu cuerpo. El duelo no atendido, la ira no resuelta, el conflicto relacional y los hábitos poco saludables contribuyen a la sensación de estancamiento. Aprenderás a descifrar tu cerebro, a crear estrategias para establecer límites y a recobrar tu capacidad de vivir una vida auténtica. Cuando entiendes el lenguaje del estancamiento,

[4] El proceso de cambio tiene un inicio, un intermedio y un final, pero no es una línea recta.

puedes encontrar recursos rápidamente para reducir tus síntomas y aumentar tu felicidad y bienestar. El estancamiento no es algo terrible que te sucede, sino un don del diseño humano. Es creado *por* ti, *para* ti y *a través* de ti.

LECCIONES CLAVE

1. La mayoría de las conductas tiene beneficios, incluso las «malas».
2. Permanecer estancado tiene muchos beneficios para la salud.
3. Comprender la función de tu conducta es la clave para modificarla.
4. El estancamiento te protege del fracaso y del rechazo.
5. Tu cerebro está programado para la sobrevivencia, no para la felicidad.
6. Tu sistema nervioso está diseñado para conservar la energía.
7. La vergüenza te mantiene estancado.
8. Tener curiosidad por tus conductas (sin avergonzarte) te saca del estancamiento.
9. Muchos de nuestros síntomas son respuestas corporales y no enfermedades mentales.
10. Por lo general, es más difícil evitar tus sentimientos que sentirlos.

QUÉ HACER Y QUÉ NO HACER

Qué hacer	Qué no hacer
Conectar con tu cuerpo físico preguntándote: «¿En qué parte de mi cuerpo siento esto?».	Torturarte con preguntas como «¿Por qué estoy siendo dramático?» ***no*** es útil.

Qué hacer	Qué no hacer
Preguntarte qué ganas con estar estancado.	Engañarte pensando que no existen beneficios por quedarte estancado. Siempre hay beneficios en nuestras conductas; de lo contrario, no las adoptaríamos.
Considerar qué podría pasar si sales del estancamiento. ¿Piensas que algunas relaciones cambiarían como resultado de sentirte mejor?	Sentir vergüenza por tener miedo al cambio. La mayoría de las personas le teme al cambio en cierta medida.
Recordar que el cerebro no siempre responde a la lógica, a los pensamientos o a las palabras.	Asumir que estás dañado o loco. Siempre hay razones para nuestras conductas, incluso si no las conocemos.

Retos de cinco minutos

1. Escribe las palabras críticas y acosadoras que te has estado diciendo y refútalas con palabras compasivas. Ejemplo:

Diálogo interno crítico	Diálogo interno compasivo
«Qué flojo soy. Estoy estancado».	«Mi cerebro piensa que permanecer estancado me protege del peligro».
«Nunca podré hacerlo».	«Haré lo que pueda y seguiré intentándolo».

2. Sé honesto contigo mismo sobre las recompensas de tus conductas. Copia el siguiente cuadro en un cuaderno y realiza un análisis costo-beneficio.

ANÁLISIS COSTO-BENEFICIO

Conducta	Costos de continuar con esa conducta	Beneficios de continuar con esa conducta	Beneficios de modificar la conducta

3. Lista de miedos, necesidades y recursos. Haz una lista con tus tres mayores miedos, tus tres necesidades más importantes y los tres recursos principales que tienes a la mano para ayudarte.

3 EL MITO DE LA MOTIVACIÓN

No le preguntas a alguien que ha sido apuñalado en el vientre qué lo haría feliz; la felicidad deja de ser lo importante.

NICK HORNBY,
Cómo ser buenos

Ser mujer en el siglo XVI era muy desafortunado.

El libro *Malleus Maleficarum* (traducido como *El martillo de las brujas*) era el manual de consulta para la cacería de brujas en aquel siglo. *Malleus Maleficarum* suena como un hechizo de Hogwarts, pero era considerado un recurso muy valioso que impulsó la obsesión por la cacería de brujas durante dos siglos en Europa. Reconocidos académicos y teólogos escribieron textos con base en el Éxodo 22:18, el cual dice: «No dejarás con vida a la hechicera». El *Malleus Maleficarum* representaba el mejor pensamiento de su época, lo cual trajo consecuencias graves y trascendentales. La perspectiva misógina y patriarcal sobre las brujas y la hechicería sigue existiendo hoy en día.

O considera el tratamiento médico que se recibía durante el siglo XVI. El aislamiento y los azotes eran un protocolo estándar para tratar la enfermedad mental. Se consideraba que las personas que sufrían de trastornos psicológicos estaban poseídas por el demonio o representaban un peligro para la sociedad. Para curar la plaga, los médicos cubrían a las víctimas con mercurio y las metían en un horno para repeler la enfermedad. La sangría (la práctica de drenar sangre del cuerpo) era un procedimiento quirúrgico estándar para la fiebre. Si eras tratado por el doctor François-Joseph-Victor Broussais, terminabas cubierto de sanguijuelas. «[El doctor Broussais] era un gran defensor de la terapia con sanguijuelas junto con sangrías agresivas. Solía colocarlas sobre el órgano que se consideraba inflamado».[1] ¡Espantoso!

Si tenías la suerte de evitar las acusaciones de hechicería y las mordidas de las sanguijuelas sedientas de sangre, ¡pobres de las que querían una mejora estética en el siglo XVI! La reina Isabel I fue una de las primeras *influencers*: su rostro empolvado, su cuello alechugado y sus joyas ornamentadas eran la envidia del momento. Desafortunadamente, el maquillaje que supuestamente prefería (llamado *cerusa veneciana*) era una mezcla tóxica de agua, plomo y vinagre. Este brebaje producía terribles efectos secundarios, como decoloración de la piel, pérdida del cabello y dientes podridos. ¡Vaya, las cosas que hacemos por la belleza!

El mejor pensamiento de estos tiempos también produjo una creencia que persiste hoy en día: sentirse estancado se debe a la flojera o a la falta de motivación. El origen de la palabra *flojo* se atribuye al latín *fluxus*, que significa «sin consistencia», «sin fuerza». De alguna forma, a pesar de los siglos de progreso, la flojera continúa siendo una explicación vergonzosa y juiciosa de la conducta basada en la ciencia. Por fortuna, los rituales de belleza dejaron atrás la cerusa veneciana, los tratamientos médicos ya no recurren automáticamente a la sangría mediante sanguijuelas[2] y ya no se permite que los pastores maten a las congregantes con base en su

---

[1] *Sangría* se refiere a la práctica de drenar la sangre para curar enfermedades. Greenstone, Gerry. (2010). «The History of Bloodletting» en *BC Medical Journal*, 52(1), 12-14. Disponible en: <https://bcmj.org/premise/history-bloodletting>.

[2] Técnicamente, la sangría y la terapia con sanguijuelas se siguen usando, pero no son las terapias preferidas para todas las dolencias.

creencia de que «la fuente manifiesta del mal eran, de hecho, las mujeres, quienes seducían, encantaban y poseían a los hombres, a menudo castrándolos y manteniendo rebaños de penes como seres independientes y divertidos».[3] La palabra *flojo* representa un juicio moral, no una realidad biológica, y de ninguna manera describe lo que realmente ocurre en tu cerebro cuando terminas postrado en un sillón.[4]

> **La palabra *flojo* representa un juicio moral, no una realidad biológica.**

Información básica sobre el cerebro

Al final de este capítulo, podrás remplazar las palabras *flojo* y *desmotivado* con información práctica que puedes utilizar para salir del estancamiento. Si tus ojos se nublan ante la idea de leer un capítulo completo sobre las neuronas y células gliales, no temas; no necesitas saberlo *todo*, solamente lo suficiente para avanzar. Toma en cuenta lo siguiente:

- No tienes que ser un mecánico de autos para manejar uno. Cuando se termina la gasolina, sabes lo suficiente para ir a una gasolinería y no asumes que el auto está descompuesto y sin remedio.

---

[3] Esta cita proviene de un fascinante artículo escrito por Dimitrijevic, Aleksandar. (2015). «Being Mad in Early Modern England». *Frontiers in Psychology*, 6(1740). Disponible en: doi: 10.3389/fpsyg.2015.01740.

[4] Recordatorio: Los términos usados en el libro para describir el cerebro están extremadamente simplificados y pretenden ser metafóricos más que descripciones literales.

- No es necesario ser médico para tratar los síntomas de la gastroenteritis. Cuando te empiezas a sentir enfermo, sabes lo suficiente para hidratarte y descansar, y no piensas «Así soy yo».
- No requieres un título en neurociencia para salir del estancamiento. Cuando te encuentras tan lleno de energía que no puedes concentrarte, o estás tan cansado que no funcionas, solo necesitas saber lo suficiente sobre el cerebro para encontrar una solución efectiva.

También vamos a hablar sobre trauma, y antes de que alces la mano y objetes: «Pero yo no tengo traumas», te advierto que *no* vamos a analizar sucesos traumáticos como agresión, abuso o desastres naturales. No será necesario que escarbes en los recuerdos o te enojes con tus padres. Si no te identificas como sobreviviente de un trauma, este capítulo es para ti.[5]

¿Por qué es necesario hablar sobre trauma? Cuando quieres estar en modo *productivo*, pero tu cerebro está en modo *procrastinación*, no eres flojo, estás experimentando una *respuesta al trauma*, también conocida como *cerebro de sobrevivencia*.[6] ¿Recuerdas cuando no podías ir a ningún lado ni hacer nada en 2020? Todos nos sometimos a confinamiento porque el entorno no era seguro. La razón del confinamiento fue una amenaza *no* la falta de motivación de la humanidad o la flojera inherente. El cerebro de sobrevivencia te puso a ti y a todos tus objetivos, planes y ambiciones en cuarentena hasta que se convenció de que estabas seguro.

Te lo explico.

---

[5] Si eres un sobreviviente de abuso sexual, agresión, violencia, desastres naturales o un accidente grave, también te puedes beneficiar de la información contenida en este capítulo.

[6] Técnicamente, el cerebro de sobrevivencia podría llamarse *cerebro de preservación* porque responde a oportunidades e información nueva, además de las amenazas. *Cerebro de sobrevivencia* hace referencia a la respuesta del cerebro ante cualquier necesidad de energía percibida y no solo a amenazas de vida o muerte.

El cerebro de sobrevivencia tiene sus propias intenciones

La función principal de tu cerebro es mantenerte vivo, no hacerte feliz.

Tal vez no *sientas* que necesitas conservar energía, pero varios de los mecanismos de tu cerebro son automáticos (no existe una urna donde puedas emitir tu voto en el proceso). Tu cerebro quiere protegerte de los depredadores y mantenerte preparado para la acción. La sobrevivencia lo es todo. Quizá *quieras* sentarte a meditar, pero las metas espirituales no son la prioridad del cerebro; tal vez por fin quieras iniciar ese curso de negocios, pero el desarrollo profesional no es la prioridad del cerebro.

Incluso si no corres peligro ahora, tu cerebro puede creer que el peligro se presentará más adelante, pues su función principal es anticipar tus necesidades de energía (un proceso llamado *alostasis*). En *Siete lecciones y media sobre el cerebro*, la doctora Lisa Feldman Barrett refiere: «La tarea más importante de tu cerebro es controlar tu cuerpo (gestionar la alostasis) previendo las necesidades energéticas antes de que surjan para que puedas realizar movimientos convenientes de manera eficiente y sobrevivir». Cuando tu cerebro «presupuesta» energía incorrectamente, puedes gastar demasiada energía o no generar suficiente. Un «presupuesto cerebral» impreciso crea un lío de síntomas en tu cuerpo y mente.

Piensa en la siguiente situación: ¿qué pasaría si creyeras que la única manera de encender tus velas de cumpleaños es usando un soplete? El resultado sería un desastre derretido y una posible visita de los bomberos. Un soplete proporciona *demasiada* energía para la tarea de encender unas velas. En el otro extremo, imagina que intentas calentarte de pie junto a un cerillo encendido en un día de invierno. No te calentarás porque el cerillo no proporciona *suficiente* energía para esa tarea. Cuando tu cerebro usa más o menos energía de la normal, tu cuerpo se encuentra en un estado alostático, el cual es útil si te está persiguiendo un oso o estás compitiendo para ganar una medalla olímpica, pero no es útil si deseas relajarte después de un largo día de trabajo o quieres iniciar un proyecto. Si tu cuerpo entra en un *estado alostático* cuando no hay una amenaza, se considera una *respuesta al trauma*.[7]

Respuestas al trauma

Las respuestas de trauma pueden dar la apariencia de tener *demasiada* energía (ansiedad/pánico/TDAH) o muy *poca* energía (depresión/fatiga/procrastinación). Salir del estancamiento requiere una comprensión básica del trauma, incluso si no crees tenerlo.

> ¿Por qué mi cerebro está preocupado por el peligro cuando estoy totalmente a salvo?

Tal vez tu *mente* piense que estás a salvo, pero tu *cuerpo* es el que manda. No puedes decidir de forma consciente si tu cuerpo debe sentirse seguro o inseguro. En su libro *Guía de bolsillo de la teoría polivagal*, el doctor Stephen W. Porges señala: «Quizá nuestro malentendido sobre el papel de la seguridad se basa en la suposición de que creemos saber lo que significa seguridad. Esta suposición debe ser cuestionada porque es posible que exista una incongruencia entre las palabras que usamos para describirla y nuestras sensaciones corporales de seguridad». La mayoría de nosotros nunca aprende a describir las señales internas de seguridad y peligro. Por ejemplo, ¿cuándo fue la última vez que te preguntaste «¿En qué parte de mi cuerpo estoy sintiendo una sensación de seguridad ahora mismo?»? La genética, el historial médico, la familia de origen, el entorno, las circunstancias relacionales e incluso el clima pueden afectar nuestra percepción inconsciente de la seguridad. El doctor Porges agrega: «Fuera del ámbito de la conciencia, nuestro sistema nervioso constantemente evalúa el

---

[7] «Los estados alostáticos pueden desgastar los sistemas reguladores del cerebro y cuerpo. Los términos "carga alostática" y "sobrecarga alostática" se refieren a los resultados acumulados de un estado alostático». McEwen, Bruce S. (2005). «Stressed or Stressed Out: What Is the Difference?». *Journal of Psychiatry & Neuroscience*, 30(5), 315-18. Disponible en: <https://www.ncbi.nlm.nih.gov/pmc/articles/PMC1197275/>.

riesgo en el entorno, hace juicios y establece prioridades para las conductas adaptativas».

La lógica y la razón no forman parte del proceso de planeación de la seguridad. La flojera y la falta de motivación no son hábitos malos: son *respuestas al trauma*. El experto en adicciones, el doctor Gabor Maté, menciona: «Ya no advertimos lo que está ocurriendo en nuestros cuerpos y, por lo tanto, no podemos actuar en modos de autoprotección. La fisiología del estrés carcome nuestros cuerpos [...] porque ya no tenemos la capacidad de reconocer sus signos». Cuando no sabes que presentas trauma, es imposible superarlo. Si no estás convencido de tenerlo, considera los siguientes indicadores:

Signos de trauma no resuelto

- Indecisión
- Ofrecimiento excesivo de disculpas
- Dificultad para decir que no
- TDAH o TOC[8]
- Necesidad de complacer a otros
- Perfeccionismo
- Pensamiento acelerado
- Dificultad para relajarse
- Odio por las sorpresas
- Procrastinación
- Sensación de flojera cuando quieres ser productivo
- Incapacidad para dejar de trabajar cuando quieres descansar
- Respuesta exagerada de sobresalto (siempre asustadizo)
- Dificultad para disfrutar el sexo
- Dificultad para disfrutar los alimentos sin culpa

[8] El TDAH y TOC son a menudo respuestas al trauma, pero eso no significa que no se pueda usar medicamento para tratar los síntomas. Consulta siempre a un profesional de la salud antes de dejar un medicamento.

Tal vez protestes: «Oye, ¡pero nunca he estado en una guerra, ni he sufrido agresión, un desastre natural, ni nada parecido! ¿Cómo es posible que tenga un trauma?».

«Sufrir un trauma» no significa que tuviste una infancia terrible, que reprimiste un recuerdo horrible o que abusaron de ti. ¿Por qué hay tanta confusión sobre el trauma? Esta es la realidad que quizá te sorprenda:

> ***No*** se requiere que los terapeutas aprendan sobre el cerebro ***o*** el trauma.

A menos que los terapeutas reciban una formación especializada durante varios años adicionales, no nos enseñan nada sobre el cerebro[9] y no se requiere que sepamos identificar y tratar el trauma.[10] Muchos de mis pacientes comentan que no pueden dormir, relajarse, lograr sus metas y controlar sus pensamientos, y esto se debe a que nunca aprendieron lo que significa «sufrir un trauma», por lo que a menudo escucho:

- «Pero no tengo un trauma. Siempre he tenido suficiente dinero, suficiente comida y un lugar seguro para vivir».
- «Pero no tengo un trauma. No sufrí abuso en la infancia».
- «Pero no tengo un trauma. Nunca me sucedió nada malo».
- «Pero no tengo un trauma. Mi familia es increíble».
- «¿Trauma? No lo conozco».

Regresemos al ejemplo anterior. Si no sabes llenar el tanque de gasolina, tu auto se quedará estacionado; si no sabes descansar

---

[9] En los casos en los que se enseña a los terapeutas sobre el cerebro, la información está, con frecuencia, desactualizada.

[10] No se requiere que los terapeutas sepan sobre trauma, y muchos de ellos *no* revelan su limitada formación. Asegúrate de preguntarle a tu terapeuta si tiene capacitación en trauma; si no la tiene, ten *mucha* precaución al aceptar su diagnóstico como una verdad divina.

cuando tienes gastroenteritis, tu cuerpo permanecerá enfermo; si no sabes cómo funciona el trauma, permanecerás estancado. Voy a describirlo de la manera más sencilla posible:

> Sufres un trauma no resuelto; yo también; todos lo sufrimos. En tanto seas humano, vas a sufrir algún grado de trauma.

Esta declaración tiene la facultad de exasperar a las personas. Como sobreviviente de violencia doméstica y abuso sexual, lo entiendo. Algunos sobrevivientes se rehúsan a creer que todos sufren algún trauma y dicen: «Bueno, si todos lo sufren, entonces nadie lo tiene. Si todos sufren algún trauma, ¿no minimiza eso lo que *me* ocurrió?». Por el contrario, las personas que *no* se identifican como sobrevivientes también se endurecen ante la idea del trauma. Sus inquietudes suenan así: «Bueno, si sufro un trauma, ¿significa que debo odiar a mis padres, abandonar mi empleo y pasar los siguientes diez años tomando terapia?». Necesitamos poner fin a esta controversia. Para saber si sufres un trauma, es útil iniciar con una definición.

Qué *es* trauma

La definición que uso como especialista clínica en trauma es la del doctor Peter Levine, el creador de Somatic Experiencing, un enfoque de sanación del trauma orientado al cuerpo. La biografía del doctor Levine señala que su trabajo es el resultado de un «estudio multidisciplinario basado en la psicología del estrés, la psicología, la etología, la biología, la neurociencia, prácticas de sanación autóctonas y biopsias médicas». Define el trauma como cualquier experiencia que sea «demasiado intensa, demasiado rápida o demasiado pronta». El trauma es un proceso *interno*, no un suceso *externo*. El doctor Levine refiere: «El trauma no es lo que nos sucede, sino lo que guardamos dentro en ausencia de un testigo empático». El trauma es la incapacidad de tu cerebro para procesar y metabolizar información. En términos más sencillos, el trauma es como una *indigestión cerebral*,[11] la cual genera, como resultado, una respuesta al trauma. Aunque la palabra *trauma* da miedo, es solo una expresión clínica para indicar que tu cerebro está abrumado.

Tal vez no te identifiques como sobreviviente de un trauma, pero ¿te has sentido agobiado?

¿Alguna vez has sentido que estás en modo apagado?, ¿o te has sentido desconcertado porque no importa cuánto te grites, sigues sin poder dar el primer paso en tu lista de pendientes?

Se trata de una respuesta al trauma. Tu cerebro decidió que la mejor forma de sobrevivir es apagarse.

¿Has llegado a sentir que no puedes dormir, relajarte, desacelerar y concentrarte, o dejar de sentir la presión de desempeñarte a la perfección? Eso también es una respuesta al trauma, que a menudo se le llama *reacción de lucha o huida*.

Mitos sobre el trauma

Muchas veces lo que pensamos que nos hace frágiles es más bien nuestro cerebro haciendo exactamente lo que debe hacer para mantenernos a salvo. A menudo las respuestas al trauma se diagnostican y etiquetan de manera errónea como enfermedad mental.[12] Los *problemas* mentales no son necesariamente *enfermedades* mentales; más bien, sus síntomas son manifestaciones creativas de necesidades no satisfechas.[13] El trauma no es una enfermedad, sino una herida que puede sanarse. El siguiente cuadro ilustra los principales mitos sobre el trauma.

---

[11] Advertencia metafórica: indigestión cerebral no es un término médico o una descripción literal de tu anatomía.

[12] Las respuestas al trauma no niegan la realidad de la enfermedad mental, los síntomas debilitantes o la necesidad de tratamiento farmacológico.

[13] Para sanar el trauma es necesario que haya opciones. Algunas personas no tienen opciones en términos de finanzas, opresión, disfunción sistémica o seguridad. Perpetuamos el trauma cuando colocamos la carga de la sanación en aquellos que no cuentan con recursos de sanación a su alcance.

El trauma no es una enfermedad, sino una herida que puede sanarse.

Mito sobre el trauma	Realidad sobre el trauma
Necesitas perdonar; de lo contrario, no podrás sanar.	El perdón es una aspiración espiritual y no es necesario para sanar el trauma.
La procrastinación es indicio de un carácter débil.	La procrastinación es una respuesta al trauma en tu cerebro.
La flojera es la razón por la que no puedes actuar.	La flojera también es una respuesta al trauma.
Si la intención no era lastimarme, no debería molestarme.	La intención no niega el impacto. Posiblemente no fue mi intención atropellarte, pero mis buenas intenciones no deshacen tus fracturas.
La procrastinación se resuelve usando la mente lógica.	Las afirmaciones positivas son geniales una vez que la lógica está disponible, pero tus pensamientos no funcionarán adecuadamente hasta que tu cerebro se sienta seguro. «Si la alarma de tu cerebro emocional sigue mandando señales de que corres peligro, ninguna cantidad de entendimiento hará que se calle». Van der Kolk, Bessel, *El cuerpo lleva la cuenta. Cerebro, mente y cuerpo en la superación del trauma.*

Mito sobre el trauma	Realidad sobre el trauma
Puedes usar la autovergüenza para vencer la flojera.	Si gritarte fuera efectivo, ya tendrías todo resuelto.
Sanar lleva toda una vida.	No necesitas pasar diez años en terapia para que tu cerebro salga del modo sobrevivencia.
Si no recuerdo algo, no puede afectarme.	Tu cuerpo registra todas tus experiencias, incluso aquellas que tu mente olvida.
Necesitas revivir tus recuerdos para sanar.	No necesitas escarbar en tus recuerdos para salir del estancamiento.
El trauma es una enfermedad mental.	El trauma es una herida y puede sanarse.
Solo lo que te sucede puede causar trauma.	Puedes quedar traumatizado por presenciar la experiencia de alguien más. A esto se le llama ***trauma secundario***.
Necesitas saber por qué sientes lo que sientes; de lo contrario, hay algo mal en ti.	Quizá no comprendas por qué algo te molesta o detona algo en ti, pero todo tiene sentido en contexto. *No* estás loco.
Solo necesitas relajarte y respirar.	Tratar de forzar la relajación con respiraciones profundas puede retraumatizar tu cuerpo y empeorar la situación.
Solo las malas experiencias causan trauma.	*Cualquier* experiencia que exceda la capacidad de tu cerebro para procesarla puede causar trauma.
Necesitas contar tu historia para sanar.	No necesitas contar tu historia (o tan siquiera *saberla*) para sanar.

En este punto, las personas tienden a rascarse la cabeza y preguntarse: «A ver... si el trauma no es lo que nos sucede, sino *lo que* ocurre *dentro de* nosotros, entonces cómo se le llama al abuso, la opresión, la guerra, etc.?». Debemos distinguir entre trauma, sucesos traumáticos, sucesos que inducen al trauma y respuestas al trauma.

- **Trauma:** un estado *interno* en el que el cerebro no es capaz de digerir o procesar información. Otra forma de llamarlo es agobio.
- **Suceso traumático:** eventos que todos consideramos horrendos y tienen el potencial de producir consecuencias duraderas, como el abuso, la guerra, los desastres naturales, la opresión sistémica, el racismo, la pobreza, la agresión sexual y la violencia.
- **Suceso que induce al trauma:** eventos que no se consideran traumáticos o malos, pero pueden producir, sin embargo, síntomas de angustia, como dar a luz, casarse, someterse a cirugía, mudarse a una ciudad nueva, perder peso, tener citas o iniciar un empleo nuevo.
- **Respuesta al trauma:** sucede cuando el cerebro *percibe* una necesidad energética e inunda el cuerpo con un «subidón de energía» (pánico, ansiedad, TDAH) o apaga tu sistema (depresión, fatiga, procrastinación). Una respuesta al trauma se basa en la percepción del cerebro, independientemente de si la necesidad es real o no.

Objeciones comunes a la explicación del trauma

> ¿Me estás diciendo que la razón por la que no quiero limpiar la casa es debido a una respuesta al trauma? A mí me suena a pretexto.

Si estás estancado en tu quinta hora de un maratón de lectura de publicaciones en Twitter, no es por falta de motivación, sino porque tu cerebro cree que necesitas guardar energía. La palabra *motivar* es problemática para el proceso de sanación, del mismo modo que lo es la palabra *flojo*. El término *motivación* se deriva del latín *movere*, que significa *moverse*. La motivación se define como un proceso consciente y enfocado en metas; es un esfuerzo *voluntario*, pero varias de las respuestas de tu cuerpo son *involuntarias*. No tiene ningún sentido condenarte por una respuesta corporal automática. El doctor Peter Levine señala esto: «Los animales no consideran que paralizarse sea un signo de insuficiencia o debilidad, y nosotros tampoco deberíamos hacerlo».

> Significa que se vale decirle a mi jefe: «De verdad quería venir a trabajar hoy, pero mi cerebro de sobrevivencia me hizo quedarme viendo videos de gatitos en TikTok».

No. Entender la psicología del cerebro de sobrevivencia no justifica la procrastinación, solo la *explica*. Si no sabes lo que le ocurre a tu cerebro, no hay manera de encontrar una solución efectiva. Llamarte flojo no va a generar un cambio, sino *vergüenza*. Saber que existe una explicación científica no significa que está bien quedarse postrado en el sillón, sino que ahora cuentas con la información necesaria para *levantarte* de él. Analizaremos formas de persuadir a tu cerebro para que salga del modo sobrevivencia más adelante en este capítulo; por el momento, solo necesitas recordar lo siguiente:

Si avergonzarte para conseguir una conducta más saludable funcionara, ya estarías viendo los resultados ahora.

> Me cuesta tanto trabajo concentrarme... Es como si hubiera un millón de cosas revoloteando en mi cabeza y ni siquiera puedo realizar la tarea más simple. ¡Me lleva dos horas enviar un correo electrónico de tres oraciones!

Te entiendo. Si tienes dificultad para concentrarte (si tareas sencillas se sienten como montañas gigantes), no es porque estés dañado. Si el cerebro siente que está en peligro, no va a poder concentrarse en nada, excepto en sobrevivir. Imagínate intentando recordar tu lista de pendientes mientras un enorme tigre está a punto de devorarte.

> ¿Me estás diciendo que sufro de trauma? Pero nunca me ha pasado nada. ¿Por qué lo tengo?

Piensa en los alimentos que consumes. *Cualquiera* puede causar indigestión. Sabes que si ingieres alimentos contaminados, es probable que te enfermes. Pero también puedes presentar indigestión gracias al mismo alimento que has consumido miles de veces. No todos los alimentos van a causar indigestión, pero todos tienen el *potencial* de hacerlo. Sucede lo mismo con el trauma. Si vives una guerra, abuso, desastre natural o agresión, la probabilidad de que presentes síntomas es alta,[14] pero experiencias normales también pueden producir trauma. El cerebro es una red muy compleja, y el cuerpo percibe una cantidad infinita de información cada segundo todos los días. No todo va a generar agobio en el cerebro, pero todo tiene el *potencial* de hacerlo. La realidad de la indigestión no evita que disfrutes un pastel de queso. La realidad del trauma no debería evitar que disfrutes la vida.

> Sé que no todo fue perfecto; todos tenemos altibajos. Pero creo firmemente que necesitas dejar el pasado atrás y seguir adelante. Pienso que no deberías preocuparte por pequeñeces.

Tu cerebro tiene su propia definición de lo que constituye una pequeñez. Si piensa que estás en peligro, lo que parecería ser una trivialidad se convierte en algo importante. Si fuera en verdad posible dejar el pasado atrás, nadie estaría estancado. Un sistema que sabe que el pasado está detrás *no* manifestará síntomas. El pasado sigue presente hasta que se procesa, así que el objetivo es metabolizar nuestras experiencias, no superarlas. Esto significa que puedes sentir tus sensaciones sin agobio; o sea, puedes recordar experiencias dolorosas sin avergonzarte y, en general, sentirte como en casa en tu cuerpo.

El pasado sigue presente hasta que se procesa.

[14] No todos los sucesos traumáticos producirán una respuesta al trauma.

La verdad sobre la flojera y la motivación

No existen las personas desmotivadas o flojas. Los seres humanos *siempre* están motivados. El cerebro está motivado para tomar decisiones conscientes o sobrevivir a las amenazas.[15] Cuando dices: «Se me dificulta la motivación», lo que en *realidad* quieres decir es «Mi cerebro piensa que necesita conservar energía para mantenerse con vida». Cuando escucho a mis pacientes describirse como «incapaces de concentrarse», lo que casi siempre quieren decir es «Mi cerebro piensa que necesito moverme para que no me devore un guepardo».

Las respuestas de sobrevivencia se basan en una amplia variedad de factores, que incluyen genética, biología, acceso a seguridad y recursos, privilegio, apoyo familiar, redes sociales, participación en la comunidad e historial médico. Por fortuna, no tienes que saber *por qué* tu cerebro creó una respuesta al trauma o ante qué estímulo estaba reaccionando tu cerebro. Es posible, lógicamente, que pienses que todo está bien, pero si el cerebro percibe una amenaza, la psicología de la sobrevivencia siempre gana. Algunas veces la percepción de peligro produce sensaciones de hipoactivación (fatiga, depresión, falta de motivación); otras veces, sensaciones de hiperactivación (estrés, pánico, ansiedad y distracción).

El mito del equilibrio

Parte de la razón por la que a veces sientes que estás loco es porque probablemente te enseñaron a buscar el equilibrio en tu vida, ya que muchos gurús de salud y bienestar nos enseñan precisa-

[15] «La respuesta del cerebro reflexivo que estimula la motivación no puede darse en estados emocionales de mucho estrés». Mize, Chelsea. (6 de septiembre de 2021). «The Neuroscience of Motivation and How to Increase Motivation». Helping People Connect. Disponible en: <https://www.pgi.com/blog/2017/08/neuroscience-motivation-increase-motivation/>.

mente eso. En definitiva, es importante buscar el equilibrio, en especial en nuestro mundo secreto de pensamientos (abordaremos esto en el siguiente capítulo), pero el equilibrio no es la forma en que funciona un sistema nervioso saludable. De hecho, el verdadero equilibrio es físicamente imposible, puesto que el cuerpo no puede estar listo para bailar y para dormir al mismo tiempo. El equilibrio no es la meta. Más que tener un sistema nervioso (fijo) estático, el objetivo es tener un sistema (móvil) dinámico que sea capaz de cambiar y realizar una transición sutil entre los estados activos y de reposo.

Un sistema nervioso saludable es dinámico

Cómo DEBERÍA lucir:
Dinámico

Descanso / Actividad
Paz / Entusiasmo
Calma / Energía
Autocuidado / Cuidado del prójimo
Relajación / Productividad

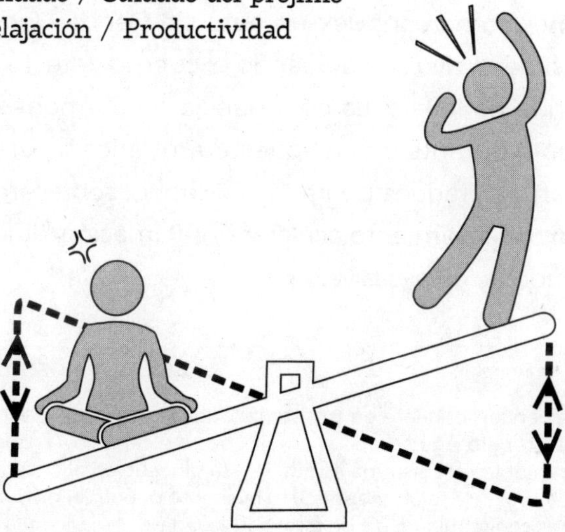

El sistema nervioso autónomo[16] incluye dos divisiones: encendido (sistema nervioso simpático [SNS]) y apagado (sistema nervioso parasimpático [SNP]). Considera el SNS como el pedal del acelerador y el SNP como el pedal del freno. Cuando conduces un auto, puedes hacer transiciones entre los pedales con facilidad, sin sacudidas, pedales chirriantes o llantas rechinantes. Un sistema nervioso saludable alternará sin dificultad entre las sensaciones de hiperactivación e hipoactivación.

Estancado en el modo de *hiperactivación*

En ocasiones el sistema nervioso cambia a modo de hiperactivación y a eso se le llama *respuesta simpática*. Cuando el sistema nervioso cambia al modo de hiperactivación, experimentarás distracción, inquietud, incapacidad para relajarte, ansiedad, irritabilidad y pánico. Durante la respuesta simpática, la presión arterial aumenta, la frecuencia cardiaca incrementa, la digestión se desactiva y el cuerpo se prepara para luchar por su vida o huir del lugar. Las respuestas simpáticas son muy útiles durante las emergencias, pero un sistema nervioso estancado en el modo de hiperactivación es como conducir un auto sin frenos. *Una respuesta simpática hiperactiva* se da cuando el cuerpo detecta señales de peligro donde no lo hay. La abundancia de hormonas del estrés que se liberan durante una respuesta simpática hiperactiva puede crear pánico, ataques de ira inexplicables, sobrecarga emocional, insomnio, pensamiento acelerado, inflamación, dificultad para respirar y sudoración excesiva.[17]

---

16 Existe un tercer componente en tu sistema nervioso autónomo llamado *sistema nervioso entérico*, pero este escapa al ámbito de este capítulo. Lo que debes saber principalmente sobre este sistema es que *1)* está ubicado en el intestino; *2)* la salud intestinal es clave para la salud mental; *3)* tu humor se puede ver *gravemente* afectado si no defecas con regularidad y de forma adecuada.

17 Si estás experimentando síntomas médicos, deja el libro y consulta a un profesional de la salud. Siempre descarta motivos médicos con un profesional de la salud antes de intentar sanar por medios psicológicos.

Respuesta simpática hiperactiva:
ESTANCADO en el modo
HIPERACTIVACIÓN

Ansiedad
Necesidad de complacer
a los demás
Estrés
Nerviosismo

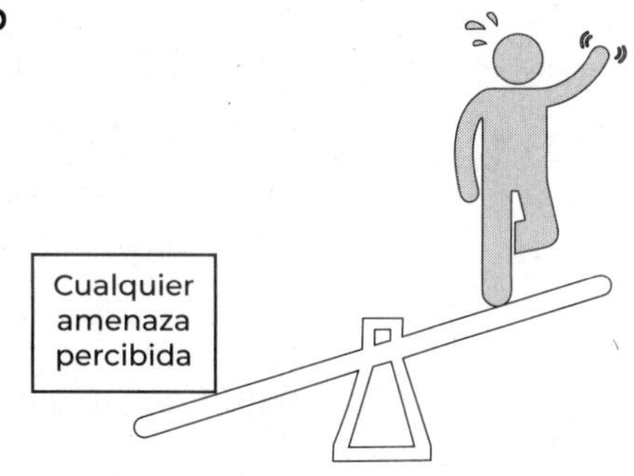

Estancado en el modo de *hipoactivación*. Tu sistema de frenos

El sistema nervioso parasimpático es tu sistema de frenos o modo hipoactivación. Necesitas un sistema de frenos normal para desacelerar, pero requieres el freno de mano *solo* cuando quieres inmovilizar el auto. Si el freno de mano (o de emergencia) está activado, no podrás moverte sin importar cuántas afirmaciones repitas. Del mismo modo que tu auto tiene frenos normales y un freno de mano, tu SNP cuenta con un sistema de frenos normal y uno de emergencia.

Cuando te sientes descansado, tranquilo y en paz, es porque los frenos normales están activados. A este estado se le conoce como estado *vagal dorsal*[18] *de hipoactivación*. Si se activa el freno de mano (de emergencia), te sentirás agotado, inmovilizado, deprimido, paralizado y adormecido.[19] Al freno de mano se le llama *estado vagal dorsal de hiperactivación*. Cuando te sientes ener-

---

[18] *Dorsal* significa «dorso» y es la parte del nervio vago que desciende por la espina dorsal. *Ventral* significa «frente» y es la parte del nervio vago que va hacia los músculos faciales y controla el sistema de interacción social, entre otros.

[19] La especialista en trauma Deb Dana señala lo siguiente: «la vía del nervio vago dorsal responde a señales de amenaza vital, lo que causa bloqueo, insensibilización y desconexión de los demás. Un paciente que se disocia ha hallado refugio en un estado vagal dorsal». Disponible en: <https://www.psychotherapynetworker.org/blog/details/1601/a-polyvagal-primer>.

gizado, socialmente conectado y con curiosidad, se le denomina *estado vagal ventral*.

Bueno, suficiente terminología. Al mundo académico le encanta utilizar palabras complejas (muchas de ellas) para describir cosas. La imagen de los columpios nos brinda una forma más fácil de entender el sistema nervioso.

El parque de juegos polivagal seguro

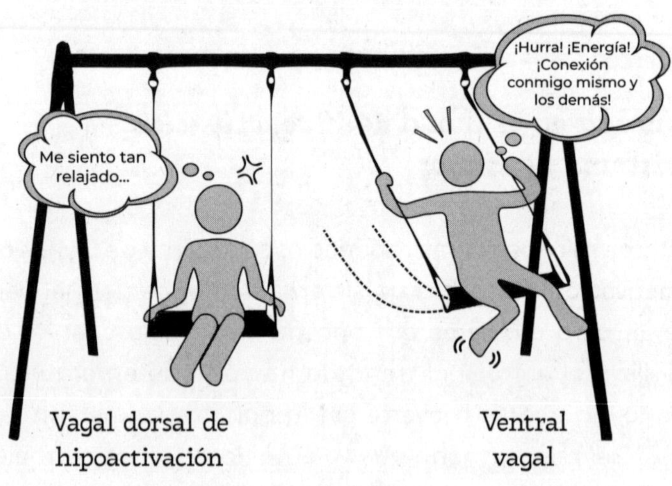

El parque de juegos polivagal peligroso

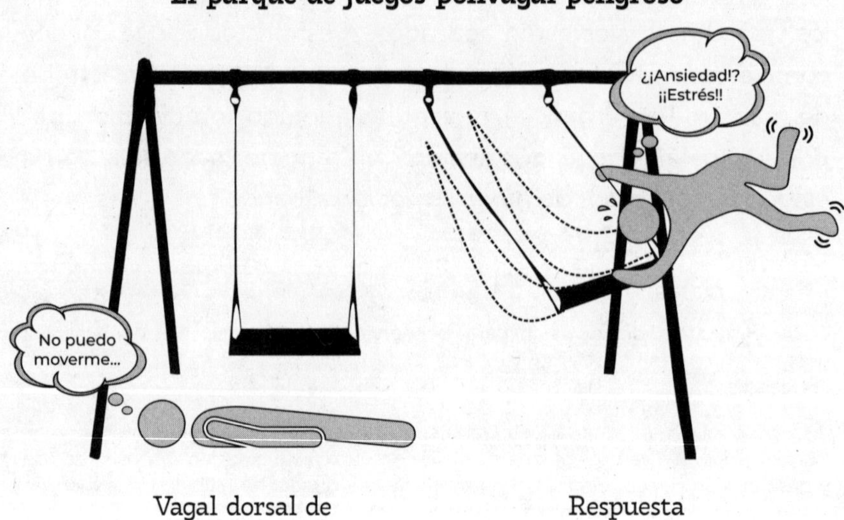

De acuerdo, entonces sufro trauma. ¿Qué hago ahora?

La mejor forma de controlar la respuesta al trauma es dominar el lenguaje de las *sensaciones corporales*. A la mayoría no nos enseñan a reconocer las sensaciones corporales de peligro y seguridad, y casi ningún terapeuta está capacitado para preguntar. La salud mental no es una lucha de la fortaleza contra la debilidad; se trata de la percepción de *seguridad* frente a la percepción de *peligro*. Un cerebro que se siente seguro no necesita producir síntomas. En la siguiente sección, se proporcionan ejercicios para ayudarle a tu cuerpo a encontrar la seguridad. Ninguna de las sugerencias presentadas en este libro pretende ser una cura milagrosa ni remplazar la terapia o atención médica. También es importante recordar que, si tu entorno no es seguro, el cerebro de sobrevivencia va a permanecer activado. *No* es tu culpa.

Estancado en el modo encendido. Cómo controlar la respuesta del SNS

1. Dite: «Estoy teniendo una respuesta al trauma. Es un proceso fisiológico. *No* estoy loco».
2. Elabora una lista de las personas, lugares y cosas que amas. Advierte cómo se siente tu cuerpo cuando piensas en abrazar a tu mejor amigo, sentarte en la playa o acurrucarte con tu libro favorito.
3. Usa tus sentidos. Las mantas pesadas, los aceites esenciales, la música relajante y el té caliente pueden ayudar a que tu «sube y baja» descienda.
4. Cuenta de forma regresiva desde el número 31.[20]

[20] ¿Por qué 31? Es un número extraño que te ayudará de inmediato a sacudir al cerebro para que regrese al modo racional. Cualquier número que normalmente no considerarías usar te será útil. Se trata de una intervención anecdótica.

5. Advierte *cinco* cosas que puedas ver, *cuatro* que puedas escuchar, *tres* que puedas tocar, *dos* que puedas oler y *una* que puedas degustar.
6. Empuja una puerta o pared tan fuerte como puedas. Percibe cómo tus músculos se activan. Toma un descanso y repítelo tres veces más.
7. Resuelve problemas matemáticos sencillos mentalmente. Puedes tener tarjetas de matemáticas de nivel primaria a la mano para ayudarte a aliviar una respuesta de pánico. Las tareas de razonamiento sencillas ayudarán a que tu cerebro se reoriente.
8. *Nombra* las sensaciones en tu cuerpo. Di en voz alta: «Siento tensión en el cuello, un nudo en el estómago y calor en el rostro». Después, busca *un* lugar en el cuerpo donde sientas neutralidad o calma (la mayoría puede acceder a la neutralidad observando áreas aleatorias como la rótula izquierda o el dedo anular derecho). Concéntrate primero en el área neutral, después en el área tensa y luego otra vez en el área neutral. Hazlo por cuatro minutos.
9. *No* te preguntes por qué sientes pánico; *sí* pregúntate quién o qué te ayudará a sentirte seguro.
10. Si tienes un perro o un gato, pon suavemente la mano sobre su corazón y cuenta sus latidos durante tres minutos.

Estancado en el modo apagado. Cómo controlar el estado de hiperactivación del sistema vagal dorsal

1. Recuérdate que no eres flojo ni estás desmotivado. Dite: «Estoy teniendo una respuesta al trauma y es algo real. No estoy loco».
2. Enfríate. Enjuágate el rostro con agua fría, sostén cubos de hielo en la mano, colócate una bolsa de hielo en el cuello o toma un baño con el agua más fría que puedas soportar.

3. Tararea o canta. Hay una razón por la que las personas entonan *Om* desde el siglo XVI.[21]
4. Las conexiones sociales son un remedio poderoso. Conecta con algún ser humano por teléfono (bien), por videollamada (mejor) o en persona (ideal).[22]
5. *No* te preguntes *por qué* te sientes paralizado; *sí* pregúntate quién o qué te podría ayudar a sentirte más seguro.
6. *No* utilices lenguaje hiperbólico (exagerado) como «Estoy hasta *el cuello*» o «Estoy *al tope*», ya que refuerza la respuesta de estrés; *más bien* sé muy específico: «Necesito llamar a la maestra de mi hijo, ir a la farmacia y terminar una propuesta de trabajo». Escribe las tareas específicas para ayudar a tu cerebro a reconectarse con el modo solución.
7. Chupa un limón.[23] Suena extraño, pero puede ayudar a sacudir el cerebro para que salga del modo apagado.
8. Abre y cierra la boca, y luego mueve la cabeza. Después estira los brazos y las piernas. Todo esto te ayudará a indicarle al cerebro que no hay un ñu sentado sobre tu pecho.
9. Toma los extremos de una cobija y exprímela como si estuviera empapada. Percibe cómo se activan tus músculos mientras lo haces. Toma un descanso y repítelo tres veces más.
10. Haz contacto visual durante dos o tres minutos con un amigo o pareja con quien te sientas seguro y que esté dispuesto (si lo tienes). Es muy incómodo, pero obtendrás una dosis adicional de energía si ambos terminan riéndose.

---

[21] «Durante la entonación audible de "Om", se experimenta una sensación de vibración, la cual tiene el potencial de estimular el nervio vago a través de sus ramificaciones auriculares y los efectos correspondientes en el cerebro». Kalyani, Bangalore G. *et al.* «Neurohemodynamic Correlates of 'OM' Chanting: A Pilot Functional Magnetic Resonance Imaging Study». *International Journal of Yoga*, 4(1), 3-6. Disponible en: <https://www.ncbi.nlm.nih.gov/pmc/articles/PMC3099099/>.

[22] «Puedes usar el sistema nervioso social para saber que estás seguro. Puedes mirar alrededor e identificar señales de seguridad o aplicar estrategias, como las respiraciones lentas y tranquilas, para relajarte. Todas estas acciones utilizan los sistemas de acción que se encuentran arriba del diafragma». Schwartz, Arielle. «Polyvagal Theory Helps Unlock Symptoms of PTSD». Disponible en: <https://drarielleschwartz.com/polyvagal-theory-unlocks-symptoms-of-ptsd-dr-arielle-schwartz/#.YEzaaV1KifQ>.

[23] Se trata de una intervención anecdótica y no está basada en evidencia.

Tu cerebro no ha terminado aún

La vida en el mundo moderno es complicada, pero es preferible a las cacerías de brujas y manicomios del pasado. En *The Devil's Doctor* [El doctor del diablo], Philip Ball menciona: «Sin importar quién fueras en la Europa del siglo XVI, podías estar seguro de dos cosas: tendrías suerte de llegar a los 55 años y te esperaba una vida de incomodidad y dolor». Los descubrimientos médicos sobre la cirugía no invasiva y los antibióticos nos permiten disfrutar una vida más longeva y cómoda. Los descubrimientos psicológicos sobre el trauma y el cerebro te permiten disfrutar una vida *más feliz* y *creativa*. El doctor Daniel J. Siegel, profesor de psiquiatría clínica en la Facultad de Medicina de la UCLA, señala: «Nos encontramos en un estado perpetuo en el que somos creados y creadores», y a dicho estado perpetuo de cambio y crecimiento se le conoce como *neuroplasticidad*.

Neuroplasticidad significa que el cerebro es una obra en progreso, *no* un producto terminado. Ni siquiera tus hábitos más frustrantes están grabados en piedra, pues el cerebro que tienes ahora no es el que tendrás la siguiente semana, mes o año. Qué tanto puedas sanar depende de qué tantas opciones tengas. En la novela *Wicked*, el escritor Gregory Maguire refiere: «Recuerda esto: Nada está escrito en las estrellas. No en estas estrellas ni en otras. Nadie controla tu destino». No puedes cambiar nada del pasado, pero puedes cambiar *todo* tu futuro cuando entiendes la manera en que el cerebro procesa el *presente*.

No eres flojo y *no* estás loco ni desmotivado.

Lecciones clave

1. El trauma es la indigestión del cerebro. Todos lo vivimos en cierto grado.
2. Una respuesta al trauma es un mal cálculo de los requerimientos de energía del cuerpo por parte del cerebro.

3. Cuando el sistema nervioso se estanca en el modo hiperactivación, sientes pánico, ansiedad y distracción.
4. Cuando el sistema nervioso se estanca en el modo hipoactivación, sientes cansancio, depresión y parálisis.
5. El cerebro inconsciente decide si estás a salvo o no.
6. «Flojo» es un juicio moral, no una realidad biológica.
7. Tu cerebro siempre está motivado, ya sea para tomar decisiones o para sobrevivir a amenazas.
8. No necesitas tener un sistema equilibrado, sino un sistema dinámico (móvil).
9. El trauma *explica* la conducta, no la *justifica*.
10. El trauma no es una enfermedad, sino una herida que puede sanarse.

Qué hacer y qué no hacer

Qué hacer	Qué no hacer
Recordarte que aunque no sepas por qué te sientes sin motivación o con flojera, eso no significa que tu cerebro no esté percibiendo peligro de *manera inconsciente*.	Decirte que estás asustado sin razón; siempre la hay, incluso si no sabes cuál es.
Darte ánimos cuando te sientas estancado. Recuérdate que el cerebro está tratando de ayudarte, no de causarte daño.	Llamarte flojo o desmotivado. La fisiología de sobrevivencia/conservación es *inconsciente* y *automática*.
Usar intervenciones sensoriales (tacto/gusto/vista/sonido/olor) cuando te encuentres estancado en modo de hiper- o hipoactivación.	Intentar resolver una respuesta al trauma usando el pensamiento lógico. No es posible salir de procesos psicológicos automáticos pensando o hablando.

Qué hacer	Qué no hacer
Preguntarte qué podría ayudar a sentirte más seguro o menos amenazado en ese momento.	Asumir que algo está mal en ti. El cerebro está haciendo exactamente aquello para lo que está diseñado.

Retos de cinco minutos

1. Un antídoto potente para una respuesta al trauma es *tomar una decisión*. Piensa en diez decisiones pequeñas que puedas tomar en los siguientes cinco minutos. Puede ser algo tan simple como qué ropa ponerte, qué comer, qué música escuchar y en qué mueble sentarte.
2. Convierte una respuesta agobiante en pedazos digeribles de información. Nombrar los problemas de la manera más detallada posible a menudo ayuda al cerebro a permanecer en el modo solución y a salir del modo sobrevivencia; por ejemplo, en lugar de pensar «Estoy hasta el cuello», escribe en una hoja los detalles específicos de tu situación: «Tengo que intercambiar el fin de semana con el papá de mis hijos; tengo hasta el martes para terminar el proyecto del trabajo; necesito pagar el recibo vencido del agua; debo ir al dentista para que me cure una caries».
3. Crea una bolsa de mano para el bienestar al estilo Mary Poppins. Pon cosas que puedas oler, tocar, mirar o degustar en una bolsa o caja (también es un excelente ejercicio que se puede realizar con niños). Puedes incluir libros para colorear y plumones, dulces ácidos, pelotas blandas, aceites esenciales en *roll-on*, juguetes sensoriales, fotos de tus mascotas y notas que te recuerden que las respuestas al trauma son reales y que no estás loco.

CONOCIMIENTO DE LA SOMBRA

Por qué necesitas las partes de ti mismo que odias

—Todo mundo sabe que no puedes eliminar las sombras —dijo el zorrillo.
—No puedes esconderte ni huir de ellas —comentó el conejo.

ANN TOMPERT,
Nothing Sticks Like a Shadow

Recuerdo la última vez que fumé cristal.

Me había estado diciendo durante meses que no tenía un problema. Después de todo, no compro ni preparo las drogas yo misma, así que seguramente no cuenta. Era fácil estar en negación; hasta ese momento, siempre había usado drogas duras en compañía de otras personas. Me repetía contadas veces que solo era una usuaria social, no una adicta, pero esa vez fue diferente. Estaba sola en un baño sucio a las cinco de la mañana. Los fragmentos que quedaban de mi ego ardieron junto con las esquirlas de cristal en la pipa de vidrio. Pensé: «Creo que tengo un problema», al tiempo que el humo se arremolinaba en el largo tubo.

Ese fue el momento en el que conocí a mi sombra.

Qué es «la sombra»

«La sombra» suena como una película de Halloween o un libro de R. L. Stine, pero no te preocupes, no es nada aterrador o místico. En la naturaleza, las sombras físicas se crean cuando la luz se bloquea; las sombras psicológicas se crean cuando se bloquea la *conciencia*. «La sombra» es una metáfora para describir cualquier parte de nosotros mismos que nos avergüenza admitir o que tenemos miedo de encontrar. Algunas personas tienen una sombra de la creatividad (creen que siempre deben ser *prácticos*); otros tienen la sombra de la ira (piensan que siempre tienen que ser *amables*). Quizá te preocupa tanto que los demás piensen que eres egoísta que descuidas tus propias necesidades y deseos; o tal vez escondes tus talentos porque tienes miedo al juicio o la crítica.

En el libro *Shadow Life*, el escritor Oli Anderson señala: «Tu sombra es todo, lo "positivo" y lo "negativo", que has negado sobre ti y que se encuentra oculto bajo la superficie de la máscara que ya olvidaste que traes puesta». El *trabajo con la sombra* (que es solo otro término sofisticado para expresar «ser honesto *contigo* mismo *sobre* ti mismo») es el enfoque de este capítulo. Cuando identificas, comprendes y aceptas tus sombras, dejan de tener poder sobre tus acciones. El psiquiatra suizo Carl Jung escribió extensamente sobre las sombras y decía que «hasta que hagas consciente lo inconsciente, este dirigirá tu vida y lo llamarás destino».

Por qué necesitas a tu sombra

Jung también mencionó: «¿Cómo puedo ser un ser completo si no proyecto una sombra? Debo tener un lado oscuro para ser íntegro». Para vivir de forma honesta, se requiere *integridad*, pero a la mayoría no nos enseñaron a ser íntegros, sino a separarnos de cualquier pensamiento, sentimiento o cualidad que no sea socialmente aceptable. Los niños aprenden desde una edad temprana a dividir el mundo en «buenos» y «malos». Se nos educa para valorar lo bueno por encima de lo íntegro. Jenna Maclaine señala: «Pero, de verdad, la oscuridad es solo una pieza del todo; no es ni buena ni mala, a menos que tú así la veas». Tu sombra es similar al fuego, el cual tiene la capacidad de brindar calor y comodidad, *así como* de causar dolor y destrucción. La sombra no es buena ni mala hasta que actúas. Tomemos los ejemplos de Bruce Wayne en *Batman inicia* y Walter White en *Breaking Bad*.

Se nos educa para valorar lo bueno por encima de lo íntegro.

Bruce Wayne. El dolor por el asesinato de sus padres crea un pozo profundo de ira. Su mentor le advierte: «Tu ira te confiere un gran poder, pero si no se lo impides, acabará destruyéndote».[1] En lugar de negar o suprimir sus emociones, Bruce elige crear un *alter ego* (Batman) para canalizar su ira contra la injusticia. En *Batman inicia*, Bruce Wayne dice: «No es lo que soy en el fondo lo que me define, sino mis *actos*». Bruce Wayne/Batman es un ejemplo de *integración de la sombra* (hacer consciente tu lado oscuro), ya que es consciente de su sombra, pero no se deja controlar por ella.

Walter White. Al contrario de la integración exitosa de la sombra de Bruce Wayne, Walter White de *Breaking Bad* muestra la otra cara de la moneda: la división de la sombra. White era el epítome de un hombre «bueno» (un

[1] El personaje de Liam Neeson, Ducard, dice esta frase en *Batman inicia*, pero resulta (alerta de *spoiler*) que él tenía una *gran* sombra y termina siendo el villano Ra's al Ghul (la Cabeza del Demonio).

> profesor de química amable, tímido y de voz tenue), pero después de su diagnóstico de cáncer, las sombras se apoderan de él. Al final se transforma en un despiadado líder narcotraficante. Poco a poco, el poder y la corrupción erosionan todo rastro del hombre «bueno» conocido como Walter White, y hasta cambia su nombre a Heisenberg.[2]

Bruce Wayne y Walter White son ejemplos extremos, pero incluso si no conduces un batimóvil o fabricas metanfetaminas, todos tenemos partes que ocultamos de nosotros mismos. Se puede ver un ejemplo de trabajo con la sombra menos intenso en *El diablo viste a la moda*.

> ***El diablo viste a la moda:*** La protagonista Andy Sachs es una escritora en ciernes (con poco sentido del estilo) que juzga y critica a los expertos en moda para los que trabaja, especialmente a su implacable y feroz jefa, Miranda Priestly. Andy no es consciente de sus sombras y gradualmente comienza a sacrificar sus relaciones personales y profesionales. Asimismo, intercambia la autenticidad por la seguridad laboral (y un montón de ropa de diseñador). Al final de la película, se siente horrorizada al darse cuenta de que no es *mejor* persona que su jefa, sino exactamente igual. Una vez que confronta sus sombras, es libre para tomar decisiones conscientes, por lo que elige dejar el mundo de la moda para conseguir el empleo de sus sueños.[3]

---

[2] Dato curioso: El principio de incertidumbre de Heisenberg dice «El acto de medición interferirá en sí mismo con el sistema medido de formas impredecibles». Disponible en: <https://dictionary.apa.org/uncertainty-principle>.

[3] Un dato interesante: Al final de la película, vemos a Andy trabajando feliz en su empleo nuevo, pero ya no comete los deslices de moda de antes, sino que está vestida con un atuendo de buen gusto. Esta es la perfecta demostración de la integración de la sombra. Andy *sabe* que desea vestirse a la moda, pero ya no se deja *gobernar* por ella.

Todos llevamos dentro el espectro completo del potencial humano, lo bueno, lo malo y lo que te deja sin palabras. ¿Y esos pensamientos aleatorios y extraños que surgen en tu mente algunas veces? Yo también los tengo. Margaret Atwood señaló: «Si se nos sometiera a juicio por nuestros pensamientos, nos colgarían a todos». Estaba tan desesperada por ocultarme de mis pensamientos que estaba dispuesta a entregar mi cordura, integridad y seguridad para lograrlo.

¿Cuál es el problema de intentar escondernos de nuestras sombras? Que no funciona.

Aumentar el conocimiento de la sombra (CS)

Mi amiga Kristen Asher-Kirk apunta: «Cuando nos aceptamos plenamente, tenemos más energía para dar a las personas que amamos y a nosotros mismos». Implica un gran esfuerzo mantener lo que sabes fuera de la vista y de la mente; es como retener una pelota de playa bajo el agua; es energía que *podrías* utilizar para hacer tus sueños realidad, disfrutar a tu familia o invertir en tu negocio. Cualquier cualidad que ocultamos en las sombras suele aparecer en nuestras vidas de manera inesperada y problemática en la forma de síntomas de salud mental, dificultades para relacionarse o detonantes inexplicables. Cada vez que tus acciones se desvían de tu autenticidad, el poder de tu sombra aumenta. El filósofo francés Gilles Deleuze señala: «La sombra escapa del cuerpo como un animal que habíamos estado resguardando». La conocida crisis de la mediana edad es un ejemplo clásico de este fenómeno. Cuando tu coeficiente de conciencia en cuanto a la sombra es bajo, la presión interna se acumula y termina erupcionando.

Seguramente has escuchado sobre el CI (cociente intelectual) y la IE (inteligencia emocional), pero a fin de salir del estancamiento también requieres lo que llamo CS (conocimiento de la sombra). Las personas con un CS alto conocen sus sombras al derecho y al revés, y son libres para perseguir sus sueños en lugar de hacer lo que el doctor Gay Hendricks llama *límite superior* (la tendencia inconsciente a sabotearnos cuando estamos cerca de lograr nuestras metas).[4] Mientras más alto sea tu CS, mayor será tu capacidad para aceptar tus imperfecciones y disfrutar tus éxitos. Daniel Goleman, autor de *La inteligencia emocional*, nos brinda la siguiente ecuación:

CI (cociente intelectual) + IE (inteligencia emocional) = éxito

La ecuación de Goleman es poderosa y sumamente precisa; sin embargo, muchas personas logran el éxito, pero *siguen* sintiendo un vacío constante. El éxito sin integridad da la sensación de insatisfacción y soledad. ¿Qué pieza falta? El conocimiento de la sombra. Cuando la agregas a la ecuación, de pronto posees una fórmula poderosa para salir del estancamiento:

CI + IE + CS (conocimiento de la sombra) = éxito y libertad para disfrutarlo.

¿Quieres otro beneficio del trabajo con la sombra? Cuando dejas de evitarte, puedes acceder a gemas ocultas en tu sombra, como creatividad, energía y determinación. En la película de Pixar *Intensamente*, el personaje Alegría cree que Tristeza es peligrosa y destructiva, por lo que se esfuerza por mantenerla alejada de todo y de todos; pero, al final, aprende el valor de *todas* las emociones, y es Tristeza quien termina resolviendo todo.

Aunque la tristeza es esencial para nuestro bienestar (como lo demostró el personaje de la película *Intensamente*), muchos continuamos suprimiendo emociones y pensamientos dolorosos. Sin embargo, solo puedes acceder a las propiedades sanadoras de la sombra cuando estás dispuesto a explorar los rincones de la incomodidad. Los expertos en la sombra, la doctora Connie Zweig y el doctor Steve Wolf refieren: «A medida que se desentrañan las capas de oscuridad y se confrontan los temores, la luz interior resplandece».

[4] Gay Hendricks explica el concepto del *límite superior* en su libro *Tu gran salto*.

Cualidad de la sombra	Regalo potencial
Resentimiento	Muestra que necesitas establecer límites.
Procrastinación	Te ayuda a protegerte de posibles amenazas.
Envidia	Te señala aquello que deseas.
Chisme	Revela tu necesidad de conexión.
Culpa	Demuestra que no eres un psicópata.

Cada parte oscura tiene la posibilidad de otorgarnos regalos valiosos.

¿Qué son las «partes» oscuras?

Todos hemos tenido experiencias similares. Una parte de ti sabe que deberías comer verduras y ejercitarte, pero existe otra parte que parece apoderarse de ti y entonces terminas comiendo un litro de helado mientras miras una temporada completa de *La ley y el orden: UVE* hasta las tres de la mañana.

¿Cuál es esa otra parte de ti? Una sombra oscura.

Te guste o no, tienes partes buenas y partes malas; partes de luchador y partes de procrastinador; partes que sienten empatía y partes que juzgan. No eres hipócrita ni estás loco, simplemente vives en un mundo físico y psicológico de opuestos: arriba y abajo, día y noche, alegría y tristeza, enfermedad y salud. En *31 Ways to Happiness* [31 formas de felicidad], Awdhesh Singh menciona: «Tu felicidad depende de tu habilidad para mantener un equilibrio entre los opuestos en lugar de apegarte a solo una de las verdades e ignorar todas las demás. Cuando evitas algo por largo tiempo, se crea un ansia en ti que puede alterar tu paz mental y causarte un sufrimiento enorme».

De acuerdo, Britt. ¿Entonces me estás diciendo que tengo permiso para dejar que salgan mis partes oscuras y hagan lo que quieran?

No.

La solución no es ignorar tus partes oscuras ni permitirles desbocarse. La solución es desarrollar una relación[5] con las partes oscuras y canalizarlas (explicaré cómo hacerlo en la siguiente sección). Cuando comienzas a tener curiosidad por tu mundo interior, te das cuenta de que con frecuencia las partes que más detestas de ti mismo están haciendo un gran esfuerzo para ayudarte.[6]

Todos tenemos personalidades múltiples

Cuando presenté por primera vez la idea de las diferentes partes a los pacientes, casi todos entraron en pánico en ese momento y preguntaron: «¿Estás diciendo que tengo trastorno de personalidad múltiple?».

No.

Tener personalidades múltiples *no* es lo mismo que tener trastorno de personalidad múltiple.[7] Cada sistema complejo está conformado de múltiples partes. La Tierra es un solo planeta, pero dentro de ella hay múltiples masas continentales, cuerpos de agua, animales y patrones climáticos; un árbol es un único organismo que está integrado por múltiples ramas, corteza, hojas y un sistema de raíces; tu cuerpo alberga múltiples órganos, articulaciones y músculos. Tu psique no es diferente; es un sistema com-

---

[5] En *A Little Book on the Human Shadow* [Un librito sobre la sombra humana], Robert Bly señaló: «Cada aspecto de nuestra personalidad que no aceptamos se revelará contra nosotros de forma hostil».

[6] El trabajo con la sombra y el lenguaje de las partes ayudan a *explicar* la conducta, pero nada la *justifica*. «Mi sombra me llevó a hacerlo» no es una excusa válida.

[7] El trastorno de personalidad múltiple (TPM) ya no es un diagnóstico; ahora se le llama trastorno de identidad disociativo (TID), el cual está muy estigmatizado y malentendido, pero es una respuesta razonable al trauma grave.

plejo conformado por múltiples subpartes o subpersonalidades y, de manera intuitiva, la mayoría de las personas es consciente de su multiplicidad. Walt Whitman lo describe así: «Soy grande; contengo multitudes». Piensa en el lenguaje que escuchas a diario:

- «Sé que no hay nada de qué preocuparse, pero aun así una parte de mí está nerviosa».
- «Me haría mucho bien tomar descansos en el trabajo, pero una parte de mí no me permite desacelerar».
- «Amo a mi familia, pero a veces una parte de mí siente rencor».
- «Realmente quiero sacar adelante este negocio, pero una parte de mí es un verdadero procrastinador».

Desde el «punto de vista de las partes», la procrastinación no es un defecto de la personalidad, sino un signo de *falta de consentimiento interno*. Cuando las partes sienten angustia, miedo o tristeza, es importante escuchar sus inquietudes y no avergonzarlas o forzarlas a actuar.[8] El método más eficaz para trabajar con las partes (en mi opinión) es un enfoque basado en evidencia llamado *sistemas familiares internos* (IFS, por sus siglas en inglés).[9] Richard C. Schwartz, fundador del IFS, señala: «Una parte no es solo un estado emocional temporal o un patrón de pensamiento habitual [...] es como si poseyéramos una sociedad de personas, cada una de las cuales tiene una edad distinta, así como intereses, talentos y temperamentos diferentes».

Considera cada parte de ti como un reparto. Dentro de ti hay partes de un niño temeroso, partes de un adolescente taciturno, partes de un bebé hambriento, partes de un padre crítico,

---

[8] Esta perspectiva no dice que la procrastinación sea buena o que deberías evitar los desafíos. La perspectiva de las partes te permite comprender la *función* de la procrastinación para que la *modifiques*.

[9] Existen varios modelos terapéuticos además del IFS que utilizan la teoría de mentes múltiples, como el diálogo de voces, la terapia de esquemas, la psicosíntesis, la hipnoterapia, la terapia Gestalt, la disociación estructural y la terapia basada en los estados del yo.

y más. A menudo tus mejores intentos de autocuidado fracasan porque no sabes qué *parte* requiere atención. Al autocuidado debería más bien llamársele cuidado de *partes*. Un licuado de col rizada no brindará consuelo a la parte del adolescente angustiado y un entrenamiento agotador tipo pelotón no calmará a la parte del niño solitario. Si identificas qué personaje en tu «reparto» necesita atención, puedes implementar soluciones más efectivas. Antes de elegir una actividad de autocuidado, pregúntate:

1. ¿Necesito algo que *estimule* mi sistema?
2. ¿Necesito algo que *desacelere* mi sistema?
3. ¿Qué edad parece tener esta parte de mí?
4. ¿Qué podría ayudar a esa parte de mí a sentirse más segura o menos amenazada?
5. ¿Esta parte de mí requiere tiempo a solas o conexión con otras personas?

Las conductas de auto*cuidado* destinadas a una parte podrían significar un auto*daño*[10] para otra. Aprender a *dirigir* tus partes internas te ayudará a discernir la diferencia.

Quién está al mando

Richard Schwartz compara tu sistema interno con una orquesta integrada por varios músicos, instrumentos y secciones. Si los músicos decidieran sentarse donde fuera y tocar lo que les diera la gana, el resultado sería una cacofonía. Se necesita un director de orquesta para convertir el *ruido* en *música*. Schwartz lo explica: «Un buen director conoce el valor de cada instrumento y la capacidad de cada músico, y está tan familiarizado con la teoría musical que puede percibir con precisión el mejor momento en una sinfo-

[10] Técnicamente, al autodaño se le debería llamar daño de las partes porque el yo no causa daño. Las partes nunca tienen intenciones maliciosas; el autodaño es más bien un esfuerzo subóptimo de autoprotección.

nía para resaltar una sección y silenciar otra [...] este tipo de sistema es (literalmente) armonioso [...]. Por lo tanto, lo que quiero decir es que todos tenemos un director capaz dentro de nosotros».

A ese «director capaz» se le conoce con varios nombres distintos: el yo esencial, el yo superior, el alma, la sabiduría interior, la naturaleza de Buda, la conciencia de Cristo, Atman, *unus mundus*, el verdadero yo, el maestro interno, el Espíritu Santo, el líder interno... y la lista continúa. El IFS llama al líder interno, el Yo. Como sea que lo llames, el punto es que el *autoliderazgo* es necesario para controlar los impulsos de nuestra sombra y salir del estancamiento. El autoliderazgo es la práctica de *responder* a los factores estresantes en lugar de *reaccionar* ante los detonantes.

El propósito de la terapia (o cualquier otro trabajo interno) no es *cambiarte*, sino *conocerte* y, a partir de ese conocimiento, dirigir tu orquesta interna con habilidad y compasión. Muchas veces pensamos que la autocompasión es una práctica para decirnos cosas «lindas» sobre nosotros mismos, pero la autocompasión genuina es más que eso; es una misión osada para conocer cada rincón de tu mundo interior; es un recorrido para aceptar *todas* las partes de tu yo. La autocompasión genuina requiere que te rehúses a abandonar incluso a las partes más oscuras de tu psique. No todas las *conductas* son aceptables, pero todas las *partes* son valiosas.

Como leíste en el capítulo 3, no eres flojo y no te hace falta motivación; más bien tienes *partes* que creen que la mejor forma de ayudarte es apagar el sistema. Estas partes pueden actuar a través de conductas destructivas, pero no son malas en sí mismas, pues su intención es protegerte de tus sombras. Cuando tus *partes* están al mando, puedes sentir que estás loco, fuera de control, disociado, indeciso y agobiado. Cuando tu director interior (tu Yo con mayúscula) está al mando, de pronto tienes un pase libre a lo que el modelo del IFS llama las ocho «C» del autoliderazgo.

Las ocho «C» del autoliderazgo

- Confianza
- Calma
- Creatividad
- Claridad
- Curiosidad
- Coraje
- Compasión
- Conexión

Es verdad que conocer tus partes puede sentirse extraño al principio. Mi paciente de 42 años, JD, un especulador con una mente brillante y con tendencia a la autodestrucción,[11] dijo: «En un principio, hacer el trabajo con la sombra fue enloquecedor. Sentía que me volvería todavía *más* loco». Durante nuestro trabajo juntos, reflexionó lo siguiente de forma elocuente en su diario (lo comparto con su permiso):

> Conocer una parte oscura fue como conocer a un niño por primera vez. No sabía cómo interactuar con ella y ella no sabía si quería interactuar conmigo. Una vez que logré tener cierto grado de confianza con mis partes, me di cuenta de quiénes eran. Todas eran yo, en diferentes momentos de mi vida, y todas crearon opiniones en función de cómo el mundo y las personas en él las trataron. Tener acceso a esos momentos y la persona que fui en ellos me permite comprenderme. Ya no saboteo mi trabajo, mis relaciones ni otras áreas de mi vida porque estoy en contacto con las partes de mí que solo sabían expresarse rompiendo cosas. Mis «pequeñas» ahora confían en que yo me haga cargo.

[11] La autodestrucción debería llamarse destrucción de partes, ya que el Yo no causa destrucción. Y el autosabotaje debería llamarse protección de partes, ya que las partes que cometen el sabotaje no tienen la intención de dañarnos, sino de *protegernos*.

La ciencia del diálogo interno

Hablamos con nosotros mismos todo el tiempo. Con frecuencia el diálogo interno es hostil e inútil. ¿Alguna vez has pensado: «¡Por dios! Qué tonto. ¿Por qué dije eso?» o «Qué flojo soy. ¿De dónde saco la energía para limpiar la cochera hoy?». El diálogo interno crítico es ineficaz y te mantiene estancado. Si piensas: «Pero he intentado tener un diálogo interno que me motive y nunca sirve, y al final me siento peor», te entiendo. Existe un secreto sobre el diálogo interno que lo hace funcionar a tu *favor* en lugar de en tu *contra*. ¿Estás listo?

> El secreto para tener un diálogo interno eficaz es convertir tu **monólogo** interior en un verdadero **diálogo** interno.

¿Cómo?

La forma de convertir tu monólogo interior en un diálogo interno es usar tu nombre (o tus pronombres) cuando te hablas a ti mismo. Las investigaciones indican que cambiar el diálogo interno de *primera* persona (usando la palabra «yo») a *tercera* persona (usando tu nombre o pronombres) es una manera poderosa de transformar tu sistema. Por ejemplo:

> **Primera persona:** «*Me siento* tan abrumada por todo lo que tengo que hacer».
> **Nombre en tercera persona:** «*Britt* se siente muy abrumada por todo lo que tiene que hacer».
> **Pronombre en tercera persona:** «*Ella* se siente muy abrumada por todo lo que tiene que hacer».

También puedes usar lenguaje en segunda persona y hablarles a tus partes usando la palabra *ustedes*. Es probable que, en un inicio, cuando empieces a usar el diálogo interno en segunda y tercera persona, te sientas ridículo o avergonzado. ¿Por qué deberías siquiera intentar esta práctica? Viktor E. Frankl escribió: «Entre el estímulo y la respuesta hay un espacio. En ese espacio reside nuestra capacidad de elegir nuestra respuesta. En nuestra respuesta radica nuestro crecimiento y nuestra libertad». Mientras más espacio psicológico haya entre tú y tus factores de estrés, existe menos probabilidad de que te estanques. El diálogo interno en segunda y tercera persona ayudan a crear ese espacio psicológico. Incluso existe un término formal para el diálogo interno en tercera persona: *ileísmo*, y las investigaciones le otorgan credibilidad a esta práctica.[12] Según un artículo de *Scientific Reports*, «hallazgos [recientes] indican que el lenguaje que [las personas] usan para referirse a ellas mismas cuando tienen un [diálogo interno] influye en el autocontrol. En específico, usar el nombre propio para referirse a uno mismo durante una introspección, en lugar del pronombre en primera persona "yo", aumenta la capacidad de la persona para controlar sus pensamientos, emociones y conducta bajo estrés».

¿Por qué funciona esta práctica? En general, somos más amables con otras personas que con nosotros mismos. Hablar en tercera persona nos brinda un espacio para mostrar la misma compasión y amabilidad a nosotros mismos que le mostraríamos a otros. Advertencia: No es suficiente con simplemente cambiar tus pensamientos de «yo» a «él/ella/ellos/ellas/ustedes». Muchas personas continúan latigueándose con este formato. A fin de maximizar la efectividad del diálogo interno en segunda y tercera persona, necesitarás aplicar los principios de la autocrianza a tu diálogo interno.

Qué es la autocrianza

La autocrianza se da cuando les hablas y cuidas a tus partes (a todas ellas) con amabilidad y compasión. John Bradshaw, autor de *Volver a casa*, puntualizó: «Cuando aprendas a re-criarte a ti

[12] Como en todo, el ileísmo tiene un lado oscuro. Hablar en tercera persona ayuda a algunas personas a distanciarse de su responsabilidad personal. Algunas víctimas del «ileísmo oscuro» incluyen a Gollum, Hulk, Julio César, y varios políticos contemporáneos.

mismo, dejarás de intentar completar el pasado esperando que otros desempeñen el papel de tus padres». Cuando buscas continuamente la validación de otros o ejerces presión hasta el agotamiento, estás «esperando que otros desempeñen el papel de tus padres». Cuando externalizamos el trabajo de autocrianza, renunciamos al control de nuestras propias vidas, ya que sin ella perpetuamos la dependencia a recursos *externos* para conseguir un bienestar *interno*.

Los conceptos de *autocrianza* y *niño interior* pueden parecer cursis, pero como leíste previamente, existe una gran cantidad de investigaciones que respaldan la validez del diálogo interno compasivo (si la idea de padres y niños interiores no tiene sentido para ti, puedes considerar al líder interior como el entrenador principal y sustituir la idea de niños interiores con «jugadores internos» en tu «equipo»). Tendemos a girar en círculos hasta que remplazamos al *crítico* interno despiadado con un padre interior compasivo. En un inicio, muchas personas se resisten a la idea de la autocrianza. He escuchado a más de un paciente decir: «Autocrianza suena como vivir en el pasado y tratar de rehacer tu infancia. Me parece inútil».

Estoy de acuerdo.

La autocrianza no tiene nada que ver con tu infancia o con culpar a tus padres; se trata de *convertirse* en el padre de tus *partes*, incluso de las que no te gustan, como el conocido ego.[13] A menudo se escucha a las personas decir que es necesario «aniquilar» al ego, pero este es parte de tu psique, no necesitas matarlo.[14] Tu ego es una parte necesaria y valiosa en tu sociedad interior, pero solo se vuelve problemático si no hay un padre o *coach* interior hábil. Los padres hábiles saben establecer reglas y límites, así como validar emociones.

---

[13] Existen muchas explicaciones del ego. Esta es una del APA *Dictionary of Psychology* en línea: «en teoría psicológica, el ego es el componente de la personalidad que se ocupa del mundo externo y sus exigencias prácticas». Disponible en: <https://dictionary.apa.org/ego>.

[14] La idea de aniquilar al ego surgió en el ámbito esotérico y de la supraconciencia. La muerte del ego espiritual tiene sentido, pero si estamos hablando de salir del estancamiento e integrar las partes, intentar aniquilarlo no funciona.

¿Cómo se ve esto en la práctica?

Imagina que tuviste una semana terrible en el trabajo y, cuando llegas a casa el viernes en la noche, te das un atracón descomunal. Estás sentado en el sillón sintiéndote miserable y con náuseas, pero sabes que gritarte es inútil (si la vergüenza funcionara, ya habría surtido efecto), así que decides intentar un enfoque de autoliderazgo compasivo:

> **En lugar de pensa**r: «Soy de lo peor; Dios mío, soy un desastre. Odio no poder controlarme con la comida. ¿Qué está mal en mí?».
>
> **Intenta**: «Hola, parte tragona. Se que estás herida en este momento; sé que estás tratando de ayudarme con este atracón. No te cuidé bien esta semana; me aseguraré de comer en lugar de saltarme las comidas y de tomar más descansos la siguiente semana».

El enfoque de autoliderazgo te permite crear un espacio psicológico para formar conexiones con tus partes y darle a tu mente suficiente claridad para encontrar soluciones. Puedes recordar este método usando el acrónimo **PRER**.

- Pausa. Recuerda que tienes múltiples partes.
- Reconoce a tu parte (o partes) saludándola.
- Elimina la vergüenza del proceso (tus partes están tratando de ayudarte).
- Recupera la «batuta de director» y arma un plan.

Si esto suena ineficaz y sentimental, un ejemplo más concreto sería cómo (finalmente) aprendí a autocriar a mis partes adictas:

> **En lugar de pensar así:** «Eres una mala persona».
>
> **Aprendí a pensar así:** «Hola, parte adicta. Sé que estás haciendo lo mejor que puedes y agradezco que estés tra-

tando de ayudarme. Seré honesta contigo: Estas decisiones van a traer ciertas consecuencias, pero aquí estaré para ti. No eres mala y te sigo queriendo».

Nota cómo validé mis emociones sin excusar o minimizar las conductas. Es 100% posible mostrar amabilidad a tus partes internas al tiempo que mantienes los límites y continúas asumiendo responsabilidad. Muchas personas confunden compasión con permiso, pero no son lo mismo. Dicho esto, aunque la autocrianza es una parte valiosa del proceso de sanación, no niega que se necesitan otras personas, profesionales o medicamentos. En muchas ocasiones, no logramos acceder a un padre interior compasivo hasta haber absorbido los beneficios de otros recursos. La autocrianza no es un sustituto de la terapia o el tratamiento médico.

Muchas personas confunden compasión con permiso, pero no son lo mismo.

Aperitivos para la sombra

¿Alguna vez has intentado ignorar a un niño pequeño? Casi nunca termina bien. Cuanto más ignores a un niño hambriento o extremadamente cansado, más fuerte gritará. Como muchos padres saben, no te llevas a los niños de viaje sin aperitivos. Sucede lo mismo con las partes oscuras. Los «aperitivos para la sombra» ofrecen una manera de calmar el hambre y atender a las partes internas agotadas al borde de un berrinche.

¿Qué son los aperitivos para la sombra? Son pequeñas indulgencias que permiten, de forma consciente o inconsciente, que las partes destructivas de tu ser actúen, piensen o dispongan. No permito que mis pacientes arrojen juguetes durante la ludoterapia, pero sí les permito decir lo que quieran, incluidas palabras consideradas malas. Cuando «alimentas» a tus partes oscuras con bocados pequeños, se sienten vistas y escuchadas, y en cuanto eso sucede, suelen tranquilizarse.[15] El mismo principio aplica para los niños de verdad. Muchas personas temen que, si miran sus partes oscuras (ya ni se diga alimentarlas), la sombra los controlará por completo, pero la verdad es lo opuesto. Cuanto más ignoremos las partes de nosotros mismos que nos disgustan, con más fuerza lucharán y más alto gritarán. Atender a las partes oscuras (con límites) puede mitigar sus impulsos destructivos. El personaje Miedo en *Intensamente* fue muy oportuno cuando expresó: «Deberíamos cerrar la puerta y gritar esa palabrota que conocemos. ¡Es muy buena!».

¿Cómo sería darles aperitivos a las partes oscuras? Estos son algunos ejemplos de aperitivos para la sombra:[16]

- Mirar películas de terror o bélicas.
- Jugar con la comida (o mejor aún, aventarla).
- Escribir en un diario lo que realmente quieres decirle o hacerle a alguien (y después quemar el papel).
- Permitirte vestir un conjunto deportivo todo el día.
- Darte el permiso de no bañarte.
- Permitirte garabatear o colorear.
- Jugar videojuegos donde puedes matar cosas.
- No contestar tu teléfono por un día.
- Permitirte llevar una ensalada preenvasada a la fiesta en lugar de prepararla tú mismo.
- Dejar los platos sucios en el fregadero.

La mayoría de nosotros hace algo (o todo) de la lista; pero, casi siempre, cada una de estas conductas viene acompañada de una

---

[15] Querer sentirse vistos y escuchados no es la única razón por la que los niños se portan mal, es solo una explicación de muchas.

[16] Darle aperitivos a la sombra no es lo mismo que una catarsis, que es la liberación de cantidades enormes de energía. A menudo las prácticas catárticas son contraproducentes. Los aperitivos son acciones pequeñas, digeribles y contenidas.

fuerte dosis de autodesprecio. Los aperitivos para la sombra deben ser indulgencias *conscientes*, *intencionales* e, incluso, *disfrutables*. Asimismo, igual que los aperitivos reales, algunos son muy nutritivos y otros no. Los aperitivos que no son nutritivos pueden «saber» bien en el momento, pero conllevan consecuencias negativas. Gritarle a tu cónyuge en lugar de a tu jefe sería un aperitivo que *no* es nutritivo. Uno que sí lo es nutre a tus partes oscuras al mismo tiempo que minimiza las consecuencias.

Cuál es el aperitivo más saludable para la sombra

Nuestras *mentes* habitan en nuestros *cerebros*, y nuestros *cerebros* habitan en nuestros cuerpos. Debido a que vives en un cuerpo físico, el aperitivo más nutritivo para la sombra es el movimiento físico. El tipo de movimiento físico del que hablo no es lo mismo que el ejercicio. Usar el movimiento como aperitivo para la sombra no significa quemar calorías o conseguir tener un abdomen de lavadero, sino *atención plena* y *personificación*.[17] No necesitas ser un bailarín profesional para acceder a los beneficios medicinales del movimiento. Mover tu cuerpo modifica la respiración y el ritmo, lo que ayuda a enviar señales de seguridad al cerebro.

Recuerdo haber visto la temporada 6 de *So You Think You Can Dance*, anestesiada por el Vicodin o alterada por el Adderall. Una de mis concursantes favoritas era Kathryn McCormick, quien actualmente trabaja como bailarina profesional, educadora y facilitadora de Neurosculpting. También es partidaria de la experiencia somática y en su página web comunica: «Estoy aprendiendo a nutrir a todas mis partes, a aceptar la vasta variedad de mis emocio-

[17] Un artículo define la *personificación* así: «Todos tenemos cuerpos y siempre estamos en movimiento, incluso si solo estamos respirando. Nuestro movimiento y cuerpo *vuelven visible* todo lo que somos: nuestro estado de ánimo, personalidad, historial, familia y cultura». Nordstrom-Loeb, Barbara. (12 de febrero de 2018). «Embodiment—How to Get It and Why It Is Important». Earl E. Bakken Center for Spirituality and Healing. Disponible en: <https://www.csh.umn.edu/news-events/blog/thoughts-about-embodiment-how-get-it-and-why-it-important>.

nes y las sensaciones que las acompañan [...]. Me encuentro en un viaje para descubrir la totalidad que hay debajo de mis patrones, hábitos y miedos».

Cuando le pregunté sobre el movimiento como una forma de conectarse con las partes oscuras, me respondió: «Para mí, bailar es el mejor autoexamen, pues revela mis necesidades y deseos inconscientes. En ocasiones, lo que descubro es extremadamente incómodo y, aunque no disfruto la sensación, confío en que, al asociarme con el movimiento, cuento con un sistema de apoyo constante y natural integrado en mí. Cualquier tipo de movimiento, ya sea la danza u otra forma de arte, crea un espacio seguro que ofrece a los bloqueos internos una vía para explorarse, expresarse y transformarse».

Cuando te es posible «explorar, expresar y transformar» el contenido oscuro a través de canalizaciones creativas, tus partes internas responden con rapidez. Cuando te sientas totalmente abrumado, enojado o ansioso, recuerda que el estrés no solo se encuentra en tu mente, sino también en tu cuerpo. Poner música y dejar que tus partes se muevan de la forma que quieran es una manera rentable (y que ahorra tiempo) de salir del estancamiento. Inténtalo durante cinco minutos al día y observa lo que sucede después de un mes de práctica constante.

El estrés no solo se encuentra en tu mente, sino también en tu cuerpo.

Conclusiones

El poeta y filósofo John O'Donohue escribió: «Cada demonio interno representa una valiosa bendición que te brindará sanación y libertad. Para recibir este regalo, debes dejar de lado el miedo y asumir el riesgo de pérdida y cambio que ofrece cada encuentro con tu interior». En ocasiones, nuestras mentes se transportan a lugares aterradores y peligrosos, y cuando esto sucede, necesitamos que otras personas nos ayuden a sentirnos seguros, pero los pensamientos que oscurecen el panorama de tu mente no son malos, sino gritos de terror de tus partes internas. Rehusarte a autocriar a tu niño interior hace que sea casi imposible prosperar como adulto. ¿Se puede lograr el éxito sin autocrianza? Por supuesto. ¿Eres libre para *disfrutarlo* sin ella? Es cuestionable.

Todos tenemos pensamientos oscuros que nos hacen avergonzarnos y pensar: «Caray, ¿fui yo la que pensó eso?». Sin embargo, los pensamientos no son lo mismo que las conductas. No es necesario que tengas pensamientos positivos todo el tiempo. Buscar el bien a expensas de la integridad cuesta caro. La única manera de ser una buena persona en todo momento es separarte de tu mente o mentirte a ti mismo y a los demás. Cualquier enfoque de sanación que coloque mayor valor en la *positividad* que en la *autenticidad* se convierte en un terreno fértil para la *deshonestidad*. Vivir sinceramente requiere tener curiosidad y compasión, y no negar nuestra humanidad compartida. En el libro infantil *Nothing Sticks Like a Shadow* [Nada se pega tanto como la sombra], el personaje del conejo intenta con desesperación deshacerse de su sombra, pero nada funciona. La frustración del conejo aumenta, y entonces llega un mapache.

> —Estoy tratando de deshacerme de mi sombra —dijo el conejo.
> —¿Por qué? —preguntó el mapache— Las sombras son útiles. A veces te muestran adónde vas, y otras, dónde estuviste.

Tu sombra es un mapa que puede llevarte de regreso al hogar con la persona que más necesitas en el mundo: tú mismo.

Lecciones clave

1. Las *sombras* se refieren a cualquier aspecto de ti mismo que ocultes o reprimas.
2. El *trabajo con la sombra* es el proceso de ser honesto *contigo* mismo *sobre* ti mismo.
3. Necesitas a tu sombra para estar completo. La integridad requiere luz y oscuridad.
4. Cuando te escondes de tu sombra, esta gana poder y sale de forma inesperada y problemática.
5. Tu cs (conocimiento de la sombra) es la medida de qué tan consciente eres de tu sombra.
6. Cada parte oscura trae consigo regalos valiosos.
7. Todos tenemos personalidades con múltiples partes.
8. Cuando tu líder interno está al mando, puedes controlar hasta tus conductas más destructivas y contraproducentes.
9. Hablarte a ti mismo en tercera persona (usando tu nombre o pronombres) es más efectivo que usar *yo*.
10. La compasión no es lo mismo que el permiso.

Qué hacer y qué no hacer

Qué hacer	Qué no hacer
Recordar que tus sombras son neutrales hasta que actúas.	Avergonzarte por *cualquiera* de tus pensamientos. Los pensamientos no se vuelven buenos o malos hasta que actúas con base en ellos.
Recordarte (con frecuencia) que todo sistema complejo, incluida tu personalidad, está compuesto de múltiples partes.	Llamarte hipócrita por tener emociones y pensamientos contradictorios. Las múltiples partes tienen creencias distintas.

Qué hacer	Qué no hacer
Preguntarte qué *parte* de tu sistema requiere atención cuando te sientes provocado.	Tratar de atender una parte infantil con una intervención adulta.
Hablarte usando tu nombre o pronombres.	Hacer enunciaciones con el pronombre yo cuando te hablas.

Retos de cinco minutos

1. Elabora una lista de tu «reparto» interno. Escribe todas las partes que puedas y crea una lista de reparto junto con sus edades y describe lo que les gusta y disgusta.

2. Reproduce una pieza musical de cinco minutos (cierra las cortinas y apaga las luces si te sientes ridículo) y deja que tus partes se muevan por doquier de la forma que quieran.

3. Escribe una carta, *de* tu líder interior o tu Yo, dirigida a una de tus partes. Luego, escribe otra carta, *de* una de tus partes, dirigida a tu líder interior. Cuando escribas la carta de la parte, usa tu mano no dominante.

4. Elabora una lista de aperitivos para las sombras que puedas tener a la mano cuando tus partes internas tengan hambre.

5 CÓMO SER HUMANO

Tres cursos intensivos sobre las relaciones de pareja

Se necesitan dos personas para crear un patrón, pero solo una para cambiarlo.

ESTHER PEREL,
Inteligencia erótica. Claves para mantener la pasión en la pareja

Después de soportar un largo periodo de pirotecnia emocional en una relación caótica y adictiva, finalmente implosioné. Lo que inició como un romance de cuento de hadas se convirtió en una pesadilla de secretos, mentiras y violencia de pareja. Como terapeuta en el mundo de la rehabilitación por adicción, cuando por fin me derrumbé/agoté/desperté espiritualmente, tuve la gran fortuna de tener acceso a buena ayuda. Daba igual que yo fuera terapeuta y hubiera ayudado a *otros* a resolver sus vidas con éxito, los problemas derivados de las relaciones son un gran ecualizador, pues todos los experimentamos en cierto grado. Aunque es posible que no vivas los niveles de perversión a los que llegaron mis propias relaciones, que te rompan el corazón es universal. Una cita de Maya

Angelou dice: «El amor es como un virus. Cualquiera puede contagiarse en cualquier momento». Y agregaría que sucede lo mismo con la disfunción relacional, nadie es inmune.

La buena noticia es que no necesitas tomar años de terapia (o estudiar una maestría en traumatología) para sacar tus relaciones del estancamiento. La intimidad y la confianza se vuelven posibles si cuentas con personas dispuestas e información precisa. No eres el único que se siente abrumado por la pila de consejos contradictorios sobre qué hacer y qué no hacer presentes en millones de libros, artículos, pódcast, blogs y revistas:

- *Ocho trucos para volverlo loco de deseo.*
- *No es tu obligación satisfacerlo. Mejor haz estas cinco cosas.*
- *Por qué el espacio es saludable para tu relación.*
- *Por qué tener demasiado espacio es tóxico para tu relación.*
- *Programar las relaciones sexuales puede avivar de nuevo tu relación. ¡Hazlo!*
- *Programar las relaciones sexuales mata la espontaneidad de tu matrimonio. ¡No lo hagas!*

Gesto de frustración. ¿Es de extrañar que tantas relaciones estén estancadas o se den por muertas desde el inicio? Aunque existe una innumerable cantidad de recursos que se enfocan en los problemas de pareja, solo necesitas un poco de información básica para salir del estancamiento. Este capítulo divide y organiza estos temas básicos en tres cursos intensivos. Cada uno es un resumen de revistas académicas, investigaciones científicas, autores reconocidos, mi propia experiencia clínica y prácticas basadas en evidencia recomendadas para la psicoterapia. Si de verdad tienes el tiempo contado, ve directamente a la sección «Disculpas frente a reparación».

Cómo ser humano. Tres cursos intensivos sobre las relaciones de pareja

En el «Curso intensivo 1. Lenguajes para el conflicto», comprenderás el motivo por el que tus conversaciones se desvían y descubrirás una solución alternativa sencilla. En el «Curso intensivo 2. Límites», conocerás la diferencia entre límites y requerimientos. ¿Por qué es importante? La distinción entre establecer un límite y hacer un requerimiento marca la diferencia entre una simple conversación de dos minutos o una pelea agotadora y encarnizada. Finalmente, el «Curso intensivo 3. Disculpas frente a reparación» proporciona una guía detallada para reparar un error en una relación. Alerta de *spoiler*: la reparación en el ámbito de las relaciones *no* incluye las palabras «Lo siento».

¿Parece mucho trabajo? Lo es... en un inicio. Si no estás convencido (o simplemente estás agotado), quizá suspires y preguntes: «¿Para qué hacer el esfuerzo?». La respuesta es que conlleva mucho más esfuerzo *evitar* el trabajo que *hacerlo*. Como menciona el renombrado terapeuta de parejas y autor del libro *Conseguir el amor de su vida*, Harville Hendrix: «Somos prisioneros del miedo al cambio. Las parejas [...] prefieren divorciarse, romper una familia y dividir todo su patrimonio antes que aprender una nueva forma de vincularse».

Qué pasa si mi pareja no quiere hacer el trabajo conmigo

Es casi imposible despertar la voluntad de una pareja renuente como por arte de magia. Rogar, suplicar, ignorar, gritar, evitar, negociar, amenazar... la lista de *todo* lo que hemos intentado continúa creciendo, larga y detallada; sin embargo, nunca en la historia gritarle a alguien *más fuerte* ha dado como resultado que nos escuchen o entiendan mejor. Tal vez te preguntes: «Pero ¿qué pasa si mi pareja no lee libros/hace los ejercicios/va a terapia/[llena el espacio]?».

Te entiendo.

En lugar de intentar cambiar lo que hace tu *pareja*, tu poder radica en la decisión de modificar cómo *respondes* a lo que hace. Si tu pareja no quiere resolver las situaciones con una mentalidad diferente, el único patrón que puedes cambiar es el estado de la relación *no* la forma en que ambos se relacionan, pero ese es otro tema. Si tu pareja también está harta y cansada de sentirse estancada y quiere al menos *probar* algo nuevo, extiéndele una invitación para unirse al «Curso intensivo 1».

Curso intensivo 1. Lenguajes para el conflicto

Existe un popular dicho budista que puedes aplicar a las relaciones de pareja: «El dolor es inevitable, pero el sufrimiento es opcional». Dicho con otras palabras, el conflicto es inevitable, pero *pelearse* es opcional. El *lenguaje para el conflicto* es un sistema de comunicación que crea seguridad durante las conversaciones difíciles. Como aprendimos en el capítulo 3, un cerebro que está estancado en el modo sobrevivencia no piensa con claridad ni lógica. Una vez que tu cerebro percibe peligro, saca los guantes y empieza a propinar puñetazos. Para mantenernos en el modo «pensamiento racional», necesitamos estrategias de seguridad para evitar que la amígdala tome el control[1] (agobio). En *Conectados para el amor*, el doctor Stan Tatkin puntualiza: «Dedícate a cultivar el sentido de seguridad de tu pareja, no solo tu idea de lo que eso debería ser. Es posible que lo que te hace sentir seguridad no sea lo que tu pareja requiere de ti. Tu trabajo es saber lo que es importante para tu pareja y cómo hacerle sentir seguridad».

¿Quieres unos ejemplos de lenguaje para el conflicto? Algunas personas prefieren platicar en la noche, y otras, temprano en la

---

[1] «Tenemos dos amígdalas, una en cada lado del cerebro, detrás de los ojos y los nervios ópticos. En su libro *El cuerpo lleva la cuenta*, el doctor Bessel van der Kolk le llama el "detector de humo del cerebro". Es responsable de detectar el miedo y de preparar nuestro cuerpo para respuestas de emergencia». Musho Hamilton, Diane. (22 de diciembre de 2015). «Calming Your Brain During Conflict». Disponible en: <https://hbr.org/2015/12/calming-your-brain-during-conflict>.

mañana; algunas personas prefieren sentarse juntas durante un conflicto y otras desean mayor espacio físico. Las grandes empresas usan estas estrategias rigurosamente. Un director de Recursos Humanos *jamás* se presentaría de súbito ante un empleado mientras espera en la fila de un Starbucks y le soltaría con furia palabras como: «Siempre eres el primero en salir de la oficina; nunca piensas en los demás. ¿Por qué llegas tarde a todas las juntas de personal? Te odio; te voy a despedir, pero no dejes la empresa; en verdad te apreciamos. Aunque no sé cómo esto podría funcionar. Olvídalo, simplemente olvídalo».

¿No suena extraño? (Sin mencionar la demanda que le espera). Sin embargo, ¿con qué frecuencia nos abalanzamos sobre nuestras parejas tan pronto como cruzamos la puerta?, ¿cuántas veces no alzamos la voz y pronunciamos palabras que desearíamos no haber dicho?, ¿con qué velocidad escalan *tus* peleas de hablar sobre algo a hablar sobre *todo*?

En su libro *Los cinco lenguajes del amor*, el doctor Gary Chapman señala: «Investigaciones recientes indican que en promedio las personas escuchan solo 17 segundos antes de interrumpir e interponer sus propias ideas». Esto significa que, si no logras presentar tu argumento en 17 segundos, la partida está perdida; jaque mate; caso cerrado.

El trabajo del doctor Chapman enseña a las personas a conocer las preferencias de sus parejas para recibir afecto. Identifica cinco tipos distintos: palabras de afirmación, actos de servicio, tiempo de calidad, contacto físico y regalos. Conocer el lenguaje de amor de tu pareja puede facilitar el dar y recibir afecto.

Si eres como la mayoría de las personas, ni siquiera te imaginas usando lenguajes del amor cuando tu medidor de ira se dispara al nivel más alto. En *Lo que me hubiera gustado saber... ¡antes de casarme!*, el doctor Chapman puntualiza: «Las personas no se casan planeando divorciarse. El divorcio es el resultado de la falta de preparación para el matrimonio y de no adquirir las habilidades de trabajo en equipo en una relación de pareja». Aunque las expresiones tiernas de amor son una aspiración hermosa, parece que primero se necesita conocer los lenguajes para el *conflicto*. Yo identifiqué seis.

LOS SEIS LENGUAJES PARA EL CONFLICTO

1. Distanciamiento social	Tal vez la cuarentena de 2020 haya terminado, pero estar a menos de metro y medio de distancia puede seguir siendo peligroso, al menos emocionalmente. Deja mucho espacio para deambular durante un conflicto y proporciona un acceso fácil a la puerta. Esto ayuda a evitar que el cerebro se sienta amenazado.
2. Límites de tiempo	En ajedrez se llama aplazamiento. Tomen descansos constantes. Activen un temporizador y, cuando se acabe el tiempo, no toquen el tema durante al menos unas horas (o hasta el día siguiente). Esto les permitirá tener conversaciones largas para que puedan avanzar a un ritmo sostenible.
3. Virtual o presencial	Algunas personas (especialmente los sobrevivientes de abuso) se ven afectadas si se encuentran en la misma habitación durante un conflicto. Aunque no es recomendable pelear por mensajería, Zoom, FaceTime o las llamadas telefónicas son métodos de comunicación totalmente aceptables.
4. Salida de emergencia	En el mundo del BDSM, se utilizan palabras de seguridad para detener inmediatamente la acción si alguien se siente amenazado o cambia de opinión. Puede aplicarse la misma técnica a conversaciones difíciles a fin de garantizar que haya consentimiento.
5. Peleas durante la comida	Es casi imposible comer y gritar al mismo tiempo porque cuando se activa nuestra alarma de lucha, huida o parálisis, la digestión se desactiva. Al aceptar tener conversaciones difíciles durante una comida, se aplica la ciencia del cerebro de sobrevivencia para evitar que la situación escale.

6. Ubicación geográfica	Es posible que tomar decisiones geográficas anticipadamente aumente la sensación de seguridad. Pelear en un auto puede tornarse peligroso, ya que no hay manera de escapar. Verse frente a frente, sentarse uno al lado del otro, elegir de manera consciente en qué habitación entablar las conversaciones o en qué muebles sentarse son decisiones que tienen el potencial de mejorar drásticamente la sensación de seguridad.

¿Qué sucede si tu lenguaje para el conflicto es diferente al de tu pareja? En la siguiente sección, tomaremos estos seis lenguajes y los personalizaremos para tu propia relación usando un contrato para conflictos.

Contratos para conflictos

No compras una casa, contratas a un abogado ni pagas una membresía de gimnasio sin un contrato. Sin embargo, después de terminar un matrimonio, la idea de un contrato para una relación nunca se retoma, a menos que termines en un juicio de divorcio. Las películas, la televisión y la cultura pop normalizan e incluso glorifican las peleas, y erróneamente creemos que para pelear no se requiere un manual de estrategia, destreza o lineamientos.

Sí son necesarios.

Un *contrato para el conflicto* es un documento que especifica de forma clara las reglas para una batalla justa. No esperarías que Tom Brady se marche del campo en medio del juego, cruce los brazos y diga entre dientes: «Estoy demasiado enojado para jugar». La diferencia entre un partido de futbol americano y una riña de bar es la existencia de una arena, un reglamento y límites de tiempo. Ni siquiera los oponentes más feroces en un *round* de boxeo entran al ring sin haber acordado un código de conducta. El mundo deportivo es implacable en sus esfuerzos por mantener la seguridad durante los momentos de alta intensidad. Sin embargo, iniciamos discusiones con nuestros seres queridos sin el grado de consideración que observamos en los juegos de pelota. Denise y Bryan, una pareja de profesionales exitosos, son un gran ejemplo de cómo la falta de estrategia se convierte rápidamente en pirotecnia.

Denise, una mujer llena de energía y alegre de 47 años, y Bryan, un hombre de 51 años que corre nueve kilómetros y medio todos los días y sueña con poseer varios negocios, son copropietarios de un popular *spa* canino. Denise y Bryan son la definición de pareja poderosa. Sus publicaciones estratégicas en Facebook muestran múltiples fotos de adolescentes felices, una decoración de hogar perfecta en Pinterest y vacaciones familiares en lugares extravagantes. El caos tras bambalinas no tardó en salir a la luz. Irrumpieron en mi consultorio y empezó el juego. Ella lo acusó, él alzó la voz; ella le lanzó una serie de palabrotas, él se puso morado y apretó el sillón con tanta fuerza que casi desgarra la piel. Me levanté de la silla y con pesar les expliqué que debíamos terminar la sesión de inmediato porque era una pérdida de tiempo para mí y de dinero para *ellos*. Callados por la sorpresa, estos adultos inteligentes y capaces de pronto lucían como niñitos avergonzados. Al tiempo que sus respuestas al trauma (alarmas internas) se desactivaban, su capacidad para tener una discusión racional volvió. Antes de poder *siquiera* llegar a una solución, Bryan y Denise necesitaban primero elaborar un contrato para conflictos.

¿Qué es un contrato para conflictos? Es un documento escrito que tú y tu pareja elaboran y firman *antes* de que las olas arrasen con la relación. Como sucede en cada rivalidad atlética, la forma de resolver el conflicto intenso sin golpes bajos inesperados es crear primero un reglamento sobre *cómo* comunicarse. Una vez que determinen el cómo, pueden avanzar de manera segura al quién hizo qué a quién. En el libro *Comunicación no violenta*, Marshall Rosenberg señala: «Somos peligrosos cuando no somos conscientes de la responsabilidad por nuestras conductas, pensamientos y sentimientos». Crear un contrato para conflictos te ayuda a mantenerte consciente para no terminar diciendo palabras que luego lamentarás.

Cuando cuentas con suficiente espacio emocional para respirar, pensar y tomar decisiones, puedes superar rápidamente los patrones de estancamiento de toda la vida. A la primera señal de conflicto, saca el contrato y revisa las condiciones para hablar. Si no puedes o no quieres cumplir con ellas, retírate. Te sorprenderá lo efectiva que es esta técnica para evitar peleas explosivas.

Existe controversia en el campo académico sobre la efectividad de los contratos en las relaciones. Algunos expertos recomiendan los contratos y otros alertan sobre ellos. No obstante, estos desacuerdos se refieren a contratos que se centran en diversos temas de conversación, como la frecuencia de las relaciones sexuales, la designación de quehaceres, las visitas de la familia política, la programación de noches de citas y normas para la entrega de regalos. Por el contrario, este curso intensivo fomenta que enfoques tu contrato solo en la negociación de conflictos.

Las investigaciones confirman que el cerebro cambia de modo lógico a irracional cuando nos enojamos, y las parejas amorosas se transforman en adversarios hostiles cuando esto sucede. Si tu cerebro racional se desactiva, no tiene sentido intentar tener una discusión racional. Sin un acuerdo predeterminado, es muy probable que sigamos atados a nuestros viejos patrones. El contrato para conflictos de Denise y Bryan lucía más o menos así:

> Denise y Bryan, ahora conocidos como LA PAREJA, celebran el presente contrato el día 14 de abril. LA PAREJA acuerda los siguientes términos y condiciones para casos de conflicto:
>
> - LA PAREJA acuerda que la resolución de todo desacuerdo se programará mediante invitaciones de reunión vía Outlook.
> - LA PAREJA acuerda que no se entablarán conversaciones sobre desacuerdos dentro de las 24 horas que comprendan un día festivo, cumpleaños o evento importante.
> - LA PAREJA acuerda alternar las conversaciones entre encuentros presenciales y sesiones vía Zoom.

- LA PAREJA acuerda que las discusiones se llevarán a cabo en la sala de estar. Denise ocupará el sillón gris, y Bryan, el taburete. Ambas partes acuerdan guardar al menos 3 metros de distancia entre ellos en todo momento.
- LA PAREJA acuerda que las discusiones solo podrán iniciarse si TODOS los hijos están fuera de la casa.
- LA PAREJA acuerda que cualquier discusión que supere los 30 min se pausará inmediatamente para tomar un descanso de una hora. Si la discusión no se resuelve en 60 min, ambas partes acuerdan retomarla después de un descanso de 24 horas.
- LA PAREJA acepta que, si una o ambas partes no quiere apegarse a las condiciones del contrato, aceptará(n) dar por terminada la conversación de inmediato e intentará(n) retomarla en un plazo de 24 horas.

¿Te parece ridículo? Utilizar un contrato para conflictos puede parecer torpe e incómodo. Su creación requiere tiempo y esfuerzo de antemano, pero el retorno de la inversión es alto. En el libro *Los 7 hábitos de la gente altamente efectiva*, Stephen Covey nos enseña a considerar lo que es importante en lugar de lo que es urgente. En este caso, lo más importante es crear una estructura para el desacuerdo antes de adentrarse en el *contenido* de este, independientemente de lo urgente que sea.

Saber cómo *transitar* el conflicto es bueno; saber cómo *minimizarlo* es mejor, y saber cómo *evitarlo* es lo ideal. Robert Frost dijo: «Las buenas cercas hacen buenos vecinos». Esta idea también puede aplicarse a las relaciones de pareja. Los buenos planes hacen buenas parejas. En una relación sana, conoces tus propios límites y respetas los de tu pareja, pero esto requiere una comprensión práctica de los límites, que es lo que analizaremos a continuación en el «Curso intensivo 2».

Curso intensivo 2. Límites

¿Qué es un límite? Es un confín físico o metafórico que separa dos o más cosas. La orilla del océano es un límite entre la tierra y el mar; la piel es un límite entre el mundo externo y tus órganos internos, células y tejidos; un muro es un límite que separa habitaciones. En las relaciones, los límites son tus *fronteras*. Tus límites marcan los bordes de tu tolerancia y voluntad. La frustración, el resentimiento y sentirse subestimado son signos que delatan la existencia de un problema con los límites.

Especialistas de distintas disciplinas y con diversas orientaciones espirituales coinciden en lo siguiente respecto a los límites:

- «Las personas en nuestra vida que pueden respetar nuestros límites amarán nuestras voluntades, opiniones y distancia. Aquellos que no pueden respetar nuestros límites nos están diciendo que no les gustan nuestros "noes"; solo aprecian nuestros "síes", nuestra obediencia». Cloud, Henry y Townsend, John, *Límites. Cuándo decir «sí», cuándo decir «no». Tome el control de su vida* (autoayuda cristiana basada en la Biblia).

- «Antes de entrar a una habitación con personas, establece tu intención para proteger tu energía y crear límites saludables». Gabrielle Bernstein, autora del libro de autoayuda espiritual *El universo te cubre las espaldas. Del miedo a la fe*.

- «Establecer buenos límites requiere mucha valentía, pero la intención es lograr que la comunicación sea más clara». Pema Chödrön, escritora y monja budista.

- «Cuando no establecemos límites y exigimos que los demás asuman su responsabilidad, nos sentimos usados y maltratados». Brené Brown, profesora investigadora y autora de cinco *bestsellers* número uno según *The New York Times*.

- «Un límite saludable crea una vulnerabilidad controlada». Pia Mellody, especialista en recuperación e investigadora clínica en el Meadows de Wickenburg, Arizona.

- «"No" es un enunciado completo». Anne Lamott, escritora y profesora.

Los límites permiten a las parejas controlar las expectativas. ¿Por qué es importante? El espacio entre las expectativas y la realidad es donde nace el resentimiento. Existen varios tipos de límites (sexuales, financieros, físicos, emocionales, conversacionales, etc.), pero para este curso intensivo nos enfocaremos en lo primero que necesitas para sacar una relación del estancamiento: límites de conducta.

Límites de conducta

La primera idea equivocada sobre los límites es que se necesita que la *otra* persona esté de acuerdo contigo, lo cual es falso. El objetivo de los límites no es obligar a los demás a hacer algo. A menudo las personas creen que están estableciendo límites, pero en realidad están haciendo un requerimiento. Cuando dices: «Se la pasa cruzando mis límites», lo que probablemente quieres decir es «No hizo lo que yo quería que hiciera». La distinción entre un límite y un requerimiento, como expliqué al inicio del capítulo, marca la diferencia entre una breve conversación y una pelea de maratón. Un *requerimiento* es cuando le pides a alguien que haga algo, y el poder de decir «sí» o «no» recae en la persona a la que se lo estás solicitando. La mesa queda abierta al debate y la discusión. Un *límite* es la elección que tú haces en respuesta a su conducta, sin necesidad de discusión. Los límites *jamás* requieren aceptación o cumplimiento por parte de otra persona.

Por ejemplo, quizá quieras establecer un límite con tu esposa sobre llegar al aeropuerto dos horas antes del despegue. A ella le gusta salir al aeropuerto a última hora, pero tú odias la sensación de premura. Pedirle que salgan temprano es un requerimiento; un límite sería decirle: «Si decides no salir al aeropuerto a tiempo, yo elegiré tomar un Uber temprano y verte allá». Los límites se tratan de *ti* y *tus* elecciones; jamás dependen de que otra persona haga lo que quieres que haga. Un límite es informarle a una persona que, si elige X, tú elegirás Y.

Requerimientos	Límites de conducta
«Me gustaría que me llamaras para avisarme que vas a llegar tarde».	«Si eliges no avisarme a qué hora llegarás a casa, elegiré no preparar comida extra».
«No me gusta nada que bebas tres botellas de vino en la noche. Por favor, deja de hacerlo».	«Si eliges beber más de una botella de vino en la noche, elegiré dormir en otra habitación».
«Me frustra que hagas planes de último momento. Quisiera que me avisaras con más tiempo de antelación».	«Necesito que me avises los planes con al menos tres días de anticipación. Si eliges no darme tiempo para prepararme, elegiré decir no».
«Tu amigo Kevin es un idiota. No quiero estar cerca de él».	«Respeto el hecho de que Kevin sea tu amigo. Si eliges invitarlo a la fiesta, yo elegiré no asistir».

Ya te estoy oyendo protestar: «¡Oye, pero suenan a ultimátum!».

A nadie le gustan los ultimátums. La gran diferencia entre uno y un límite es la *intención*.

El objetivo de los ultimátums es demostrar poder, control y *dominio* sobre la relación. El objetivo de los límites es la seguridad, el espacio y la *conservación* de la relación. Los ultimátums suenan más o menos así: «Si no tienes relaciones sexuales conmigo cinco veces a la semana, te voy a engañar». Una buena forma de identificar la diferencia es simplemente preguntarte si tu intención es estar presente y centrado en tu *mente* o forzar cambios en la conducta de tu *pareja*.

Los límites tienen que ver contigo y con tus elecciones.

Si alguien te amenaza, grita, bloquea tu camino o de cualquier otra forma prohíbe que establezcas o apliques tus límites, eso no es cruzar los límites, sino abuso. El abuso no es el tema central de este capítulo, pero puedo decir en resumen que no es un problema relacional o de comunicación. La única persona responsable del abuso es el abusador, punto. La mayoría de los consejos sobre relaciones *no* se aplica en situaciones de abuso, y casi *nunca* se recomienda la terapia de pareja si un miembro de la pareja es abusivo.

Antes de comenzar a preocuparte de si tu relación es abusiva, recuerda que incluso las relaciones más sanas tienen momentos subóptimos ocasionales. Una pelea intensa de vez en cuando no significa necesariamente que la relación sea tóxica. Si tu pareja y tú están dispuestos a hacerse responsables de sus errores e intentarlo de nuevo (lee el «Curso intensivo 3»), no hay razón para entrar en pánico. Mientras más practiques establecer límites antes de que la situación se desborde, más rápido podrás salir del conflicto. En *The Relationship Cure* [El remedio para las relaciones], el experto en relaciones John Gottman puntualiza: «Tener conexión no es mágico. Como cualquier otra habilidad, puede aprenderse, practicarse y dominarse».

Una advertencia: ¿Conoces el dolor que te deja la primera sesión de un programa de entrenamiento? ¿Todo te duele, nada se siente natural y necesitas recordarte que tomar una buena decisión no produce resultados inmediatos siempre? Sí, esa sensación. Sucede lo mismo con los límites. Establecerlos por primera vez puede causar una horrible sensación, pero aun así hazlo. Aprender a establecer límites es como crear fuerza muscular. No esperarías hacer veinte dominadas sin previo entrenamiento ni práctica. No te culpes. Si no estás acostumbrado a considerar los límites como una estrategia de autocuidado, es probable que tu cerebro confunda la conducta de *autocuidado* con un comportamiento *egoísta*.

Todo novato en el establecimiento de límites siente que está siendo cruel y egoísta por un breve periodo. *Sentirse* así no es lo mismo que *actuar* así. Las personas *egoístas* no dan amor ni atención. El hecho de que te preocupe ser egoísta significa que es muy improbable que lo *seas*. El objetivo de los límites es crear espacio temporal y su intención es mantener un sentido de seguridad y calma, a fin de que puedas regresar a la conversación completamente preparado para dar lo mejor de ti. Cuando la situación se sale de control (puede suceder) y metes la pata (a todos nos pasa de vez en cuando), el proceso de rectificación es *mucho* más efectivo si usas la *reparación* en lugar de las *disculpas*. En el «Curso intensivo 3», explico la diferencia y su importancia.

Curso intensivo 3. Disculpas frente a reparación

El propósito de una disculpa es reconocer sentimientos heridos, expresar remordimiento por el error o malentendido, y proporcionar un plan para evitar que se repita. Sin embargo, la frase «Lo siento» no transmite *nada* de eso. La RAE define la palabra *sentir* como «lamentar, tener por doloroso y malo algo». Mmmmm, ¿lamentar qué?, ¿lamentar que te hayan cachado?, ¿lamentar que de pronto necesitas tener una conversación emocional llena de palabrería? «Lo siento» es, cuando mucho, una frase vacía que pronto se vuelve tóxica cuando la palabra *Si...* se incorpora a la fórmula. Juntar estas palabras es el ejemplo perfecto de cómo *no* ser humano.

- Lo siento *SI* te sentiste herido.
- Lo siento *SI* malinterpretaste la situación.
- Lo siento *SI* no te gusta lo que hice.
- Lo siento *SI* te sientes enojado.
- Lo siento *SI*...

¿Alguna vez una de estas palabras te ha hecho sentir comprendido, visto, validado y seguro en tu relación? A mí tampoco.

Más que ofrecer disculpas, *reparar* es la forma más rápida para salir del estancamiento en una relación. La reparación es uno de los conceptos del programa de Doce Pasos para recuperarse de una adicción. Aunque no concuerdo con algunas de las prácticas del programa, el concepto de *reparación* en lugar de ofrecer disculpas es algo que apoyo plenamente. La reparación es recomendable independientemente de si te identificas como un adicto o no. La fundación Hazelden Betty Ford, una de las primeras organizaciones especializadas en la recuperación de las adicciones, señala: «Considera la reparación como un conjunto de acciones para demostrar tu nuevo estilo de vida, mientras que las disculpas son simplemente palabras. Cuando reparas, reconoces tus valores y los alineas con tus acciones admitiendo tus errores y viviendo de acuerdo con tus principios». Las disculpas no cumplen metas de reconocimiento o alineación. La frase «Lo siento» casi siempre está vacía y desprovista de sentido; sin embargo, se nos enseña desde pequeños a decir «Lo siento» cuando herimos a alguien.

Decir esta frase funciona cuando pisas a alguien o se te olvida llenar la cafetera de agua. Las disculpas son geniales para errores simples y como una demostración de cortesía común, pero las heridas más profundas en las relaciones requieren algo más poderoso que una disculpa, lo que nos lleva al tema de la *reparación*. Reparar es una potente forma de cauterizar las heridas. Yo utilizo un método llamado los *cuatro pasos* (notarás que las palabras «Lo siento» no están presentes). Implementar esta herramienta puede ahorrarte horas de terapia y un montón de dinero. Además, seguir el guion reduce de manera *significativa* la necesidad de entablar conversaciones prolongadas y circulares.

CÓMO REPARAR. LOS CUATRO PASOS

1.	RESPONSABILÍZATE por tu conducta **(«Admito haber/no haber...»).**
2.	OBSERVA la forma en que tu conducta afectó a tu pareja **(«Imagino que te sientes...»).**
3.	DESCRIBE tu plan para no repetir esa conducta (**«En el futuro lo evitaré mediante...»).**
4.	OFRÉCETE a escuchar si necesitan decir algo más sobre tu conducta **(«¿Quieres decirme algo más sobre cómo te afectó esta situación? Estoy abierto a escuchar»).**

¿Cómo luce esto en acción? Digamos que Esa es una contadora con una fecha límite importante. Al inicio de la semana, su esposa Davey le prometió que cuidaría a los niños el sábado en la mañana para que ella pudiera trabajar. Llega el sábado, Davey va al supermercado y pierde la noción del tiempo. El día de Esa se ve consumido por las comidas, la limpieza y el entretenimiento que requieren sus dos hijos pequeños y su revoltoso laboratorio de chocolate. Una disculpa estándar de parte de Davey sería solo decir: «Lamento haber llegado tarde». Una disculpa tóxica sería decir: «Bueno, también tenía cosas que hacer. Lo siento si no cumpliste con tus fechas límite; así es la vida».

Ni la disculpa estándar ni la tóxica transmiten empatía. Si te quedas lo suficiente en una relación, probablemente terminarás en ambas posiciones: la de dar y la de recibir. Antes de conocer esta información, mis disculpas eran un esfuerzo instintivo para evitar sentirme culpable más que un intento genuino por reparar la relación. ¿Te identificas?

Si Davey hubiera ofrecido a Esa una *reparación* en lugar de una disculpa, habría sonado más o menos así:

1. Perdí por completo la noción del tiempo y no cumplí mi promesa de cuidar a los niños (responsabilizarse).

2. Imagino que te sientes muy enojada, confundida, traicionada y temerosa por no haber cumplido con tu fecha límite (observar).
3. En el futuro, no combinaré mi lista de pendientes con los compromisos que haga contigo (describir).
4. ¿Quieres decirme algo más sobre cómo te afectó esta situación? Estoy abierta a escucharte (ofrecer).

Usando esta técnica logras varias tareas:

- Validas que tu pareja no está loca (aquello por lo que está molesta sí sucedió debido a tus acciones).
- Usar declaraciones empáticas permite que tu pareja se sienta vista y escuchada, lo cual crea un puente para una sanación y reparación profundas. También disminuye la actividad del cerebro límbico (emocional) y facilita una comunicación razonable y lógica.
- Eres responsable de crear un plan para que el problema no se repita.
- Tu pareja puede sentirse segura porque ahora sabe que tienes un plan para evitar el problema.
- Ofrecer escuchar activamente evita que se acumule resentimiento y crea espacio para la intimidad y la reparación.

¿Qué sucede en situaciones donde el conflicto se debe a un malentendido? Los cuatro pasos funcionan maravillosamente con los malentendidos porque no se necesita autoflagelación o admitir errores. Regresemos a Esa y Davey. Esta vez, imagina que Davey *no hubiera* accedido a cuidar a los niños y *no* tuviera conocimiento sobre la fecha límite de Esa. El sábado en la mañana, Davey corre al supermercado, regresa en la tarde, y Esa no puede cumplir con su fecha límite. Técnicamente Davey no hizo nada «malo», pero como pareja amorosa quiere reconocer los sentimientos de Esa. En ese caso, Davey podría usar los cuatro pasos de la siguiente manera:

1. Mi decisión de quedarme haciendo compras propició que no cumplieras con tu fecha límite. *(***Responsabilizarse:** *Nota que Davey está proporcionando datos objetivos. Menciona el impacto que su conducta tuvo en Esa, pero no se disculpa ni se culpa).*

2. Imagino que debes sentirte frustrada y con miedo por no cumplir con la fecha límite. *(***Observar:** *Independientemente de sus intenciones, este paso nos permite advertir cómo nuestras acciones afectan a los demás. Si usamos declaraciones empáticas, no necesitamos defender o justificar nuestra conducta).*

3. De ahora en adelante, todos los sábados te preguntaré si necesitas algo antes de salir en la mañana. *(***Describir:** *Este paso reconoce que tener una mejor comunicación puede evitar que esto vuelva a suceder).*

4. ¿Quieres decirme algo más sobre cómo te afectó esta situación? Estoy abierta a escucharte. (**Ofrecer:** *La mayoría de las personas valora la oportunidad de ser comprendida).*

Davey no se está disculpando por hacer algo mal y no se está responsabilizando de ningún error porque no lo hubo. Lo que sí está haciendo es reconfortar a Esa mediante la responsabilización, la observación, la descripción y el ofrecimiento.

En un inicio, la reparación se siente incómoda. Algunos de mis pacientes se han quejado: «Es extraño. Nadie habla así». Es cierto; a nadie se le *enseña* a hablar así. No es una forma normal de conversar, pero ¿qué tan eficaz es aquello que llamamos «normal»? A juzgar por la urgente y creciente necesidad de profesionales en salud mental, parecería que necesitamos una nueva normalidad para salir del estancamiento. Cuando trabajé en un centro de rehabilitación en Arizona con pacientes internados, pasaban horas jugando roles de límites y reparación. Uno de mis pacientes favoritos era Alex, un adicto en recuperación en sus veinte que tenía mal carácter y nada de paciencia. Durante sus primeras semanas en el programa, solía rugir durante la terapia de grupo y gritar: «Britt, esta es la forma más *ridícula* de hablar que jamás haya escuchado». Cuando concluyó el tratamiento, ya llevaba nueve meses sobrio, había regresado a la escuela y tenía un empleo de medio tiempo en una constructora que realmente disfrutaba. Pocos meses después de que dejó Arizona, me envió un mensaje de texto que me sigue sacando una sonrisa:

> Hola. Soy Alex. Estoy sobrio y me va muy bien. ¿Recuerdas el tonto ejercicio en el que todos teníamos que hacer reparaciones, y así? Bueno, pues funciona. Vaya que funciona, aunque lo sigo odiando.

Necesitamos una nueva normalidad para salir del estancamiento.

Lecciones clave

1. No puedes cambiar a tu pareja, pero *puedes* cambiar cómo respondes ante ella.
2. Cuando conoces tu lenguaje para el conflicto, es más probable que permanezcas en control durante las discusiones.
3. El conflicto es inevitable; *pelear* es opcional.
4. Crear un contrato para el conflicto puede ayudar a crear un marco seguro para las discusiones.
5. Si tu pareja y tú no quieren seguir el contrato para el conflicto, retírense.
6. Un requerimiento es cuando le pides a *otra* persona que haga algo. El poder de hacerlo o no recae en *esa* persona.

7. Un límite es lo que *tú* decides hacer en respuesta a las acciones de otra persona. El poder de hacerlo o no recae en *ti*.
8. Los limites *jamás* dependen de que la otra persona haga lo que quieres que haga.
9. La reparación es más eficaz que decir «Lo siento».
10. Hay cuatro pasos para reparar: *responsabilízate* por tus acciones; *observa* el impacto en tu pareja; *describe* tu plan para que no se repita; *ofrécete* a escuchar.

Qué hacer y qué no hacer

Qué hacer	Qué no hacer
Asegurarte de estar bien descansado, alimentado e hidratado antes de tratar de resolver un conflicto.	Discutir cuando no dormiste bien, tienes hambre o estás sediento.
Pensar en las formas en las que te sientes más seguro al discutir. ¿En persona?, ¿durante una comida?, ¿a través de Zoom?	Iniciar una discusión sin llegar primero a un acuerdo sobre las reglas.
Decir «Lo siento» por asuntos menores.	Decir «Lo siento» por asuntos mayores. Mejor usa los cuatro pasos para la reparación.
Preguntarle a tu pareja si quiere participar en el contrato para el conflicto, la reparación y los límites.	Ser pasivo-agresivo y dejar este capítulo marcado con un separador de libros en la mesa de noche de tu pareja esperando que capte la indirecta.

Reto de cinco minutos

1. Copia el cuadro de los cuatro pasos en un cuaderno. Luego ponlos en práctica con tu pareja en una situación menor. Por ejemplo:

1.	RESPONSABILÍZATE por tus acciones (**«Admito haber/ no haber...»**).
	Admito haber dejado los trastes sucios en el fregadero.
2.	OBSERVA la forma en que tu conducta afecta a tu pareja (**«Imagino que te habrás sentido...»**).
	Imagino que te habrás sentido frustrado.
3.	RESPONSABILÍZATE por tus acciones (**«Admito haber/ no haber...»**).
	En el futuro, lo evitaré programando una alarma 15 minutos antes para tener tiempo de limpiar la cocina.
4.	OFRÉCETE a escuchar si necesitan compartir algo que no hayas notado (**«¿Quieres decirme algo más sobre cómo te afectó esta situación? Estoy abierto a escuchar»**).
	¿Quieres decirme algo más sobre cómo te afectó esta situación?

6 EL COMPLICADO MUNDO DE LAS AMISTADES Y LAS RELACIONES AMOROSAS

Los miércoles usamos rosa.

Karen Smith,
Chicas pesadas

No hay nada como la furia de un grupito de quinto grado, especialmente si se trata de un grupo estereotípico de adolescentes de Long Island. ¡Brutal!

La parada de autobús de la primaria Tackan era el centro de las humillaciones diarias. Cada mañana rezaba para que el autobús llegara rápido. Durante años esperaba de pie aferrada a mis libros mientras el grupito de chicas pesadas se juntaba para chismear. En ocasiones, una de ellas volteaba, me lanzaba una mirada fulminante y producía un chasquido maléfico. Los días lluviosos eran los peores. Alicia, la cabecilla (y mi archienemiga durante toda la secundaria), invitaba a las chicas a su casa para que no se mojaran y estuvieran cobijadas hasta que el autobús llegara. Yo me paraba bajo el letrero de alto en la esquina y ellas miraban desde la casa cómo me empapaba. Luego llegó el fatídico día en el que decidieron robarse mi libro de calcomanías. Si naciste después de la década de 1990, probablemente no conozcas estas preciadas reliquias de la infancia. Antes de Minecraft, Roblox y Disney Plus, existían los libros de calcomanías: álbumes para coleccionar calcomanías. El mío era mi tesoro, pues estaba repleto de calcomanías de unicornios coloridos de Lisa Frank (sin parentesco), con textura peluda, brillantes y con aroma. De vez en cuando iba a la tienda de calcomanías y elegía algunas que agregaba cuidadosamente a mi libro. Los ositos cariñositos, Rainbow Brite, Rosita Fresita... adoraba mi colección de calcomanías. Entonces, en un tempestuoso día nevado en la parada del autobús, Alicia me lo quitó de las manos, lo arrojó a un enorme charco de lodo y se rio mientras se hundía.

¿Por qué te cuento esta historia? Las amistades son complejas en cada etapa. A las mujeres se nos enseña a odiar, temer, despreciar, envidiar, comparar y destruir a otras mujeres desde una temprana edad, y la dinámica no cambia mucho al crecer. La cafetería como zona de batalla evoluciona al drama de mamás en el transporte escolar; la presión de la reina del baile evoluciona al juego «¿Quién será la presidenta de la junta de padres de familia?». Las amistades adultas pueden sentirse elusivas y efímeras. Lo entiendo, créeme. No fue hasta mediados de mis treinta que comprendí la magia curativa de las relaciones.

Las amistades no son un lujo, son tan importantes para tu salud como el agua dulce y el aire limpio. La pandemia de 2020 proyectó una luz intensa y reveladora sobre las consecuencias de la soledad y el aislamiento. Como declaró poética pero erróneamente el venerable autor C. S. Lewis en su libro *Los cuatro amores*: «La amistad es innecesaria, como la filosofía, como el arte [...]. No tiene valor de sobrevivencia; más bien es una de esas cosas que le dan valor a la sobrevivencia». La ciencia demuestra que en realidad la amistad sí tiene valor para la sobrevivencia. La doctora Brené Brown señala en *Los dones de la imperfección*: «Estamos biológica, cognitiva, física y espiritualmente programados para amar, ser amados y pertenecer. Cuando esas necesidades no se satisfacen, no funcionamos de la manera en que deberíamos [...] la ausencia de amor y pertenencia siempre conllevará sufrimiento». A pesar de que la ciencia valida repetidas veces que la amistad es esencial para una vida sana, la idea de que las amistades son mucho más que una frivolidad intrascendente puede ser difícil de vender. Sugerir que la amistad es imprescindible biológicamente es una idea *especialmente* difícil de pregonar en una sala llena de directoras ejecutivas (el grupo más formidable al que he dado un discurso de apertura).

El *penthouse* del resplandeciente rascacielos resonaba con poderosa energía de *networking* al tiempo que llegaban hermosas y brillantes mujeres. En cuanto a mí... Me encontraba acurrucada en un baño tratando de no vomitar, enviando frenéticamente mensajes de texto a mi terapeuta y limpiándome el sudor de las manos. Décadas de mensajes del tipo «las mujeres son crueles» invadieron rápidamente mi mente. Tuve que aplicar cada truco mental (lee el capítulo 3) que tenía en mi arsenal para recordarme que *no* estaba en la parada de autobús de la esquina y que ya no era una niña esperando en el exilio a que llegara el transporte para ir a la escuela. Nota: Si puedes identificarte con la experiencia de sentirte de pronto minimizado, agobiado y más joven que tu edad cronológica, analizaremos la regresión emocional en el capítulo 9.

¿Que cuál era el título de mi conferencia? «La ciencia de la interacción social: por qué la amistad no es opcional». Con cincuenta duras miradas posadas sobre mí con escepticismo, me paré derecha, fingí una sonrisa y comencé la presentación. Noté que algunas cejas se alzaban con curiosidad ante las impactantes estadísticas de un artículo de *Harvard Women's Health Watch*: «Un estudio que analizó datos de más de 309 000 personas halló que la falta de relaciones sólidas aumenta en un 50% el riesgo de tener una muerte prematura por cualquier causa: un efecto en el riesgo de mortalidad que apenas se compara con fumar hasta 15 cigarros diarios y que es mayor que el de la obesidad y la inactividad física».[1] La energía de la habitación comenzó a cambiar. Se ampliaron los murmullos de sorpresa cuando escucharon sobre Susan Pinker, conferencista de TED, autora galardonada, psicóloga y columnista de ciencias sociales en *The Wall Street Journal*. Pinker escribe en *El efecto aldea* que «dejar de mantenerse en contacto cercano con las personas que son importantes para ti es, al menos, tan peligroso para tu salud como el hábito de fumarse una cajetilla diaria, la hipertensión o la obesidad».

Al final, la muralla en la sala se derrumbó: se descruzaron los brazos y los rostros estoicos se relajaron para formar sonrisas, y se dio una profunda e íntima conversación. Las cabezas afirmaban vigorosamente y algunas mujeres hasta se reían mientras nos compadecíamos del implacable crítico interno, el síndrome del impostor y la molesta sensación de soledad que *todas* compartíamos. Una de las asistentes, la doctora Michelle Robin, quien era una renombrada escritora, conferencista y defensora aguerrida del bienestar, se convirtió en una buena amiga. En una de nuestras pláticas durante una caminata el verano siguiente, me dijo: «Todos hablan de que el ejercicio es un factor para el bienestar, pero necesitamos recordatorios sobre las otras cosas que también son importantes».

La amistad es una necesidad para la salud, no algo que debemos arrojar al fondo de nuestra pila de prioridades. Si tienes dificultad para encontrar amistades, este capítulo destacará tres datos cruciales que necesitarás para salir del estancamiento. Si tienes un grupo de amistades con las que sientes frustración constante, este capítulo te ayudará a entender por qué y te brindará una nueva forma de pensar en cuanto a tus conexiones sociales. Debido a que la dinámica de la amistad es similar a la de las relaciones amorosas, también puedes aplicar los principios para encontrar amistades en el mundo de las citas.

Existen muchos libros y recursos sobre *por qué* es importante tener amistades, así como innumerables entradas de blog y episodios

[1] Harvard Health Publishing. (1 de diciembre de 2010). «The Health Benefits of Strong Relationships». Staying Healthy.

de pódcast que sugieren *cómo* encontrarlas. Sin embargo, a menudo nuestras metas en cuanto a la amistad se quedan confinadas en el terreno de la ilusión porque la literatura sobre la amistad se enfoca principalmente en el por qué y el cómo, e ignora el *qué*. ¿Qué constituye una amistad adulta?, ¿qué papeles quieres que desempeñen tus amistades?, ¿qué mito sobre la amistad tóxica se inmiscuyó en tu sistema de creencias? Las respuestas a estas preguntas son clave para desbloquear una vida social satisfactoria y crear lo que llamo las *tres «D»* para encontrar amistades:

1. *Diferencias* entre las amistades en la infancia y la adultez.
2. *Definir* los papeles que queremos que nuestras amistades desempeñen.
3. *Deconstruir* los seis mitos de la amistad.

Diferencias entre las amistades en la infancia y la adultez

Durante una sesión de ludoterapia, una de mis pacientes de 7 años estaba concentrada jugando con la casa de muñecas. Hizo una pausa, lanzó una mirada pensativa a las muñecas de plástico en el sillón miniatura y me dijo con toda intención: «Amy es mi mejor amiga, pero Braelyn es mi *mejor* amiga. Le cuento *todo*, ¡y vamos a ser amigas hasta que estemos viejitas como tú!».

Una distorsión cognitiva (de pensamiento) que nos mantiene estancados en la idea de que las amistades de la infancia y las de la adultez se rigen por las mismas reglas. No es así. Las amistades en la infancia son más fáciles porque (excluyendo factores de opresión como la pobreza) comportarse como adulto es cuestión de adultos. Los niños no tienen que preocuparse por pagar la hipoteca, preparar comidas o conducir en el tráfico en hora pico. Los niños también tienen el beneficio del *principio de proximidad*, un término acuñado por los científicos sociales, el cual establece que la frecuencia y la proximidad predicen en gran medida la atracción. Los niños, los adolescentes y hasta los estudiantes universitarios se ven todos los días en clase, en el vecindario o en el campus, y estos encuentros mitigan enormemente las barreras de la amistad. El siguiente cuadro ilustra distinciones importantes entre las amistades de la infancia y la adultez.

AMISTADES EN LA INFANCIA EN COMPARACIÓN CON LAS AMISTADES EN LA ADULTEZ

Amistades en la infancia	Amistades en la adultez
No hay preocupación por comportarse como adultos.	Se dan *todas* las preocupaciones de comportarse como adulto
¡Nos vemos TODOS LOS DÍAS!	Las reuniones son poco frecuentes y, a menudo, difíciles de programar.
Nos peleamos como hermanos, pero al final siempre nos reconciliamos.	Las amistades adultas sanas pueden experimentar *conflicto*, pero no incluyen peleas. Si te *peleas* con frecuencia con un amigo, tal vez sea momento de revaluar la amistad.
¡Seremos amigos POR SIEMPRE!	Las amistades adultas aparecen y desaparecen de forma orgánica con el tiempo.
¡Mi mejor amigo y yo nos contamos TODO!	Los límites sobre qué compartir, cuándo y con quién son cruciales para mantener una seguridad emocional.

A la mayoría de nosotros no se nos enseña a transitar la dinámica de la amistad como adultos, así que tiene sentido que estemos estancados. Cuando te permites redefinir la amistad, amplías tu objetivo y aumentas la probabilidad de dar en el blanco. Así es como lucen los permisos para mí. Siéntete libre de tomar lo que te sirva y agregar los tuyos:

- Me doy permiso de ver a mis amigos con poca frecuencia.
- Me doy permiso de aceptar la realidad de que las amistades aparecen y desaparecen con el tiempo.
- Me doy permiso de disfrutar distintos niveles de amistad, no solo «mejores amigos».
- Me doy permiso de alejarme de cualquier amistad que siga representando un gran conflicto.
- Me doy permiso de abandonar las reuniones temprano.
- Me doy permiso de no participar en amistades que drenan mi energía.
- Me doy permiso de decir no a *baby showers*, bodas y fiestas de compromiso.

Imagina las posibilidades. Con el permiso de abordar las amistades desde la *autenticidad* en lugar de como piensas o quisieras que fueran las cosas, te liberas del pozo del resentimiento. ¿Qué podría abrirse si te permites definir con autenticidad y valentía lo que es la amistad para *ti mismo*? Luciría totalmente diferente a lo que consideras normal. Algunas de mis personas favoritas en el mundo son las que veo solo una vez al año, pero incluso si nuestro contacto es poco frecuente, el tiempo que pasamos juntas llena mi tanque. Las llamo mis «amistades escorpión». Los escorpiones comen un tercio de su peso corporal en solo una comida y pueden pasar sin problema todo un año sin comer. Las amistades escorpión me funcionan porque soy una introvertida a ultranza y requiero una cantidad exorbitante de tiempo a solas. Quizá tú tengas ansias de contacto diario con tus amigos, así que las amistades escorpión *no* funcionarían para ti. (Los colibrís necesitan comer diario, así que posiblemente te parezca que los amigos colibrí son la mejor alternativa).

Una vez que te otorgues permiso para personalizar las *reglas* de la amistad, es momento de pensar en los *papeles*. Todas las investigaciones sobre cómo encontrar amistades y por qué las necesitamos son útiles hasta cierto punto, pero si no sabes qué papeles *específicos* están dispuestos a desempeñar tus amigos, es probable que termines frustrado. Piensa en un director de reparto de Hollywood; *primero* debe considerar el papel y *después* asegurarse de que el actor sea el adecuado. En sus memorias *Love Life* [Vida amorosa], el actor Rob Lowe[2] escribe: «Creo que fue Alfred Hitchcock quien dijo que el 90% del éxito de una película radica en la elección del reparto. Sucede lo mismo en la vida».

Definir los papeles que queremos que nuestras amistades desempeñen

Como adulto, puedes decidir de forma consciente qué papeles son más importantes para *ti*. Advertencia: la cultura pop *no* te permite hacer esto; aun así, hazlo. En las películas, los libros y la televisión, las amistades vienen solo en tres variedades: mejores amigos, vecinos insufribles y amienemigos. Es probable que hayas aprendido que las amistades que no pertenecen a tu *círculo más cercano* no son valiosas ni valen la pena. Si ya cuentas con un grupo de amistades muy unidas, quizá no necesites o quieras otras variedades. Cuando comienzas desde cero, es abrumador pensar en el abismo que existe entre *no tener amistades* y tener *amistades verdaderas*. ¿Y si no necesitaras que *todas* tus amistades fueran profundas y cercanas?, ¿y si (redoble de tambores) pudieras tener amistades geniales a quienes adoras, pero en las que *no* confías?

> Espera un segundo. ¿Cómo puedes tener amistades sin confianza?, ¿no se supone que la confianza es lo más importante en una amistad?

No exactamente. Considera esto.

Tengo una querida amiga con la que me encanta practicar senderismo. Es el tipo de amiga divertida con la que haces cosas geniales, pero también es una mentirosa compulsiva; lo sé y ella sabe que lo sé, pero a ninguna nos importa. No nos vamos a tomar un

---

[2] Para mí, Rob Lowe será por siempre Samuel Norman Seaborn de *El ala oeste de la Casa Blanca*. ¡Una NUEVA VERSIÓN, por favor, Aaron Sorkin!

café y tenemos conversaciones íntimas, sino que escalamos, nos reímos y la pasamos genial juntas. Debido a que su papel es el de «compañera de senderismo», sí necesito confiar en que cruzará el sendero y me ayudará si me caigo, pero no necesito confianza emocional para que la amistad funcione.

En *Anam Cara. El libro de la sabiduría celta*, John O'Donohue refiere: «Un amigo es un ser querido que despierta tu vida para liberar las posibilidades inimaginables dentro de ti». Mi compañera de senderismo me impulsa a probar cosas nuevas; me alienta, literalmente, a escalar más alto y alcanzar más lejos. Ella despierta posibilidades inimaginables dentro de mí. Forzarla a jugar un papel que no le ajusta (como el de confidente confiable) generaría una dinámica altamente conflictiva. Si le hago ver la imprecisión de sus historias, se pondría a la defensiva e, inevitablemente, se iniciaría una pelea. Sin embargo, debido a que tengo claro quién es y acepto el rol que está dispuesta a desempeñar, nuestra amistad *no* requiere amor, profundidad o vulnerabilidad. Las amistades pueden estar plagadas de dificultades porque los papeles que *queremos* que desempeñen discrepan de quienes son en realidad. Tener conciencia de los roles facilita un cambio poderoso del resentimiento al disfrute. Es importante definir lo que en verdad significa la *confianza* en los papeles específicos que cumplen tus amistades; tener una ideología generalizada de «debo confiar en mis amigos» no lo es.

El manejo de las expectativas y la aceptación radical no son lo mismo que conformarse con menos. En un mundo ideal, sí, *todas* nuestras amistades serían dignas de confianza, seguras y almas compañeras de vida. En ese mismo mundo ideal, también tendríamos orgasmos diarios, piel libre de espinillas, antojo de col rizada y perros que no se orinan en las cobijas recién lavadas. No vivimos en ese mundo. Por fortuna, cuando nos deshacemos de nociones idealistas y romantizadas sobre la amistad, nuestras opciones se expanden radicalmente. Esto también aplica para las relaciones amorosas. Cada relación de nivel diez comenzó en el nivel uno. Si no quieres comenzar con amigos de peso ligero, es poco probable que se manifiesten relaciones de peso pesado de manera espontánea. Si estás estancado en una zona aislada libre de amigos, tal vez sea útil que consideres primero como luciría una amistad «superficial».

¿Amistades superficiales? ¿En serio?

Sigue leyendo. ¿Cuándo aprendimos que la parte profunda de la alberca es el único lugar donde se da la diversión? La palabra *superficial* tiene mala reputación. Se considera que las personas superficiales son insulsas, pero el agua poco profunda es donde aprendiste a nadar. Las conversaciones superficiales se consideran intrascendentes, pero del mismo modo que los peces pequeños y la vida silvestre crecen en los bajíos, las amistades también lo hacen. Me encanta la canción de Lady Gaga «Shallow» (superficial), pero las aguas profundas *no* son un lugar seguro para nadar cuando estás aprendiendo una habilidad nueva, especialmente en el ámbito de las amistades y las relaciones amorosas. A los personajes de Lady Gaga y Bradley Cooper, Ally y Jack, no les fue bien en *Nace una estrella*, a pesar de la popularidad de su balada ganadora del Óscar. Las amistades superficiales son muy válidas como parte del mapa de tu mundo social. Con mis pacientes uso una matriz en la que hay que llenar los espacios en blanco para que diseñen de manera consciente un círculo social. Comenzamos encontrando personas para la parte superior y la inferior, y luego creamos estrategias para llenar los costados.

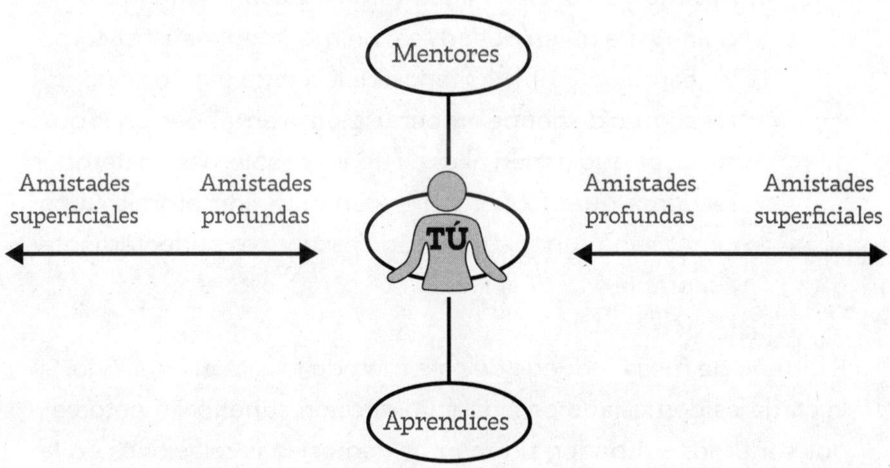

- **Amistades (dos de cada lado).** A fin de evitar el apego no sano, necesitamos una variedad de pares de diferentes partes de tu vida. Un lado puede representar amistades del trabajo, y el otro, amistades de la escuela de tus hijos, como otros padres. Estas amistades pueden ser una mezcla de relaciones superficiales y profundas. Quizá *desees* profundidad, pero solo puedes acceder a personas superficiales en este momento. Date permiso de practicar tus habilidades de amistad y disfrutar el chapoteo en la parte poco profunda de la alberca. Al tiempo que desarrollas tus músculos de la amistad, aumentará tu capacidad para nadar a mayor profundidad.

- **Mentores o maestros (uno o dos).** Tener personas que puedan *ayudarte* contribuye a evitar el agotamiento y la fatiga de la amistad. Encuentra a alguien que tenga una cualidad que admires, que haya hecho algo a lo que aspiras o que tenga la capacidad de brindarte apoyo emocional sin querer cambiarte. Lo maravilloso de estas relaciones es que técnicamente no tienen que ser amigos; los terapeutas, psicólogos, *coaches* y maestros entran dentro de esta categoría.

- **Aprendices o protegidos (uno o dos).** Encuentra a alguien para quien *puedas* ser un mentor o maestro, como un estudiante universitario, adolescente o niño. Si no estás seguro de dónde empezar, piensa en las personas que conoces que tienen hijos. Si tienes problemas de tiempo, recuerda que no se requiere un gran compromiso; una cena al año con tu sobrina adolescente es perfectamente aceptable.

El diseño de mesa redonda de este método facilita el equilibrio. Si la carga es demasiado pesada en la sección superior (mentores), nos sentimos sin poder; si tenemos demasiadas relaciones en la parte inferior (aprendices), podemos sentirnos extralimitados y sin apoyo, por lo que existe una gran probabilidad de que desarrollemos un ego desmesurado; si solo tenemos pares en uno de los lados, nos volvemos susceptibles a la dependencia; incluso si tenemos pares en ambos lados, pero la parte superior o inferior está vacía, nos perdemos valiosas oportunidades de crecimiento. La resistencia que obtengo generalmente es la siguiente: «Pero, Britt, ¡encontrar personas es demasiado trabajo!». ¿Mi respuesta? *Cuesta la misma cantidad de energía estar solo e infeliz que construir un círculo social.*

Diríamos que requiere más energía sentirse infeliz que entablar relaciones, especialmente cuando tienes carta blanca para lanzar por la ventana las nociones perfectas de Instagram sobre la amistad. Recuerda las tres «D» para encontrar amistades: primero redefine lo que la amistad significa para ti como adulto (*diferencias*), luego asigna papeles al reparto en la película de tu vida (*definir*), y la tercera y última «D» de la triada, *deconstruye* los seis mitos principales sobre la amistad adulta.

Deconstruir los seis mitos principales de la amistad adulta

Seis mitos sobre la amistad adulta

1. Las buenas amistades aconsejan.
2. Las amistades adultas son fáciles y naturales.
3. Necesitas un mejor amigo.
4. Debes invertirle mucho tiempo; de lo contrario, eres un mal amigo.
5. Debes tener amistades reales; las de las redes sociales no cuentan.
6. Las amistades son para siempre.

Mito: las buenas amistades aconsejan

Muchos de mis pacientes revelaron que buscaban terapia porque es el lugar donde *no* reciben consejos. Aunque para las amistades es natural compartir sugerencias sobre la vida, por lo general es más útil *ofrecer contención emocional*, más que *darles consejos.* Ofrecer contención emocional significa escuchar con compasión y sin juicio o esfuerzos para cambiar al otro. Las personas con habilidad para la contención emocional hacen preguntas reflexivas, pero no pretenden saber qué es lo mejor. Para los terapeutas, la intención de la contención emocional es ayudarle a la persona a llegar a su verdad, más que tratar de venderle la *nuestra*. Se aplica lo mismo con las amistades.

Mito: las amistades adultas son fáciles y naturales

La cultura te hace creer que las amistades adultas son tan fáciles como respirar. Nada de eso. *Todas* las relaciones (incluidas las amistades) requieren habilidad, tiempo y esfuerzo para desarrollarse y prosperar.

Mito: necesitas un mejor amigo

El mito nos lleva a recordar las diferencias entre amistades en la infancia y en la adultez. Tener un mejor amigo es aspiracional, pero cuando eres adulto, no siempre es posible. Por fortuna, no es necesario tener uno para cosechar todos los beneficios de la conexión social. Vuelvo a citar a Perel: «Hoy en día, recurrimos a una sola persona para que nos proporcione aquello que alguna vez proporcionó toda una aldea: una sensación de pertenencia, significado y continuidad [...] ¿acaso debería sorprendernos que tantas relaciones se derrumben bajo todo ese peso?». Aunque la cita se refiere a las relaciones de pareja, el sentimiento también se aplica para las amistades. No necesitas encontrar a tu mejor e *inigualable* amigo.

Mito: debes invertirle mucho tiempo; de lo contrario, eres un mal amigo

Este mito hace que muchas conexiones maravillosas y satisfactorias queden fuera de nuestro alcance. Esto es lo que llamo el *ciclo de estancamiento* «Pongámonos al corriente», el cual se da como resultado del mito del tiempo (presiento que te identificarás):

> *Paso 1:* Extrañas a tu amigo, así que consideras llamarlo.
> *Paso 2:* Quieres llamarlo, pero te percatas de que ha pasado mucho tiempo desde que lo hiciste por última vez y ahora te sientes mal.
> *Paso 3:* Piensas que necesitas pasar al menos una hora al teléfono para compensar el tiempo que ha pasado desde la última vez que lo llamaste.
> *Paso 4:* ¿Una hora?, ¿quién tiene una hora libre? Tú no. Olvídalo. No llamas.
> *Paso 5:* Sientes vergüenza.
> *Paso 6:* Se repite el ciclo.

El ciclo es innecesario y fácil de arreglar. Siempre que la definición de amistad esté clara entre tú y tus amistades, no hay razón para sentir vergüenza por no tener unas horas libres para ponerse al corriente. Lilja, mi amiga más cercana de la universidad, y yo no nos hemos visto por años, ya que ambas llevamos vidas muy ocupadas. Hace mucho tiempo se acabaron las horas de ocio sentadas en las pintorescas bancas del campus en las que intercambiábamos historias de guerra sobre chicos y nos estresábamos por las clases. Creamos lo que llamamos los *cinco minutos para ponerse al corriente* para sortear la expectativa de tener conversaciones de larga duración. Los cinco minutos para ponerse al corriente son exactamente lo que parecen. Este truco en la amistad elimina la presión de encontrar tiempo, suprime la vergüenza de sentirse un mal amigo y establece una estructura que concuerda con nuestras realidades. Sin estas condiciones, es poco probable que la amistad siguiera existiendo.

Mito: debes tener amistades reales; las de las redes sociales no cuentan

Tu vida, tus reglas. Si las redes sociales son un espacio donde te sientes conectado, visto, validado y apoyado, no hay razón para descartar a tus amistades en línea. Las personas pueden crear espacios seguros y con conexión en persona y en línea. Aunque psicológicamente es preferible poder abrazar y conectar con las personas en un espacio tridimensional, es tan válido tener amistades en línea como tenerlas en el mundo real. Algunos de mis amigos más cercanos son personas con quienes nunca he compartido un espacio físico.

Mito: las amistades son para siempre

Las amistades no son para siempre. Permanecer en una relación por miedo a parecer desleal es una forma de autotraición. Dejar atrás personas y lugares es una parte natural de la travesía de la vida. A veces la travesía implica evolucionar nuestros límites, decir no o apartarse de una amistad. Ninguna regla indica que tienes que mantener a las personas en tu vida solo porque siempre han estado ahí. Aunque es triste dejar a atrás una amistad, está permitido sentirse triste y no querer quedarse en una relación que no es sana.

Existen millones de conceptos sobre la amistad que podrían ocupar un espacio en estas páginas. Cómo establecer límites, cómo decir «no», cómo transitar el conflicto y cómo preocuparse por las amistades sin sacrificar tu serenidad son temas importantes y útiles, pero si lo que queremos es dejar de sentirnos estancados, es necesario caminar antes de correr. *Diferenciar* entre las amistades de la infancia y las de la adultez, *definir* los papeles de tus amistades y *deconstruir* los mitos de la amistad son los ejes de una vida social floreciente. La conclusión más importante que espero que te lleves de este manual sobre conexiones sociales la describe mejor la experta en amistades Lydia Denworth: «La ciencia de la amistad te permite salir con tus amistades y considerarlo algo sano».

Ya que te subiste al tren de las-amistades-son-tan-importantes-como-las-verduras, la última sección de este capítulo se enfoca en la búsqueda de pareja. Si actualmente eres feliz con tu relación de pareja, puedes saltarte esta sección. Si estás en busca de una pareja o te cuesta encontrar una, te invito a que jales una silla para tener una charla informal sobre las relaciones que nos hacen sentir infelices y permanecer estancados. Hago una advertencia antes de adentrarnos: ninguno de los consejos que leas aquí (o en cualquier otro lugar) sobre relaciones tradicionales o el noviazgo es aplicable en situaciones de abuso. El abuso no es un problema relacional, de comunicación o del tipo «y si me esfuerzo más», sino del abusador, punto. Casi *nunca* se recomienda tomar terapia de pareja cuando el abuso es un factor. Si el abuso o la adicción activa forman parte de tu relación actual, la información que necesitas para salir del estancamiento está fuera del alcance de este capítulo.

Felices para siempre... y otros cuentos de hadas tóxicos

La industria cinematográfica definitivamente debería poner un aviso de advertencia en todas las comedias románticas. Mitificar el amor es un cuento ancestral: Bella y la Bestia, Edward y Bella, Sandy y Danny, Jack y Rose, Romeo y Julieta. Con frecuencia, las parejas de película que más idolatramos son los mejores ejemplos de lo que no debemos hacer en una relación. La ciencia y la psicología de las relaciones amorosas cuentan una historia muy diferente sobre nuestras parejas de ficción favoritas:

Pareja cinematográfica digna de suspiros	Dinámica relacional tóxica
Bella y la Bestia (*La bella y la bestia*)	Síndrome de Estocolmo (vínculo con el abusador), adicción al amor, abuso emocional, abuso físico, aislamiento, extorsión, narcisismo
Edward y Bella (*Crepúsculo*)	Acoso, abuso emocional, amenazas, abuso físico, aislamiento
Sandy y Danny (*Vaselina*)	Abuso emocional, cambiar quién eres para complacer a tu pareja, manipulación psicológica, engaño, mentira, agresión sexual
Jack y Rose (*Titanic*)	*Love bombing*, abuso emocional, problema de límites, la relación duró solo dos días, idealización, obsesión
Romeo y Julieta	Abuso emocional, problemas de límites, acoso, pésimas habilidades de comunicación, la relación duró solo cinco días

Antes de que me acuses de ser una aguafiestas del romanticismo, considera la ciencia de las relaciones amorosas.

Cuando las personas establecen una conexión, un volcán de químicos cerebrales erupciona. Un aluvión de adrenalina, dopamina y serotonina destruye nuestro sentido de la lógica, lo que genera que surfeemos por los estruendosos rápidos de las relaciones nuevas e ignoremos aspectos como comer, dormir y ver a las amistades. Aunque esto *no* es sostenible, el pico hormonal es una parte normal (y divertida) del cortejo. Toma alrededor de un año recalibrar y salir del estado de química cerebral de pareja «embriagante» hasta el punto en que se restablecen la percepción y el juicio. Intentar prolongar la fase de pico hormonal es como consumir cantidades masivas de azúcar con regularidad, lo que, al final, te lleva a sentirte enfermo. Para evitar los inconvenientes y los riesgos de las relaciones amorosas, es necesario conocer los cuentos de hadas tóxicos que nos mantienen a *todos* estancados.

- El amor lo puede todo.
- No te duermas enojado.
- La monogamia es la única opción.
- Debes pasar cada momento del día con tu pareja.
- Necesitas que alguien te complete.

El amor lo puede todo

Es posible amar a alguien profundamente y que aun así la relación no funcione. Aunque el amor sin duda lo conquista todo —espiritualmente hablando—, en la forma física humana tal como la experimentamos, el poder del amor es finito. Si su poder fuera infinito, el amor de una madre siempre sanaría a sus hijos; el amor de un cónyuge siempre curaría la demencia y el amor de un amigo siempre triunfaría contra la adicción. La presencia del amor no garantiza vivir felices para siempre. Comprender y aceptar las limitaciones humanas, salirnos de situaciones que no son sanas y comprometernos con la realidad nos mantiene sanos mientras transitamos nuestras relaciones románticas. Puedes estar en una relación solamente con una persona, no con su potencial. Creer en el potencial de alguien es un regalo hermoso y compasivo, siempre y cuando no te cueste tu propia seguridad emocional y física. Una vez, después de que una relación explotara, me senté en una calle bajo las luces tenues, acompañada de mi buena amiga Jenn. Fumaba Marlboros —uno tras otro— tan rápido como podía inhalarlos.

—¡Pero lo *amo*! —dije sollozando.

—Amiga, sé que así es, pero eso *nunca* será suficiente para hacerlo cambiar —respondió con calma.

> **Puedes estar en una relación solamente con una persona, no con su potencial.**

No te duermas enojado

Es un consejo añejo que entra en conflicto directo con la neurociencia. ¿Alguna vez has intentado tener una conversación racional sobre *cualquier tema* sin haber dormido bien? Es difícil. ¿Has intentado tener una conversación racional cuando no has dormido bien y estás enojado? El resultado es un desastre. En lugar de forzar la situación durante horas, tomar la decisión madura y respetuosa de darse tiempo y espacio para descansar ayuda a evitar que discusiones menores se conviertan en una guerra nuclear.

La monogamia es la única opción

Existen tantas expresiones de relaciones sanas como hay personas *en* relaciones. La monogamia es una opción; las relaciones abiertas, el intercambio de parejas (*swinging*), la monogamia flexible (*monogamish*) y el poliamor son todas opciones viables. En *Más que dos*, Franklin Veaux puntualiza: «El poliamor puede parecer amenazante porque contradice nuestra creencia de cuento de hadas de que la pareja adecuada nos mantendrá a salvo del cambio [...] el cuento de hadas nos dice que, con la pareja correcta, la felicidad simplemente sucede, pero la felicidad es algo que recreamos todos los días y se debe sobre todo a nuestra perspectiva de la vida, más que a aquello que nos rodea». He sido testigo de cambios profundos en pacientes que conscientemente han pasado de la monogamia a un estilo de vida que refleja mejor sus verdaderas necesidades y deseos. La no monogamia consensuada no es una licencia para la indulgencia hedonista. Todos los casos de no monogamia requieren habilidades de comunicación avanzadas, respeto y consideración. Aunque la monogamia es una opción perfectamente válida, si está basada en un arquetipo utópico, la relación se vuelve un terreno fértil para el engaño.

Debes pasar cada momento del día con tu pareja

Si tratas de crear una fogata con leños demasiado pegados, el fuego se apaga. Se necesita espacio y oxígeno para que las llamas se enciendan. Sucede lo mismo con las relaciones nuevas. Pasar mucho tiempo juntos aumenta la probabilidad de que la relación colapse por la presión. Tanto amistades como pacientes me han mirado como si estuviera loca cuando les comento que verse solo una o dos veces por semana es más que suficiente para cultivar una relación nueva. «*¡¿Qué?!* Eso no es suficiente. Quiero ver a mi pareja por más tiempo». Aunque entiendo el sentimiento, todas las relaciones necesitan espacio para prosperar.

Es tentador pensar que encontrar a tu alma gemela es un boleto exprés hacia la felicidad eterna. Si el vínculo de pareja fuera la llave maestra para la dicha, no tendríamos estadísticas de divorcio tan alarmantes. Encontrar pareja es la cereza de una vida plena, no la fuente de la vida misma. Aunque estamos tentados a ignorar a las amistades, a la familia y nuestros intereses para resguardarnos en la «cueva de la pareja», recuerda lo que mencioné al inicio del capítulo: una vida social activa promueve salud y crecimiento. Si de entrada no cultivas una base sólida de amistades, intereses y rutinas de autocuidado, aproxímate a las relaciones de pareja con extrema cautela. Conoces la frase «Se necesita una aldea para criar a un niño». Yo diría que *se necesita una aldea para forjar una relación.*

Necesitas que alguien te complete

Se nos enseña desde la infancia a buscar a alguien que nos complete, nos salve o nos haga sentir plenos. A las mujeres nos entrenan para ser damiselas en apuros en busca de caballeros de armadura brillante y creer que nos somos suficientes. Se nos enseña a creer que sin una pareja romántica terminaremos transformándonos en la viejita loca amante de los gatos.

NO.

Cuando te aproximas al mundo de las relaciones amorosas con una mentalidad de insuficiencia (la creencia de que te hace falta algo), la probabilidad de terminar en una relación poco sana es alta. ¿La razón? Porque las «relaciones basadas en la insuficiencia» generan apegos nocivos y una dinámica tóxica a la que llamo *vinculación por proyección*.

La vinculación por proyección se produce cuando te sientes atraído por las cualidades en la otra persona que *deseas*, pero crees *no tener*. Si sientes que no tienes poder, te atraerán las personas poderosas; si piensas que te hace falta creatividad, te atraerán los artistas. La cruda verdad es que ya posees todo lo que necesitas, aunque *parezca* haber evidencia que indique lo contrario. *Todos* tienen la capacidad de la creatividad; *todos* tenemos un genio interior. Hasta que integremos nuestras partes oscuras perdidas (lee el capítulo 4), continuaremos encontrándolas en otras personas y confundiendo la *proyección* con *atracción*. Los vínculos por proyección nos anclan en relaciones nocivas y crean terror ante la idea de *dejarlas*, porque abandonar*las* significaría abandonar*nos* a nosotros mismos. Cuando formamos un vínculo por proyección con otra persona, nos comprometemos en dinámicas dañinas en aras de conservar la relación. Los vínculos por proyección se potencian con la creencia de que nos hacen falta cualidades como belleza, talento, espiritualidad, liderazgo o inteligencia, y permanecemos en las relaciones, aunque destruyan nuestra cordura.

Conclusión. Las tres «D» de las relaciones de pareja

¿Recuerdas las «D» para encontrar amistades? Con algunas modificaciones menores, puedes aplicar los mismos principios a tu vida amorosa:

1. *Diferenciar* entre las relaciones de película y las relaciones reales.
2. *Definir* los papeles que queremos que nuestras parejas desempeñen.
3. *Deconstruir* los cuentos de hadas tóxicos que nos mantienen estancados.

Como recordatorio, cuando se trata de citas, no existen las «señales contradictorias». Si alguien está *interesado* y *disponible*, no se andará con juegos. Si *no* está interesado y *no* está disponible, lo sabrás de inmediato. Si alguien está interesado, pero *no* está disponible emocionalmente, sentirás confusión y ansiedad: interesado + no disponible = señales contradictorias. Una señal contradictoria es un signo claro de que debes declinar. El estado interesado + no disponible es donde vivirás la mayoría de las montañas rusas en el ámbito de las relaciones amorosas.

Usar las tres «D» brinda claridad y enfoque invaluables a tus aventuras de humanización. Cuando *identificas la diferencia* entre un romance de película y la realidad, cuando *defines* los papeles que quieres que tu pareja desempeñe y cuando *deconstruyes* los mitos de los cuentos de hadas tóxicos, ahorras una tonelada de tiempo al eliminar a las personas incompatibles. Creerse los mitos culturales sobre la amistad y las relaciones amorosas es como beber cloro para curar una infección viral: no funciona, no tiene fundamentos científicos y es extremadamente peligroso para la salud.

Lecciones clave

1. No tener amistades puede afectar tu salud tanto como fumar.
2. No necesitas tener un mejor amigo.
3. La confianza incondicional no es una meta realista (o necesaria) para las relaciones adultas.
4. Considera los papeles que quieres que tus amistades desempeñen y elígelas en consecuencia.

5. No quieras hacer encajar a tus amistades en papeles que no les ajustan.
6. Las amistades virtuales cuentan como amistades si así lo quieres.
7. La mayoría de las parejas en películas y series de televisión (incluso nuestras favoritas) son tóxicas.
8. No es sano pasar cada momento del día con tu pareja.
9. Algunas veces, el amor no es suficiente para sostener una relación.
10. Al cerebro le toma alrededor de un año salir del estado de química de pareja «embriagante».

Qué hacer y qué no hacer

Qué hacer	Qué no hacer
Buscar si hay alguien en tus contactos con quien puedas reconectar.	Tratar de encontrar un mejor amigo. Está bien tener amistades superficiales cuando estás iniciando.
Ser honesto contigo mismo sobre los tipos de amistades que en verdad deseas tener en comparación con los tipos de amistades que piensa que deberías tener.	Traicionarte asistiendo a eventos que preferirías evitar para pasar tiempo con personas que no te agradan.
Tomarte el tiempo necesario para reflexionar sobre lo que valoras en una relación romántica.	Pensar que necesitas tener una relación que se parezca a la de alguien más. Haz lo que tenga más sentido para tu situación única.
Darte permiso de establecer límites de tiempo con las amistades y las parejas.	Forzarte a pasar cada momento del día con una amistad o pareja. Las relaciones requieren espacio para prosperar.

Retos de cinco minutos

1. Escribe una tarjeta de permiso para ti mismo que diga: «Me permito ___________ [decir no a las bodas, minimizar el tiempo, no quedarme en el teléfono por horas, etc.] con mis amistades».

2. El papel que más necesito que mis amistades desempeñen hoy en día en mi vida es _____________ [consejero, confidente, acompañante, oyente, proveedor de alimentos, niñero, etc.].

3. Regresa a la matriz de la amistad de la página 151, cópiala en un cuaderno y llénala con tanta información como puedas.

4. Si la matriz tiene espacios en blanco, piensa en una o dos maneras con las que podrías encontrar personas para llenarlos.

7 FAMILIA EMOCIONALMENTE INHÁBIL

Pienso que las familias disfuncionales son todas aquellas integradas por más de un miembro.

MARY KARR

Cuando piensas en las familias ficticias más sanas, felices y altamente funcionales, ¿quién te viene a la mente?, ¿Danny Tanner y sus francas conversaciones en *Tres por tres*?, ¿el tío Phil y sus severos pero motivacionales discursos en *El príncipe del rap*?, ¿la familia Rose y su actitud siempre determinada en *Schitt's Creek*?, ¿los imperfectos pero adorables Belchers de *Bob's Burgers*?

No.

La familia ficticia más sana, feliz y altamente funcional de todos los tiempos es (agárrate) la familia Addams.[1]

Aunque *Los locos Addams* parece a simple vista ser un programa lleno de fatalismo, miseria y locura, del tipo «Demonios,

---

[1] Dato curioso: el lema de la familia Addams es *Sic Gorgiamus Allos Subjectatos Nunc* o «Nos deleitamos con gusto con aquellos que nos subyugan». Me encanta el espíritu, pero pienso que la traducción del latín es probablemente incorrecta.

¿quiénes son estas personas?», un vistazo más cercano revela una historia diferente. Considera los siguientes hechos:

- Morticia y Homero disfrutan de un matrimonio sólido con mucho sexo apasionante.
- La familia da un gran valor a la autoexpresión individual.
- Morticia y Homero tienen cada uno sus propios intereses, pasatiempos y apoyos sociales.
- Los extraños son bienvenidos en la familia.
- Nunca hay gritos, golpes, ni abuso... sin consentimiento.
- Son una familia multigeneracional que vive en armonía bajo el mismo techo.

No es seguro intentar los *hobbies* de la familia Addams en casa: jugar con sillas eléctricas o beber cianuro te mataría, pero su *dinámica* familiar está tomada directamente del manual «así es como luce una familia sana». He visto el daño que causan las familias tóxicas: las madres narcisistas, los padres ausentes, los parientes que cometen abuso sexual, la violencia doméstica, la adicción a las drogas. Como miembro de una familia disfuncional, podría quedarme durante años en la sección «mi familia está loca» de la librería.

Pero ¿qué tal si *no* te identificas como un sobreviviente de abuso infantil?

Si por lo general tu familia navegaba sin volcarse, quizá sientas culpa por tener *algunas* quejas. Tal vez provengas de una familia que no es abiertamente abusiva; puede que tu familia haya tenido suficiente comida en la mesa y ninguna preocupación por pagar las cuentas, pero aun así te sientes herido, y con enojo, dolor o tristeza por palabras hirientes o acciones desconsideradas. Si tienes una familia relativamente sana, es probable que hayas ocultado tu dolor y albergado culpa por sentirte así. Quizá sientas vergüenza y pienses: «Mi vida familiar es bastante buena. ¿Por qué me siento tan mal?» o «No provengo de una familia disfuncional, ¿cuál es el problema entonces?».

Este capítulo es para ti.

Todos provenimos de familias disfuncionales. Una *familia disfuncional* no es una categoría, sino un *continuo*. Si provienes de una familia altamente tóxica y abusiva, te entiendo. La información en este capítulo está dirigida más que nada a familias relativamente funcionales, pero puede aplicarse a cualquier situación. *Cada* familia entra en una parte del continuo de la disfunción. Si eres el producto de la colisión entre un óvulo y un esperma, es inevitable que sufras heridas causadas por tu familia. ¿Por qué? Todas las familias humanas están integradas por personas y las personas no son perfectas. En *Love is not enough* [El amor no es suficiente], David W. Earle puntualiza: «Los padres heridos a menudo, sin intención, infligen dolor y sufrimiento en sus hijos, y esas heridas de la infancia producen una extensa lista de conductas desadaptativas». El dolor provocado sin intención sigue siendo dolor y tienes derecho a sentir lo que sientes.

Las familias «normales» también causan trauma

Los participantes del programa de Doce Pasos usan la expresión «Normal es solo un programa en tu lavadora». Las familias normales no existen. Para propósitos de este capítulo, utilizaremos la palabra *normal* para describir familias que no presentan altos niveles de disfunción como condiciones de abuso o entornos inseguros.

En mi consultorio, constantemente escucho a las personas provenientes de supuestas familias normales decir:

- «Otras personas viven en peores circunstancias».
- «No es como que haya sufrido abuso».
- «Es absurdo que me sienta mal. Tuve una infancia genial».
- «Me siento mal por irritarme con mi mamá. Hizo un gran trabajo al criarme».
- «Mi papá tiene buenas intenciones. No debería molestarme lo que dice».

Lo dije antes y lo repetiré: la perspectiva es sana; la comparación, no. No estás loco por sentir ira, dolor y tristeza por tu familia, pues *todas* causan heridas emocionales. En el capítulo 3, se definió *trauma* como una indigestión cerebral. Otra definición viene de Meadows of Wickenburg, un centro de tratamiento residencial en Arizona y el punto de referencia de todo lo relacionado con trauma, adicción y salud mental. Este centro define el *trauma* como «cualquier experiencia que esté privada de apoyo o cuidado». Si cualquier experiencia privada de apoyo o cuidado puede causar trauma, todos lo vivimos (en cierta medida) y todos lo causamos (en cierta medida). A menudo los padres me dicen: «Tengo miedo de cometer errores con mis hijos». Mi respuesta es «No debes temer a la "posibilidad" de cometer errores con ellos. Está 100% garantizado que lo harás».

¿En serio?

Está 100% garantizado que cometerás errores con tus hijos porque eres *100% humano*, pero no debes flagelarte por equivocarte o regarla. Al no haber tenido hijos por decisión propia, no hablo el lenguaje parental, pero como ludoterapeuta profesional, domino el lenguaje de los niños. Puedo garantizar que cometer errores (no intencionales) *no* los perjudica. Lo que los perjudica son heridas infligidas con intención, padres que se rehúsan a responsabilizarse de sus errores cuando los cometen y factores del entorno fuera del control parental. Mi amiga y colega Vanessa Cornell, madre de cinco y fundadora de NUSHU, una comunidad de sanación de mujeres, señala: «Estoy orgullosa de ser la hija imperfecta de padres imperfectos, así como la madre imperfecta de hijos imperfectos». Tus hijos no necesitan tener padres perfectos, sino padres humanos que también les enseñen cómo ser *humanamente* imperfectos.

En *Las cinco personas que encontrarás en el cielo*, Mitch Albom explica: «Todos los padres perjudican a sus hijos. Es inevitable. La juventud, como un cristal inmaculado, absorbe las huellas de quienes la manipulan. Algunos padres causan manchas; otros, grietas. Unos pocos destrozan la infancia en pedacitos puntiagudos». El objetivo de la paternidad no es la perfección. Los padres sanos no evitan los errores, los *identifican* y hacen lo posible por *corregirlos*. Recuerda que este capítulo no es un ataque a tus padres ni una crítica a tus prácticas de crianza. A menos que exista abuso, la mayoría de las familias no encaja perfectamente en las categorías de buena y mala, así que más bien usaremos los términos *emocionalmente hábil* y *emocionalmente inhábil*.

Qué es una familia

Para propósitos de este capítulo, *familia* se define como las personas con las que pasas la mayor parte del tiempo desde el nacimiento hasta la edad de 16 años.[2] Esto incluye padres, familia extendida, niñeras, vecinos y cualquiera en tu hogar que estuviera a cargo de tu cuidado. La información aquí presentada no requiere que culpes a nadie; no es necesario que cortes contacto con tu hermano o confrontes a tu madre. Quizá descartes rápidamente heridas emocionales de bajo impacto pensando algo como «No fue para tanto... a otras personas les va peor». Pero con el tiempo, estas heridas pueden tener un efecto en tu sentido del merecimiento y bienestar. No entrecierras los ojos frente a la computadora y piensas: «Bueno, los problemas oculares de otras personas son peores, así que no merezco ir al optometrista». Tienes derecho a sentir y a sanar tu dolor emocional, incluso si tu familia es fabulosa.

Un resumen muy breve sobre el apego y la crianza

Existen miles de libros y artículos sobre crianza y apego. Para salir del estancamiento, no necesitas leer todo ese material, pero sí ayuda tener una comprensión práctica de las teorías de la crianza

[2] En muchas culturas, el concepto de *familia* es diferente. La definición usada aquí no es la única, pero al ser apenas el contenido de un capítulo, elijo limitar el alcance del tema.

y los estilos de apego a fin de que sepas lo que se *supone* que ocurrió. No entres en pánico si tu familia encaja en una de las categorías menos ideales. No tienes que llamar a tus padres y gritarles: «Me arruinaste con tu forma de crianza y por eso ahora tengo problemas para relacionarme íntimamente». Repito: esta información *no* debe usarse para culpar a tus padres o sentir vergüenza por tus prácticas de crianza. Maya Angelou puntualizó «Hice entonces lo que sabía hacer. Ahora que mi sabiduría es mayor, actúo mejor». Identificar los vacíos en las habilidades de tu familia te permite actuar mejor y salir del estancamiento. Como describe David W. Earle: «muchos de los hábitos de las familias disfuncionales no se deben a la falta de amor, sino al miedo. Conocer los hábitos y conductas que limitan el amor en las familias disfuncionales es un excelente comienzo para reducir el miedo, esto nos permite ser genuinos y aprender así a amar mejor».

En la siguiente sección, se incluye un resumen muy breve y ejemplos de familias ficticias. En la década de 1950, los doctores John Bowlby y Mary Ainsworth definieron cuatro estilos de apego principales, y en la década de 1960, la doctora Diana Baumrind describió cuatro estilos de crianza principales.

ESTILOS DE APEGO

Estilo de apego	Definición	Ejemplo ficticio
Apego seguro	Los niños con un apego seguro confían en que son amados, atendidos y están seguros. Se sienten felices jugando y explorando solos, así como interactuando con otras personas.	Merlina y Pericles de *Los locos Addams*. Juegan juntos y solos; se llevan bien con otros adultos de la familia, y canalizan sus intereses con curiosidad y apertura.
Apego evitativo	Los niños con apego evitativo son recelosos de los humanos. No confían en las personas y prefieren jugar solos. A los niños evitativos a veces se les etiqueta erróneamente como «independientes».	Lydia Deetz de *Beetlejuice*. Es solitaria, evita las interacciones familiares y prefiere la compañía de los muertos. Dice frases como: «Toda mi vida es un cuarto oscuro, un enorme cuarto oscuro».
Apego ansioso-ambivalente	Estos niños son ansiosos, inseguros y dependientes. Vacilan entre querer y rechazar la atención o el afecto.	Kevin McCallister de *Mi pobre angelito*. Declara que odia a su familia y en un inicio quiere que desaparezcan, pero también es evidente que los quiere y desea ser amado y aceptado.

Estilo de apego	Definición	Ejemplo ficticio
Apego desorganizado	Estos niños presentan explosiones emocionales extremas, desconexión emocional total y todo lo intermedio.	Anakin Skywalker de *Star Wars*. Inicia siendo un niño dulce, pero la ausencia de un padre y el asesinato de su madre crearon un intenso trauma de apego. Las relaciones de Anakin con su esposa y mentores son turbulentas. Al final, se va al lado oscuro y se convierte en Darth Vader.* * No todos los niños con apego desorganizado crecen para convertirse en Darth Vader. Los niños con este estilo de apego son a menudo estigmatizados. Muchas veces el apego desorganizado se etiqueta incorrectamente como una enfermedad interna más que como un problema de apego.

ESTILOS DE CRIANZA

Estilo de crianza	Definición	Ejemplo ficticio
Autoritario	Este tipo de padres exigen obediencia y respeto. Establecen reglas rígidas e imponen consecuencias estrictas. Su estilo de disciplina se basa en el castigo más que en la resolución de problemas.	Señorita Hannigan de *Annie*. Ella reparte abuso emocional y físico a las niñas del orfanato.
Democrático	Este tipo de padres establecen límites e imponen consecuencias, pero lo hacen desde la compasión y la validación. Valoran la opinión del niño. Los padres democráticos permanecen tranquilos cuando aplican las reglas y no castigan con base en la ira.	Elasticgirl, mejor conocida como Helen Parr o la Sra. Increíble de *Los Increíbles*. Se involucra con los niños y establece límites y reglas, pero no amenaza. Explica por qué las cosas son como son, además de ser cálida y responsiva con los niños. Se responsabiliza de sus errores, lo cual se demuestra cuando le dice a su hija Violet: «No es tu culpa. No fue justo exigirte tanto de pronto».

Estilo de crianza	Definición	Ejemplo ficticio
Permisivo	Este tipo de padres están presentes, pero no se involucran. No hay reglas ni consecuencias. Como lo describe uno de los personajes de la novela de Frances Hodgson Burnett, El jardín secreto: «Las dos peores cosas que le pueden suceder a un niño es nunca salirse con la suya o hacerlo siempre».	El papá de Veruca Salt en *Willy Wonka y la fábrica de chocolate*. No es necesario explicar más.
Indiferente	Este tipo de padres tienden a ignorar o abandonar a sus hijos. Los padres indiferentes no son siempre malintencionados, pero permanecen sin involucrarse ni interesarse en participar en la vida de sus hijos.	Winifred Banks, la madre en la película original *Mary Poppins*, es un buen ejemplo de una madre indiferente. Aunque era amable y amorosa, la señora Banks mostraba falta de interés en los niños y no tardaba en delegarlos a su serie de niñeras.

Si empezaste a perder el hilo leyendo estos cuadros, puedes ponerte al corriente con las siguientes imágenes.

Estilos de apego

Apego **evitativo**

Apego **ansioso-ambivalente**

Apego **desorganizado**

Apego **seguro**

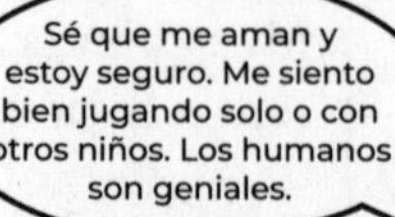

Estilos de crianza

Crianza **autoritaria**

Crianza **permisiva**

Crianza **indiferente**

Crianza **democrática**

En una familia emocionalmente hábil, los niños (por lo general) muestran un apego seguro y los padres (generalmente) usan un estilo de crianza democrático. El acrónimo APTITUD es una manera fácil de recordar los elementos de un sistema familiar sano.

Las familias sanas muestran APTITUD

- **A**prenden del otro.
- **P**romueven la empatía con el otro.
- **T**ienen una comunicación directa.
- **I**nvitan al diálogo abierto.
- **T**ransmiten el desacuerdo con respeto.
- **U**san la escucha activa.
- **D**escubren soluciones.

Las familias que se centran constantemente en todos los elementos de APTITUD *también* crean heridas. Aunque no tienen la *intención* de causarlas, algunos miembros (especialmente padres mayores inflexibles) se burlan ante la idea de tener que actualizar sus habilidades. En *La familia*, el autor John Bradshow observa lo siguiente: «Creo que no hay nada que caracterice de manera tan precisa a las familias disfuncionales como la negación. Esta fuerza a los miembros a seguir creyendo en los mitos y las mentiras vitales en lugar de los hechos, o a seguir esperando que las mismas conductas tengan resultados distintos». Si estás listo para disolver la negación, la siguiente sección ilustra diez dinámicas familiares inhábiles. Utilizo la palabra *inhábil* para describir familias que operan en un nivel normal de disfunción. Si el daño físico, emocional o sexual fue parte de tu infancia, eso no es una dinámica inhábil, sino abuso.[3]

[3] Las diez dinámicas que se describen aquí también están presentes en las familias abusivas, pero en un grado mucho más alto, y casi siempre se llevan a cabo con la intención de dañar.

Los diez signos de una familia emocionalmente inhábil

1. Manipulación psicológica sin malicia

La manipulación psicológica (o *gaslighting*) sucede cuando alguien te hace dudar de tu propia percepción de la realidad. El término se originó a partir de una película de suspenso de George Cukor de 1944 titulada *Gaslighting*. En ella, el personaje de Ingrid Bergman observa las luces titilar y escucha sonidos extraños. Cuando le pide a su esposo que confirme sus percepciones, él le responde que se está volviendo loca y que todo está en su mente, pero no es así. Él quiere su dinero e intencionalmente manipula el entorno para que pierda la razón y la encierren en un manicomio. La manipulación psicológica generalmente se asocia con el narcisismo y un alto grado de abuso, pero incluso las personas sanas provenientes de familias sanas participan en la *manipulación psicológica sin malicia*.

¿Quieres un ejemplo de manipulación psicológica sin malicia? Imagina a una mamá que llega del trabajo estresada, agobiada y frustrada. Su hija pequeña le pregunta: «Mamá, ¿qué te sucede?», a lo que la mamá responde: «Nada mi amor. Todo está bien; mamá está bien». Esta mamá está cometiendo manipulación psicológica, aunque su *intención* no es maliciosa. ¿Por qué esto es manipulación psicológica? La niña percibe correctamente los signos de angustia de su mamá (intuitivamente sabe que no está «bien»), pero cuando la mamá dice que no hay nada mal, la hija aprende a dudar de sus propias percepciones.

Una manera más hábil de manejar la situación sería contestar: «Te diste cuenta de que mamá no está bien; es cierto. Me siento mal, pero no debes preocuparte; voy a estar bien. No estoy molesta contigo y no necesitas hacer nada al respecto». La manipulación psicológica crea heridas graves con el paso del tiempo y, cuando se usa de manera crónica (aunque sea sin intención maliciosa), puede desencadenar algunas consecuencias similares a las que experimentan los sobrevivientes de manipulación psicológica abusiva. Ser manipulado psicológicamente con frecuencia durante la niñez puede generar indecisión, baja autoestima y un sentido inestable de identidad en la adultez.

Qué hacer respecto a la manipulación psicológica. Por lo general, en los casos de manipulación psicológica no se recomienda la confrontación, ya que es probable que la persona que la utiliza rápidamente lo niegue, minimice o invalide aún más tus emociones. En lugar de confrontar, mejor llama a una amistad hábil (o terapeuta) y pídele retroalimentación. A eso se le llama *verificación de realidad*. Las familias que realizan manipulación psicológica sin malicia tienden a presentar altos niveles de ansiedad. Si este es tu caso, en el capítulo 1 se incluyen estrategias para manejar la ansiedad.

2. Parentalización

Los hijos *no* deberían desempeñar el trabajo de atender las necesidades de padres que tienen la capacidad de cuidarse a sí mismos. A través de la parentalización, los hijos se vuelven responsables de las tareas de crianza o el control de las emociones de sus padres. Si te preocupa hacer enojar o molestar a tus padres, has experimentado la parentalización. Los padres hábiles controlan sus propias emociones sin esperar que sus hijos tengan que andar con cautela para evitar detonarlos. Kimberlee Roth explica: «Los hijos parentalizados aprenden a responsabilizarse por ellos mismos y otros desde temprana edad. Tienden a pasar desapercibidos y ceden el protagonismo a los demás [...]. Suelen tener dificultad para aceptar cuidados y atención». Los padres sanos atienden sus *propias* necesidades y no exigen cuidados o cercanía a sus hijos. En *Voices in the Family* [Voces en la familia], Daniel Gottlieb escribe: «La mayoría de las veces, es una falta de respeto hacia ellos (nuestros hijos) —y hacia su esfuerzo por enfrentar sus propios retos en la vida— que nuestra propia ansiedad como padres nos lleve a aferrarnos a ellos. Es una falta de respeto exigirles una cercanía mayor de la que están dispuestos a ofrecer o pueden darnos».

Qué hacer respecto a la parentalización. Cuando te preocupa que tus elecciones molesten a tus padres, recuerda que *ellos* son responsables de controlar sus emociones. Cuando tu familia te invite a un viaje de culpabilidad, siéntete en la libertad de responder a la invitación con un «Lo siento; no puedo asistir». Es más fácil decirlo que hacerlo, así que encontrarás guiones para establecer límites en el capítulo 5 que te ayudarán cuando necesites confrontarlos.

3. Infantilización

La infantilización es lo opuesto a la parentalización. Ocurre cuando los padres intentan mantener a los hijos pueriles y dependientes porque así se sienten necesitados. La infantilización puede darse a cualquier edad y es particularmente notoria durante las épocas festivas. El novelista V. C. Andrews señala: «Creo, aunque no estoy seguro, que cuando ya eres adulto y regresas a vivir a la casa de tus padres, por alguna extraña razón, quedas reducido a ser niño y dependiente de nuevo».

Qué hacer respecto a la infantilización. Recuerda que eres un adulto maduro y capaz. Si no te sientes así, explicaremos cómo salir del estancamiento en el capítulo 9.

4. Triangulación

La triangulación sucede cuando dos personas hablan sobre una tercera sin que esta última esté presente; esta conducta puede producir heridas profundas en tu sentido del bienestar. En *Comunicación no violenta*, Marshall B. Rosenberg explica: «Pese a que quizá no consideremos "violenta" nuestra actitud al hablar, a menudo nuestras palabras ofenden o hieren no solo a los demás, sino también a nosotros mismos». Ejemplos de esto son tu mamá y tu tía chismeando sobre tu peso, o tu hermana y tu papá cuchicheando sobre tu divorcio.

Qué hacer respecto a la triangulación. La solución a los triángulos familiares es crear líneas de comunicación directas. Puedes negarte a participar en dinámicas de triangulación y pedirle a tu familia que deje de hacerlo. Una advertencia sobre los requerimientos: Recuerda que los requerimientos implican que *alguien más* haga algo que quieres que haga. Puedes pedir, suplicar, gritar, hacer berrinche y patalear, pero no puedes controlar las decisiones de los demás. Lo que *sí puedes* hacer es establecer límites, que son aquello que *tú* eliges hacer en respuesta a las decisiones de *alguien más*. Tú tienes el control de tus límites. Si tu familia no deja de triangular, quizá requieras límites más sólidos.

5. Perfeccionismo

Esmerarse por conseguir la excelencia produce alegría, pero esmerarse por conseguir el perfeccionismo produce vergüenza. Conseguir la excelencia es un sueño alcanzable, mientras que conseguir el perfeccionismo es un sueño imposible. El perfeccionismo no es una virtud, sino una forma de autodaño emocional. Elizabeth Gilbert señala: «El perfeccionismo no es más que miedo vestido con zapatos elegantes y un abrigo de mink». También se puede considerar al perfeccionismo como autodesprecio adornado con diamantes.

La autenticidad es el antídoto contra la perfección.

Qué hacer respecto al perfeccionismo. Si perteneces a una familia perfeccionista, para salir del estancamiento necesitas crear tu propia serie de valores. Brené Brown nos enseñó que la empatía es el antídoto contra la vergüenza. De manera similar, la autenticidad es el antídoto contra la perfección. Busca personas con quienes puedas ser tu increíble yo imperfecto, defectuoso y desordenado. Esa es tu gente.

6. Productivismo

Todos los líderes de opinión, científicos y psicólogos concuerdan en que el juego es un componente esencial de un desarrollo infantil sano. El psicólogo suizo Jean Piaget puntualizó: «Si quieres ser creativo, mantente en parte como un niño, con la creatividad y la inventiva que caracteriza a los niños antes de ser deformados por la sociedad adulta». Kay Redfield Jamison refiere: «Los niños necesitan libertad y tiempo para jugar. El juego no es un lujo, sino una necesidad».

Existen múltiples estudios científicos que validan la importancia del juego para aprender, vincularse, promover la creatividad, reducir el estrés, desarrollar el cerebro, mejorar las habilidades sociales, procesar emociones y mejorar las habilidades del lenguaje. Sin embargo, muchas familias emocionalmente inhábiles consideran que el juego es una pérdida de tiempo frívola, por lo que sufren lo que llamo *productivismo*. Si el perfeccionismo es la necesidad compulsiva de ser perfecto, el productivismo es la necesidad compulsiva de producir. Debido a que las familias con productivismo priorizan la productividad sobre la diversión, se les dificulta jugar, cantar, bailar y crear.

Qué hacer respecto al productivismo. Si tu familia no valoró el juego, es posible que se te dificulte la espontaneidad, la creatividad o, incluso, sentir placer sexual como adulto. El único recurso que conozco y que me parece útil para recuperarse del productivismo es el libro clásico de Julia Cameron *El camino del artista*.

7. Límites difusos

El término *límites difusos* se usa para reflejar una dinámica en la que no se enseñan o respetan los límites corporales. Los niños con sólidos límites corporales saben que su cuerpo *les* pertenece; a los niños con límites corporales difusos se les enseña a aceptar comentarios impropios y contacto físico no deseado sin quejarse. Un ejemplo sería un padre que mira a su hijo adolescente y le dice: «¡Guau, hijo! Mira esos bíceps. Deberías darle a tu mamá unas sugerencias de entrenamiento». O un niño al que le dicen: «Sé amable con tu abuela y dale un abrazo». Esta dinámica es problemática porque recibir comentarios (incluso positivos) sobre tu cuerpo y que te pidan abrazar o recibir abrazos (incluso si no los quieres) envía el mensaje de que tu cuerpo no te pertenece. Si alguna vez has dicho algo como esto, no te avergüences, pues la mayoría de los padres tiene buenas intenciones con sus hijos; solo cuando contamos con más información podemos tomar decisiones diferentes. Otros ejemplos de límites difusos incluyen:

- Que te obliguen a darles masajes en la espalda o pies a tus papás.
- No tener cerraduras o privacidad en el baño.
- Que te obliguen a dar abrazos.
- Que te hagan cosquillas sin tu consentimiento.

La dinámica de los límites difusos ocurre en un continuo. Las familias con fallas ocasionales en el establecimiento de límites entran en el extremo inferior. En el extremo superior del continuo se encuentra la dinámica conocida en el mundo clínico como *incesto emocional*, un término acuñado por el doctor Kenneth Adams en la década de 1980. Si bien el término nos hace sentir incómodos, esa dinámica sucede con frecuencia y causa suficiente daño como para merecer un lenguaje extremo. Robert Burney señala: «Una de las dinámicas más generalizadas, traumáticas y dañinas que ocurre en las familias [...] es el incesto emocional. Está fuera de control en nuestra sociedad, pero poco se ha discutido o escrito sobre el tema». Debido a que el incesto emocional no es expresamente violento o sexual, casi nunca se detecta.[4]

El impacto de los límites difusos puede ser devastador, especialmente porque a menudo parece que no sucede nada malo.[5] Los hijos adultos que experimentan el extremo del continuo de los límites difusos a menudo manifiestan los mismos síntomas que los niños que han vivido abuso sexual. Advertencia: *No* estoy comparando el abuso sexual emocional con el abuso sexual físico; sin embargo, la sintomatología que presentan es similar.

---

[4] La literatura sobre incesto emocional incluye otros problemas, además de los límites corporales, pero esos temas escapan al ámbito de este capítulo.

[5] La dinámica de los límites difusos hace referencia a familias bien intencionadas y en su mayoría funcionales que *honestamente* no sabían que estas conductas causan daño. Si tu familia es tóxica o disfuncional, los límites difusos encajan perfecto en la categoría de abuso.

Qué hacer respecto a los límites difusos. El primer paso para cambiar el patrón es reconocer su presencia. Considera tus relaciones con padres y cuidadores, y pregúntate con honestidad si han existido interacciones difusas. Tranquilízate, *no* estás loco. En lugar de minimizarlo diciendo: «Solamente era papá siendo papá», recuérdate que los límites difusos (incluso si la dinámica en tu familia era «normal») pueden significar un verdadero problema. Una de las consecuencias más comunes de los límites difusos para los niños es una relación compulsiva con la comida o los químicos en la adultez. Si es tu caso, en el capítulo 8 se incluyen información y herramientas para salir del estancamiento.

8. Control

Las familias controladoras usan la intimidación, la culpa y los arrebatos emocionales para conservar el poder en las relaciones, finanzas, quehaceres, etc. Gritar es un método de control, aunque no todas las personas controladoras gritan (y no todos los gritos tienen el fin de controlar). La dinámica de las familias controladoras entra en la categoría de abuso verbal. En *The Tao of Fully Feeling* [El tao de sentir con plenitud], Peter Walker refiere:

El abuso verbal es usar la lengua para avergonzar, afectar o herir a otros. Los padres disfuncionales habitualmente utilizan los apodos, el sarcasmo y la crítica destructiva para subyugar y controlar a sus hijos. El abuso verbal es tan común en las familias estadounidenses como lo son la tarea y los buenos modales. Tan es así que se considera socialmente aceptable en casi todos los programas de comedia de situación.

Qué hacer respecto a los familiares controladores. Si tienes un historial de tolerar conductas controladoras de parte de familiares inhábiles, puede ser útil preguntarte qué temes que podría suceder si *no* obedeces. Si los familiares se rehúsan a mejorar sus habilidades, quizá debas canalizar tu energía en relaciones fuera de tu sistema familiar. Los ejercicios del capítulo 6 pueden ayudarte a cultivar amistades emocionalmente hábiles. En palabras del doctor Wayne W. Dyer, «las amistades representan la disculpa de Dios por la familia que te tocó».

9. Sistema cerrado

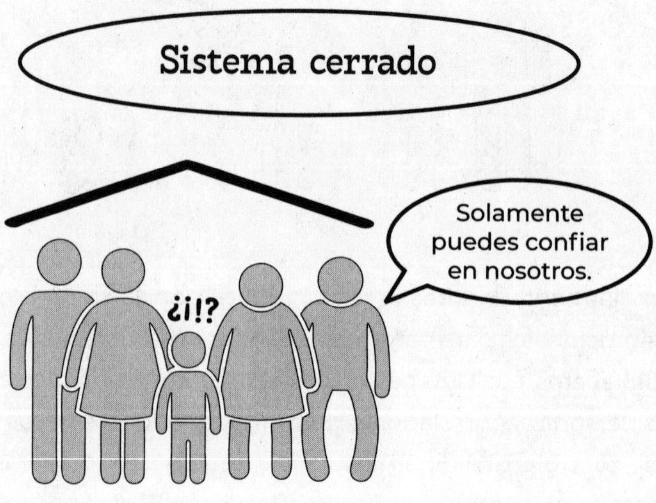

Muchas veces los sistemas familiares inhábiles son sistemas cerrados, lo que significa que no se confía en las personas ajenas, no se permiten influencias externas, se debe estar de acuerdo en todo y el sistema se resiste a cualquier tipo de cambio, incluso al sano. Los mantras que se escuchan comúnmente en un sistema familiar cerrado incluyen:

- «Porque lo digo yo, por eso».
- «Haz lo que digo, no lo que hago».
- «Nadie externo a la familia es digno de confianza».
- «Así es como siempre se han hecho las cosas».
- «No saques los trapos sucios al sol».
- «Lo que sucede en esta casa se queda dentro de estas cuatro paredes».

Por el contrario, un sistema familiar *abierto* invita a la comunicación, acepta recibir información nueva y está abierto al cambio. Los sistemas familiares abiertos adoptan perspectivas nuevas y se adaptan en consecuencia; además, reconocen el valor de las aportaciones externas y son flexibles, más que rígidos. Como lo señala Virginia Satir: «Los sentimientos de merecimiento solo pueden florecer en una atmósfera donde las diferencias individuales se valoren, los errores se toleren, la comunicación sea abierta y las reglas sean flexibles: el tipo de atmósfera que se encuentra en una familia que brinda cuidado y apoyo».

Qué hacer respecto al sistema familiar cerrado. Es poco probable que puedas convencer a tu familia de origen de que cambie de un sistema cerrado a uno abierto. Lo mejor es que te centres en las personas en tu vida que *están* dispuestas a recibir información actualizada, a realizar cambios cuando sea necesario y a mantener la mente abierta a nuevas formas de ser, pensar y actuar.

10. Papeles rígidos

Las familias emocionalmente hábiles están abiertas al cambio y al crecimiento; las familias emocionalmente inhábiles asignan papeles específicos a sus miembros, y cualquier intento por cambiarlos genera resistencia. Si se te consideraba el inteligente de la familia, es posible que se te haya disuadido de jugar futbol. Si se te etiquetó como el atlético, quizá se hayan burlado de tu interés por participar en el club de debate o por audicionar para el musical de la escuela.

La dinámica de los papeles rígidos es muy aguda en familias con adicción. Aunque sus miembros quieren conscientemente que su ser querido adicto se recupere, con frecuencia se desarrolla resistencia *inconsciente*. El clásico ejemplo de este patrón es facilitarles las cosas. Terry Ciszek puntualiza: «Sin ayuda, el facilitador trabajará para minimizar las consecuencias de las acciones del adicto a fin de mantener la estabilidad de la familia, y el adicto sentirá poca motivación para buscar ayuda para superar la adicción». ¿Por qué se resistiría una familia al proceso de recuperación? La recuperación exige ser auténticos, decirse la verdad y cambiar. Cuando un adicto se recupera, casi siempre se develan los secretos familiares que se han reprimido por largo tiempo. No puedes cambiar una parte de un sistema familiar sin crear cambios en todos. El cambio de adicto a narrador de verdades tiene un precio, y a muchas familias les resulta complicado crecer más allá de sus conocidos y cómodos roles.

Qué hacer respecto a los papeles rígidos. No puedes obligar a tu familia a cambiar, del mismo modo que no puedes obligar a un adicto a recuperarse. De acuerdo con las tres «C» de Al-Anon, un programa de apoyo para familias y amistades de alcohólicos, tú no *causaste* la adicción, no puedes *controlarla* y no puedes *curarla*. Si tu familia intenta encasillarte, tal vez necesites distanciarte y enfocarte en relaciones donde se fomenten el cambio y el crecimiento. Mi amigo y colega Nate Postlethwait dice: «Si naces en una familia que espera que desempeñes un papel determinado para que te validen, tu trabajo consiste en desarmar sus ideas sobre quién se supone que debes ser y exigir respeto por lo que eres. No tienes por qué interpretar un personaje para tu familia».

Mi familia es emocionalmente inhábil. ¿Qué hacer?

Te felicito por haber llegado hasta aquí. Se requiere valentía para evaluar con honestidad el nivel de habilidad de tu familia y abatir la negación. El primer paso en el proceso de cambio es reconocer la existencia de un patrón: palomita. ¿Qué sigue? El siguiente paso consiste en practicar cómo *responder* de manera consciente en lugar de *reaccionar* en automático. Tu primer impulso será hacer lo que siempre has hecho. No te sientas mal si tu primer impulso es reaccionar de forma inhábil; ese impulso es como el primer *hot cake* de la tanda: viscoso, deforme, quemado y, casi siempre, incomible. Nadie se siente culpable por tirar el primer *hot cake*, ya que es algo esperado. El *segundo* impulso es donde se vence el hábito: cuando *respondes* en vez de *reaccionar*. El segundo impulso es el segundo *hot cake*. Pia Mellody señala: «Debemos aprender a hacer todo aquello que nuestros padres disfuncionales no nos enseñaron a hacer: valorarnos correctamente, establecer límites funcionales, ser conscientes de nuestra realidad y reconocerla, atender nuestras necesidades y deseos adultos, y vivir nuestra realidad razonablemente». ¿Cómo? El acrónimo CREAR es una forma rápida de recordar el menú de opciones con las que cuentas al enfrentarte a dinámicas familiares inhábiles.

***C**omprueba* tus percepciones usando la verificación de realidad.

***R**etrasa* la compasión y el perdón hasta que reconozcas *por completo* tus heridas.

***E**tiqueta* tus *propios* pensamientos y emociones para que tengas claro lo que te sucede.

***A**nula* los «debería» y «tengo que». Estás frases se basan en la obligación y te mantienen estancado en patrones. En su lugar, usa frases basadas en la *elección* como «Podría» y «Elijo».

***R**edefine tus límites.* La salud emocional no puede existir sin límites. La experta en límites Nedra Glover Tawwab explica: «Tu bienestar gira alrededor de tus límites». Esto aplica tanto a tu bienestar individual como a la habilidad emocional de tu familia.

La compasión es sana *si y solo si* su presencia coincide con los límites. Los límites sin compasión se sienten rígidos y crueles, pero la compasión sin límites es codependencia. La compasión sin límites es, en el mejor de los casos, autotraición y, en el peor, autodaño. Recuerda que la compasión y los límites *no* son mutuamente excluyentes. ¿Y qué hay del perdón? Quizá quieras pasar por alto tus heridas emocionales para apresurarte hacia el perdón. Estos son tres aspectos clave sobre el tema:

La compasión sin límites es, en el mejor de los casos, autotraición y, en el peor, autodaño.

1. El perdón es una hermosa aspiración espiritual, pero *no* se requiere para curar el trauma.
2. Cuando pasas por alto tus heridas para apresurarte hacia el perdón, minimizas e invalidas tu realidad. Es manipulación psicológica autoinfligida.
3. A menudo, el perdón es un exceso de sanación emocional, pero *no* es un *requisito previo* para esta. No necesitas perdonar si no quieres hacerlo.

Conclusión

Casi siempre los patrones familiares se transmiten de generación en generación y llega a ser muy difícil cambiarlos. Mientras haces un inventario honesto de las habilidades de tu familia, es probable que experimentes una combinación de ira, duelo, dolor, culpa y tristeza.[6] El trabajo es incómodo, pero las recompensas son innegables. En la biblia de los Doce Pasos para los adictos en recuperación, *El libro grande de AA*, se incluye una sección llamada «Las promesas», que es una lista de las recompensas que conseguirás si te comprometes con el trabajo para lograr el cambio. Cualquiera puede replicar estas promesas en su proceso para salir de *cualquier* estancamiento, incluida la dinámica familiar. Las promesas incluyen:

- Vamos a conocer una libertad y una felicidad nuevas.
- No nos lamentaremos por el pasado ni desearemos cerrar la puerta que nos lleva a él.
- Intuitivamente sabremos manejar situaciones que antes nos desesperaban.
- Si estamos siendo concienzudos sobre esta fase de nuestro desarrollo, nos sorprenderemos de los resultados antes de llegar a la mitad del camino.

[6] El capítulo 9, «Convertirse en un adulto emocionalmente maduro», te guía por el proceso de duelo.

Cuando quieras darte por vencido, recuerda que la alternativa es permanecer estancado. Si existe voluntad, acceso a recursos e información precisa, los cambios milagrosos *pueden* y *definitivamente* suceden. No importa qué tan hábil o inhábil sea tu familia de origen, nunca es tarde para que *tú* cambies. Cuando te comprometes con seguir el camino, incluso cuando se ponga lodoso e inclinado, al final te descubrirás haciendo cosas que antes creías imposibles. Los detonantes que te habrían arrojado al precipicio del agobio se volverán manejables; comenzarás a experimentar la ira y la tristeza sin que te controlen; podrás establecer límites sin culpa y vergüenza, y te sentirás empoderado para trazar tu ruta hacia la dirección que elijas.

Todas las promesas son aplicables a tu caso. Tú puedes hacerlo.

Lecciones clave

1. Todas las familias tienen un grado de disfuncionalidad.
2. La perspectiva es sana, pero la comparación es inútil. Tienes derecho sentir lo que sientes.
3. El estilo de apego óptimo es el seguro. Merlina y Pericles, de *Los locos Addams*, muestran un apego seguro.
4. El estilo de crianza óptimo es el democrático. Elasticgirl, de *Los Increíbles*, muestra prácticas de crianza democrática.
5. En lugar de considerar a tu familia como buena o mala, piensa si es *emocionalmente hábil* o *inhábil*.
6. No puedes hacer que tu familia cambie, pero puedes modificar cómo *tú* reaccionas ante *ellos*.
7. Los límites son necesarios para las familias emocionalmente hábiles.
8. La compasión sin límites es codependencia.
9. El perdón es una hermosa aspiración espiritual, pero no se requiere para sanar heridas emocionales.
10. El trauma causado sin intención sigue siendo trauma. *No* estás loco.

Qué hacer y qué no hacer

Qué hacer	Qué no hacer
Recordarte que todas las familias humanas están integradas por personas y nadie es perfecto. Los errores son inevitables.	Culparte por no poder proteger a tus hijos de heridas emocionales. Los padres hábiles *atienden* las heridas, no las *evitan*.
Recordar que no puedes cambiar a tu familia sin su consentimiento.	Intentar obligar a tu familia a realizar un proceso de cambio. Nadie en la historia de la humanidad ha logrado mejorar la conducta de su familia mediante la imposición.
Validar tus propias emociones y encontrar amigos que te apoyen y compañeros que validen tus experiencias.	Esperar que tu familia responda a tus emociones con empatía.
Realizar un inventario usando el lenguaje *hábil* e *inhábil*.	Pensar que necesitas culpar, avergonzar o confrontar a tu familia por sus conductas.

Reto de cinco minutos

1. Mira los dibujos que ilustran las diez dinámicas familiares inhábiles.
2. Elabora una lista de las dinámicas que te son conocidas.
3. De cada dinámica en tu lista, escribe puntos de acción «Qué hacer...».
4. Comprométete a llevar a cabo *alguna* de las acciones sugeridas durante la próxima semana.

8 CONFÍA EN TUS INSTRUMENTOS

Cómo recuperarte de hábitos tóxicos

No creas en todo lo que piensas.

ROBERT FULGHUM

¿Conoces esa sensación superrara que se produce cuando bajas las escaleras de un avión y te saltas el último escalón? Tu cerebro te lo dice: «No te preocupes; estás a nivel del suelo», pero tu cuerpo dice: «¡NOOOOOO!», y te tropiezas. Después de desenredar tus pies, discretamente echas un vistazo alrededor para asegurarte de que nadie haya visto tu metida de pata. Si te tocó la mala suerte de tener un testigo cerca, haces un baile de saltitos y te ríes con alegría mientras dices: «Fue *totalmente* intencional».

Ahora imagina que saltarte ese escalón es la diferencia entre la vida y la muerte.

Para los pilotos, una disparidad entre lo que su cerebro percibe y lo que *realmente* sucede resulta en un fenómeno mortal conocido como *espiral de la muerte*, que es la consecuencia de un proceso psicológico[1] que ocasiona que un piloto *crea* que está volando recto y nivelado, pero no solo *no* es así, sino que el avión está descendiendo *rápidamente* en espiral hacia el suelo. La percepción sensorial del piloto no siente nada extraño, puesto que no ve ni siente la espiral. Esto no se debe a que el piloto no sepa volar, sino a una *ilusión* que distorsiona la percepción. En otras palabras, lo que el cerebro nos está diciendo *internamente* no coincide con lo que sucede *externamente*. Una espiral de la muerte es una disparidad entre la percepción y la realidad. El piloto *piensa* que todo está bien, pero no es así. El folleto de seguridad de la Administración Federal de Aviación (FFA, por sus siglas en inglés) refiere: «Si el piloto no logra reconocer la ilusión y no nivela las alas, el avión continuará [...] perdiendo altitud hasta que se estrelle contra el suelo». Otros términos para esta peligrosa desorientación espacial son *espiral del cementerio* y *espiral viciosa*.

La desorientación espacial nos sucede a *todos*. El cuerpo contiene algo conocido como el órgano del equilibrio o lo que los científicos llaman el *sistema vestibular*, el cual se ubica en el oído interno y es responsable de mantener el equilibrio, la postura y la estabilidad. Una *ilusión* vestibular ocurre cuando hay una desconexión entre la realidad y lo que el cerebro *cree* que es real. Si te has sentado en el asiento del conductor de un auto estacionado, seguro has experimentado una ilusión vestibular. Aunque no te estés moviendo, si el auto al lado tuyo se mueve, presionas los frenos de golpe por reflejo, ya que sientes que *tu* auto está avanzando. Los estímulos sensoriales que recibes del cerebro *no* reflejan la realidad a tu alrededor. Los pilotos pierden control de la aeronave porque su percepción no es congruente con la situación. Según el manual de la FFA, «la responsabilidad fundamental de un piloto es evitar la pérdida de control, que es la causa principal de accidentes mortales en la aviación general en Estados Unidos y en la aviación comercial de todo el mundo».

---

[1] «La desorientación espacial en una aeronave puede surgir de situaciones de vuelo o malas interpretaciones visuales [...]. Si el avión gira, asciende o desciende lentamente, es posible que el piloto no advierta el cambio y que el avión se sienta recto y nivelado según su percepción». «Spatial disorientation». *Encyclopaedia Britannica*. Disponible en: <https://www.britannica.com/science/spatial-disorientation#ref222226>.

¿Qué tiene que ver esto con tus maratones de Netflix, dietas yoyo, propósitos de Año Nuevo no cumplidos o intenciones procrastinadas de ir a clase de *barre*? Todo.

La pérdida de control es, en sí misma, la definición de la adicción. Aunque no te identifiques como un adicto, todos sabemos lo que se siente salirse de control de vez en cuando. Como verás más adelante en este capítulo, las adicciones comparten las mismas causas con las espirales de la muerte: una disparidad entre la percepción y la realidad. La clave para salir del estancamiento en términos de adicción o hábitos tóxicos se encuentra en el *último* lugar en el que habrías pensado buscar: capacitación sobre seguridad en aviación. Ya sea que te identifiques como un usuario de drogas empedernido, un comedor emocional o un adicto al trabajo, el común denominador es la pérdida de control que termina en una colisión. Aunque tu compulsión no sea tan letal como las adicciones a las sustancias químicas o las espirales de la muerte, los factores que contribuyen a ella son los mismos.

El manual de la FAA también dice [las cursivas son mías]:

> Para evitar los accidentes por pérdida de control, es importante que los pilotos reconozcan y mantengan una conciencia agudizada de las situaciones que aumentan el riesgo de pérdida de control. Los pilotos desorientados no siempre son conscientes de su error de orientación [...] debido a una combinación de los siguientes factores: *1)* falta de comprensión de los *sucesos* a medida que ocurren, *2)* falta de *habilidades* necesarias para atenuar o corregir la situación, o *3)* su capacidad psicológica o fisiológica para *afrontar* lo que está sucediendo se ve rebasada.

La pérdida de control de una aeronave o el hábito de fumar una cajetilla diaria son el resultado de una ilusión. Lo que sentimos *dentro* no coincide con lo que sucede *afuera*. Otra palabra para este fenómeno psicológico es *negación*, que no es sino rehusarse a admitir algo que muy en lo profundo sabemos que es verdad. En lugar de confrontar nuestro dolor, mantenemos los pies firmemente plantados en el terreno de la ilusión. Estas ilusiones se manifiestan en declaraciones desenfadadas como «Mañana me vuelvo a encarrilar», «Puedo dejarlo cuando quiera» o «Voy a empezar a hacer ejercicio este año». A los propósitos de Año Nuevo deberíamos llamarlos *ilusiones*. Sabes muy bien cuando «una copa» en realidad significan cinco. Sé que cuando me digo «Creo que solo me voy a comer un *tazoncito* de granola», en realidad terminaré devorándome la caja, el tazón y la cuchara. ¿Cómo dejar de mentirnos? Comencemos por revisar la misma cita del manual de la FAA con tres ligeros cambios:

> Para evitar ~~los accidentes por~~ **las conductas de** pérdida de control, es importante que ~~los pilotos~~ **tú** reconozcas y mantengas una conciencia agudizada de las situaciones que aumentan el riesgo de pérdida de control. ~~Los pilotos~~ **Las personas** desorientadas no siempre son conscientes de su error de orientación [...] debido a una combinación de los siguientes factores: *1)* falta de comprensión de los sucesos a medida que ocurren, *2)* falta de habilidades necesarias para atenuar o corregir la situación, o *3)* su capacidad psicológica o fisiológica para afrontar lo que está sucediendo se ve rebasada.

Para salir del estancamiento de tus adicciones, compulsiones o hábitos, es necesario desglosar los tres componentes descritos en la guía de la FAA:

1. Falta de *comprensión* de los sucesos a medida que ocurren.
2. Falta de *habilidades* necesarias para corregir la situación.
3. Capacidad *psicológica* o *fisiológica* para afrontar que se ve rebasada.

En la primera sección (*comprensión*), hablaremos de la definición de adicción y la sorprendente verdad sobre lo que *no es*. En la segunda sección (*habilidades*), te daré herramientas basadas en estrategias usadas por pilotos de combate, las cuales te permitirán salir del estancamiento y tomar de nuevo el control. La tercera (*psicológica/fisiológica*) explica cómo transitar el proceso de desintoxicación y abstinencia.

Falta de comprensión de los sucesos a medida que ocurren (causas de la adicción)

La adicción es como la pornografía: la reconoces cuando la ves. ¿Cuál es su definición? La adicción es una relación con una sustancia o conducta que crea un *aumento* de la tolerancia, una *disminución* del control y un uso continuo a pesar de las consecuencias negativas (si lo prefieres, puedes sustituir las palabras *hábitos* por *adicción*). Aunque la mayoría de las personas estará de acuerdo en cómo *luce* la adicción, existe un completo desacuerdo en el mundo de la investigación en cuanto a lo que en realidad es. La bibliografía académica sobre la adicción es tremendamente contradictoria. Podrías llenar una biblioteca con volúmenes de investigaciones revisadas por expertos que sostienen con seguridad que la adicción es una enfermedad médica, y puedes abastecer otra biblioteca con estudios igual de válidos que prueban que la adicción *no* es una enfermedad médica. En el artículo *What is a disease?*[2] [¿Qué es una enfermedad?], la profesora Jackie Leach Skully plantea la pregunta: «¿Cómo distinguimos correctamente entre enfermedades reales y conductas o características humanas que nos parecen alarmantes?».

La adicción es una enfermedad; la adicción no es una enfermedad. Lo es. No lo es. Lo es. Analicemos la historia de uno de mis expacientes.

Pete era uno de esos chicos que esperas y rezas para que tu hija o hijo traiga a casa para casarse. Tenía 17 años y era alto, de ojos

---

[2] Leach Skully, Jackie. (2004). «What Is a Disease?». *EMBO Reports*, 5(7), 650-53. Disponible en: doi: 10.1038/sj.embor.7400195.

brillantes y cabello arenoso, así como una estrella del equipo de futbol americano con una carrera universitaria prometedora por delante. Pete asistía a una pequeña iglesia metodista con regularidad junto con sus papás y hermana menor, era voluntario en el banco de alimentos local, hacía viajes anuales como misionero con el grupo juvenil al que pertenecía para construir casas y *no* tenía ningún historial de abuso o enfermedad mental. Su factor de *encanto* solo era comparable con el personaje de Zac Efron en *High School Musical*. Después de desgarrarse el ligamento cruzado anterior en una ronda clasificatoria, su médico le prescribió un potente y altamente adictivo opioide para el dolor llamado *oxicodona* (mejor conocido como Oxy). Su médico, como muchos otros, no le explicó a Pete ni a su familia las propiedades adictivas de los opioides. Después de unos meses, Pete estaba horrorizado al darse cuenta de que dependía físicamente del fármaco. Cuando dejó de consumirlo, síntomas similares a los de la influenza se apoderaron de su cuerpo, incluidos dolorosos calambres musculares, vómito violento y sudoración profusa. Se sentía demasiado avergonzado como para contarle a su familia, así que, para evitar los síntomas de la abstinencia, comenzó a tomar más y más píldoras en secreto, pero el Oxy solo está disponible con receta y conseguirlo en las calles cuesta caro. La heroína es una alternativa barata. De pronto, Pete se encontraba viviendo en una casa donde él y los demás ocupantes compartían agujas y jeringas. Cuatro años después, tras haber sido arrestado en varias ocasiones y con 27 kg menos, su familia intervino y lo envió a rehabilitación, donde terminó en mi consultorio.

Haz pausa por un segundo. ¿Crees que Pete sufre de una enfermedad? Exacto, yo tampoco.

La adicción es una red compleja de factores sistémicos, biológicos, ambientales y más. No existe una respuesta simple para la pregunta «¿Qué es la adicción?». Las investigaciones realizadas sobre el tema de la recuperación se enfrentan al mismo dilema: así como no hay un consenso en cuanto a la naturaleza de la adicción, no existe un acuerdo universal sobre qué método de recuperación funciona mejor. Estas son algunas razones por las que las personas caen en la trampa de la adicción o los hábitos tóxicos:

- Adormecer el presente.
- Tratar de escapar del pasado.
- Miedo al futuro.
- Lidiar con la muerte.
- Lidiar con la vida.
- Dependencia como resultado de una receta médicamente justificada (como en el caso de Pete).
- Predisposición genética.
- Enfermedad mental.
- Opresión sistémica.
- Trauma.
- Refuerzo positivo (cuando las conductas se recompensan continuamente, como es el caso de la adicción al trabajo, la obsesión con los alimentos «limpios»[3] y la adicción al ejercicio).

Es imposible encontrar una solución universal que sirva para todos. Podríamos pasar horas analizando los mecanismos neurobiológicos de la adicción.[4] Incluso podríamos comparar y contrastar los modelos de la adicción: el modelo moral, el modelo de enfermedad, el modelo de aprendizaje social, el modelo de la salud pública

---

[3] La noción de alimentación «limpia» perpetúa hábitos alimenticios tóxicos. Como lo explican las autoras Elyse Resch y Evelyn Tribole en su libro *Alimentación intuitiva*: «El momento en el que destierras un alimento, este paradójicamente desarrolla una "vida de antojo" propia que se intensifica con cada dieta y gana más impulso a medida que se profundiza la privación».

[4] «Se han identificado tres circuitos neurobiológicos con valor heurístico para investigar los cambios neurobiológicos asociados con el desarrollo y la persistencia de la dependencia a sustancias: un circuito vinculado con el consumo excesivo/intoxicación, un circuito vinculado con la abstinencia/afecto negativo y un circuito vinculado con la preocupación/anticipación (es decir, el ansia)». Koob, George F. y Zorrilla, Eric P. (2010). «Neurobiological Mechanisms of Addiction: Focus on Corticotropin-Releasing Factor». *Current Opinion in Investigational Drugs*, 11(1), 63. Disponible en: <https://www.ncbi.nlm.nih.gov/pmc/articles/PMC2812895/>.

y el modelo psicodinámico;[5] debatir teorías sobre el tratamiento de las adicciones como la abstinencia, la reducción del daño y la moderación.[6] Si bien las investigaciones y teorías académicas son valiosas, no necesitas tener un doctorado en Fenomenología para resolver *tu* problema de estancamiento. Para romper cualquier hábito, necesitas comenzar con la pregunta correcta. Sopesar la naturaleza de la adicción nos conduce a un interesante camino de descubrimiento, pero es el punto de partida *equivocado* si deseas vencer hábitos poco sanos.

¿Cuál es el punto de partida correcto?

La pregunta que necesitas hacerte no es «¿Qué está *mal* en mí?», sino «¿Qué está *bien* en este comportamiento?». La mayoría de las personas trata de atacar los hábitos desde el ángulo de *modificar* la conducta en lugar de *comprenderla*. Tus hábitos tienen una *función* y conocerla es la clave para modificarla. Comprenderte a ti mismo es la clave para vencer los malos hábitos. ¿Recuerdas el ejemplo del piloto al inicio del capítulo? Las espirales de la muerte *no* se deben a la falta de conocimiento. Los pilotos entran a una zona peligrosa cuando no *comprenden* lo que está sucediendo. En *Blink*, el renombrado autor Malcolm Gladwell subraya: «La clave para tomar una buena decisión no es el conocimiento, sino la comprensión. Estamos inundados del primero y nos falta desesperadamente la segunda».

---

[5] El modelo moral señala que la adicción es un pecado; el modelo de enfermedad indica que el origen de la adicción está en el cerebro de la persona y no puede curarse; el modelo de aprendizaje social sostiene que la adicción es un comportamiento aprendido y puede modificarse; el modelo de la salud púbica cree que la adicción es una interacción entre la droga, el usuario y el entorno; y el modelo psicodinámico establece que la infancia es el origen de la adicción. Gobierno australiano, Departamento de Salud. «Models That Help Us Understand AOD Use in Society». Disponible en: <https://www1.health.gov.au/internet/publications/publishing.nsf/Content/drugtreat-pubs-front5-wk-toc~drugtreat-pubs-front5-wk-secb~drugtreat-pubs-front5-wk-secb-3~drugtreat-pubs-front5-wk-secb-3-4#mod>.

[6] La teoría de la abstinencia sostiene que la única solución es evitar por completo una sustancia o conducta; la teoría de la reducción del daño intenta mitigar las consecuencias de la conducta adictiva usando mecanismos como el intercambio de agujas; la teoría de la moderación dice que, en algunos casos, es posible para ciertas personas tener una relación sana con la sustancia química o la conducta.

Comprenderte a ti mismo es la clave para vencer los malos hábitos.

Todos los hábitos, como los atracones de galletitas de las Girl Scouts, las borracheras con margaritas y los maratones de *Grey's Anatomy*, cumplen una función, y comprenderla abre la puerta a la modificación de la conducta. Pospongamos por un momento la idea de que la adicción es una enfermedad (si apretaste el puño, aguántame un poco más). ¿La adicción *a veces* es una enfermedad? Quizá. ¿*A veces* es una enfermedad mental? Es posible. ¿*A veces* es un trastorno crónico que debe controlarse enérgicamente? Tal vez. Sin embargo, lo más probable es que, si estás leyendo este libro, pertenezcas al grupo de personas para quienes la adicción es algo completamente diferente.

¿Qué es ese algo?

Para la mayoría de nosotros, la adicción es un *sistema de conductas e ilusiones de protección que utilizamos para resguardarnos de la dura verdad.*[7] En el *New England Journal of Medicine* se menciona: «El modelo de enfermedad cerebral es el más extendido en relación con la adicción en el mundo occidental [...]. Los modelos de aprendizaje proponen que la adicción, aunque claramente desventajosa, es una respuesta natural y sensible al contexto ante contingencias desafiantes del entorno, no una enfermedad». En *The Biology of Desire: Why Addiction Is Not a Disease* [La biología del deseo: por qué la adicción no es una enfermedad], el profesor emérito, neurocientífico cognitivo y psicólogo del desarrollo Marc Lewis explica: «Estoy convencido de que llamar a la adicción una enfermedad es impreciso y, a menudo, perjudicial [...] muchos adictos en

---

[7] Este capítulo está dirigido a personas para quienes se aplica esta explicación. No hace alusión a fenómenos como la enfermedad mental grave o crónica, la opresión del entorno, la pobreza y otros orígenes de la adicción.

recuperación prefieren no verse como víctimas indefensas de una enfermedad, e informes objetivos de recuperación y recaída indican que probablemente tengan razón». El doctor Gabor Maté, autor de *In the Realm of Hungry Ghosts* [En el mundo de los fantasmas hambrientos], puntualiza: «Los descubrimientos científicos, las enseñanzas del corazón y las revelaciones del alma nos aseguran que todo ser humano puede reivindicarse. Las posibilidades de renovación existen mientras haya vida. Cómo sustentar esa posibilidad en otros y en nosotros mismos es la pregunta suprema».

Para sustentar la posibilidad de renovación, debemos iniciar asumiendo que incluso nuestros hábitos más tóxicos tienen un fin de autoprotección y *no* de autodestrucción.[8] No comemos en exceso, hacemos menos ejercicio del que necesitamos, trabajamos de más y somos flojos con nuestro autocuidado porque nos *detestemos*, sino porque queremos desesperadamente *protegernos*. Te preguntarás «¿Protegernos de qué?». A continuación, responderemos esa pregunta.

Falta de habilidades para corregir la situación (la verdad te liberará)

La habilidad más importante para vencer la adicción a las botanas, las pantallas o los gastos no es el pensamiento positivo; *no* es mover tu teléfono a otra habitación (aunque eso podría ayudar); *no* es un cumplimiento estricto de la dieta keto, y definitivamente no es evocar mayor fuerza de voluntad. La habilidad más importante para vencer un hábito es comprometerte de forma inquebrantable con tu propia *verdad*.

Ignorar tus pensamientos es una conducta de alto riesgo. ¿Cuántas veces crees que te mientes al día? La mayoría de las personas

[8] La idea de que la adicción es un mecanismo de autoprotección no justifica las conductas. Una explicación *nunca* es equivalente a una excusa. La explicación se vuelve necesaria para activar el proceso de cambio. Nadie que luche contra la adicción puede decir «Me estaba protegiendo» como justificación para robar, mentir y causar caos en una familia.

responde de inmediato a esa pregunta con protestas serias como «¡Yo no miento!». Analicemos la pregunta de nuevo. Las mentiras pueden ser tan grandes como ocultar una adicción a la pornografía[9] o tan pequeñas como decirle a uno de los animados miembros del personal del supermercado que estás bien cuando estás teniendo un día terrible. No mencionar la deuda de tu tarjeta de crédito a tu pareja es una mentira, así como decirte que usarás la caminadora mañana. La brecha entre lo *real* y lo *ideal* es donde los hábitos incrementan su poder. Como un piloto en la espiral de la muerte, cuando lo que piensas («Estoy bien») no coincide con la realidad de tu situación («En verdad no estoy bien»), te estrellarás en algún momento. ¿Por qué? Piensa lo que sucede cuando ignoras un dolor de dientes menor. Continúas minimizando y negando el dolor; finalmente, sientes que la cabeza te va a explotar y, para ese momento, ya necesitas una *muy* cara y dolorosa endodoncia. ¡Ay! Existe un dicho en el mundo de la recuperación que señala que cuando alguien dice «Estoy bien», la palabra *bien* (*fine*) es sinónimo de dañado (***f****cked*), inseguro (***i****nsecure*), neurótico (***n****eutoric*) y emocional (***e****motional*).[10] Jamás unas palabras habían sido tan certeras.

Ignorar tus pensamientos es una conducta de alto riesgo.

Las espirales de la muerte son el resultado de la distorsión *espacial*; las adicciones son el resultado de la distorsión de la *verdad*.

[9] La pregunta sobre si ver pornografía es sano *no* es el problema al que se refiere este enunciado. Más bien se trata del hecho de *mentir*. La pregunta sobre si la pornografía tiene cabida en un mundo que promueve la sexualidad positiva es una discusión totalmente distinta.

[10] El origen del acrónimo es desconocido, pero se usa a menudo en Alcohólicos Anónimos y Narcóticos Anónimos. El acrónimo se popularizó con la canción «F.I.N.E.» de Aerosmith, de su álbum *Pump* de 1989.

Como un piloto que zambulle la aeronave hacia el suelo, nosotros nos conducimos sin intención hacia la catástrofe cuando intentamos convencernos de que todo está bien cuando es todo lo *contrario*. Este es un panorama general de la espiral de la adicción:

La espiral de la adicción

- Sucede algo malo.
- Lo niegas.
- Lo evitas.
- Intentas escapar de ello usando otra cosa.
- Sientes vergüenza por todo.
- Se repite.

¿Cómo rompes el ciclo? Mira lo que sucede cuando creas espacio para la *verdad*:

Romper la espiral de la adicción

- Sucede algo malo.
- Reconócelo.
- Siente el dolor que te ocasiona.
- Considera las opciones que tienes para calmar el dolor causado.
- Recuérdate que es algo legítimo y que tienes derecho a sentir dolor.
- Haz respiraciones profundas y resiste el impulso de hacer algo destructivo.

Hacer un inventario de todas las verdades desagradables, incómodas o dolorosas es una herramienta poderosa para prevenir la espiral de la adicción. Tu verdad puede ser tan simple como «Estoy frustrado con mi hermana» o tan compleja como «Quiero terminar mi matrimonio». Tu verdad puede ser aceptar que tu mamá padece cáncer o admitir con valentía que tu infancia aparentemente perfecta fue en realidad solitaria y dolorosa, o el deseo secreto y abandonado por largo tiempo de pintar. ¿Tal vez no quieras perder peso porque te aterra la atención sexual?, ¿o quizá le temes al éxito financiero porque te preocupa parecer materialista? Nos escondemos de la verdad no porque queramos *sabotearnos*, sino porque queremos *defendernos*. Copia el siguiente cuadro en un cuaderno y elabora una lista de todo aquello en tu vida que tenga la posibilidad de crear incomodidad. Recuerda que se aplica tanto a las cosas buenas como a las malas. Evita usar la frase «Debería... No "debería"» en ti mismo.

Áreas de tu vida que necesitas analizar	Emociones y pensamientos secretos

En *El cuerpo lleva la cuenta*, el doctor Bessel van der Kolk puntualiza: «Siempre que guardes secretos y suprimas información, estarás prácticamente en guerra contigo mismo [...] La cuestión fundamental es permitirte saber lo que sabes, pues eso requiere muchísimo valor». A menudo ocultamos lo que sabemos de nuestra conciencia porque nos aterra que nuestras vidas colapsen. Estos son unos ejemplos ficticios de cómo podría lucir tu cuadro:

Áreas de tu vida que necesitas analizar	Emociones y pensamientos secretos
Matrimonio	Soy muy infeliz en este matrimonio. Temo que, si lo admito, terminaré sola, pero la verdad es que quiero divorciarme.
Carrera	Me preocupa que mis amigos envidien mi reciente ascenso. También temo que mi cónyuge se sienta mal porque ahora gano más, pero la verdad es que quiero celebrar el ascenso y disfrutar mi éxito.
Creatividad	En realidad quiero componer música. Temo admitirlo porque terminaré siendo un artista muerto de hambre, pero la verdad es que estoy muy enojado por nunca tener tiempo para hacer algo creativo.
Crianza	A veces quisiera salir corriendo. Temo que, si lo admito, significa que soy una mala madre (o padre), pero la verdad es que a veces quiero arrancarme los pelos y no tener que lidiar con niños gritones.

Tu cerebro te susurra de forma seductora: «Olvida lo que quieres; olvida lo que sientes; olvida lo que sabes. Es más seguro no saber lo que sabes», pero lo opuesto es cierto. Si quieres transformar tu relación con la comida, el ejercicio, el alcohol, el dinero o cualquier otro hábito que te induzca al estancamiento, necesitas acceder a tu verdad. También será necesario que mires más allá de la dualidad *abstinencia*[11] o *adicción*.

[11] *Abstinencia* aquí significa evitar al 100% la sustancia o conducta.

Vencer los hábitos siempre requiere la verdad, pero solo a veces requiere abstinencia. Para algunas personas en determinadas circunstancias, la abstinencia total de *todas las cosas* en *todo momento* es una necesidad; para otras, la abstinencia de algunas cosas por un *periodo* funciona mejor. Como dijimos previamente, no existe una solución universal. Considera lo siguiente:

- Puedes ser abstemio y experimentar *cero* transformación.
- Puedes experimentar una *gran* transformación personal *sin* abstinencia.
- La abstinencia es un camino hacia la transformación.
- La abstinencia no es el *único* camino hacia la transformación.
- La abstinencia no *significa* transformación.

Si bien el programa de Doce Pasos ofrece regalos hermosos y beneficiosos, uno de sus errores es que hace énfasis en los defectos de la personalidad, en lugar de ver la adicción como un mecanismo funcional y protector. La cultura de las dietas prefiere que te fijes en tus *muslos* internos antes que en tu *verdad* interna, y el mundo del *mindfulness*/bienestar a menudo[12] impulsa «solo buenas vibras» a costa de la realidad. La ausencia de verdad siempre conducirá a la presencia de patología.

La ausencia de verdad siempre conducirá a la presencia de patología.

[12] Presta atención a la frase «a menudo». No *siempre* es así. Existen muchas prácticas de bienestar y *mindfulness* y personas que se dedican a ellas que son fenomenales.

En su conferencia TED de 2015 «Everything You Think You Know About Addiction Is Wrong» [Todo lo que crees que sabes sobre adicciones es incorrecto], el conferencista, escritor y periodista Johann Hari presenta un caso convincente para reconsiderar la adicción. En su conferencia y su libro *Tras el grito*, Hari afirma: «Lo opuesto a la adicción no es la sobriedad, sino la conexión». Aunque mucho de su trabajo es admirable, especialmente su trabajo compasivo para encontrar soluciones y reducir el estigma, no estoy de acuerdo con su teoría.[13]

Sí, todos estamos programados para tener conexiones, como comentamos en el capítulo 6 sobre la amistad. Sí, la falta de conexión es peligrosa para nuestra salud física y mental; sin embargo, *no* es una solución milagrosa para erradicar la adicción. Si la conexión *pudiera* curarlo todo por arte de magia, los tratamientos de rehabilitación de corta estancia serían muy exitosos. ¿Por qué? El mundo de la rehabilitación pone inmediatamente a las personas con compañeros que tienen la misma mentalidad, hacen trabajo significativo, tienen actividades diarias y conexión 24/7. No obstante, con frecuencia la rehabilitación de corta estancia es una puerta giratoria de descubrimiento, recaídas, regreso al tratamiento y repetición. La página web de los Centros para el Control y la Prevención de Enfermedades (CDC, por sus siglas en inglés) dice: «De 1999 a 2018, más de 750 000 personas murieron por sobredosis de drogas. [La sobredosis de drogas] fue una de las causas principales de muerte relacionadas con lesiones en Estados Unidos». Está claro que nuestro enfoque para el tratamiento de las adicciones no funciona.

La conexión con otras personas es un componente necesario para la recuperación, pero ¿con qué frecuencia te sientes completamente solo en un cuarto lleno de personas?, ¿qué tan seguro te sientes aislado y excluido, incluso cuando estás rodeado de amistades y familiares? Muchas veces buscamos significado en

---

[13] Aunque no comparto las teorías de Hari sobre la adicción, me encantó su libro *Conexiones perdidas. Causas reales y soluciones inesperadas para la depresión* y lo recomiendo ampliamente.

los cuerpos de otras personas, en los alimentos que consumimos o en las cosas que compramos, pero no está ahí. Lo opuesto a la adicción no es la conexión, sino la *verdad*.

¿Qué significa esto? Que debajo de cada adicción, compulsión, mal hábito o conducta problemática se encuentra una *verdad no atendida*. En *Encuentre su propia estrella polar*, Martha Beck señala: «En algún punto, casi todos mis pacientes me comentan que no saben lo que quieren. Y eso nunca es verdad. Parte de ti (tu yo esencial) conoce tus propios deseos en cada momento de cada día (incluso cuando el mensaje es un satisfecho "Quiero exactamente lo que tengo, gracias"). Si piensas que no sabes lo que quieres, es porque tu yo social decidió que no deberías quererlo». Tu yo esencial no solo sabe siempre lo que quieres, sino que también sabe cuándo estás sufriendo, incluso si crees que no deberías sentirte herido.

Cuando desentierras el húmedo y enmohecido sótano de la psique, casi siempre encuentras verdades dolorosas y sin analizar. En *El poder de los hábitos*, el periodista ganador del premio Pulitzer, Charles Duhigg, puntualiza: «Es simplista insinuar que es posible vencer el tabaquismo, el alcoholismo, el consumo excesivo de alimentos y otros patrones arraigados sin un esfuerzo real. El cambio verdadero requiere trabajo y autocomprensión de las conductas impulsadas por el deseo». Cada vez que te concentres en domar los *hábitos* a expensas de comprender la *verdad*, es probable que te estanques y no avances. Las conductas no deseadas casi siempre dejan huellas en su andar. El siguiente cuadro es un vistazo a la manera en que los sucesos detonantes conducen a conductas poco sanas:

Suceso detonante	Lo que nos decimos	Lo que realmente sentimos	Conducta y creencia
Te peleas con tu mamá.	«Está bien, ella es así».	Vergüenza, traición, enojo, tristeza.	Te comes un paquete entero de galletas y luego piensas que tu principal problema es la adicción a la comida.
Tu jefe te grita frente a tus compañeros.	«Está bien. Tengo suerte de siquiera tener un empleo en esta economía».	Vergüenza, humillación, enojo, tristeza.	Te das un maratón de citas en Tinder y luego piensas que tu principal problema es la adicción al sexo.
Tu hijo adolescente te dice: «Te odio».	«Está bien. Es solo un niño y no me importa lo que piense».	Vergüenza, enojo, miedo, tristeza.	Te gastas todo el dinero de la renta y luego piensas que tu principal problema son las compras compulsivas.
La época de festividades	«Está bien. Es la mejor época del año»	Resentimiento, tristeza, desesperanza, soledad.	No te bañas durante una semana y luego piensas que tu principal problema es la flojera.

Suceso detonante	Lo que nos decimos	Lo que realmente sentimos	Conducta y creencia
Se muere un ser querido.	«Está bien. Todo sucede por una razón».	Enojo, tristeza, desesperanza, miedo.	Te bebes una botella de vino y luego piensas que tu principal problema es el alcoholismo.

Cuando los pacientes llegan a las sesiones desconcertados o avergonzados por sus decisiones, el primer punto en el orden del día es eliminar la ilusión de que su conducta es el principal problema. ¿Cómo? Analicemos lo que *en verdad* podría estar sucediendo bajo la superficie usando los ejemplos del cuadro anterior.

Conducta y creencia	La verdad
Te comes un paquete entero de galletas y luego piensas que tu principal problema es la adicción a la comida.	Detestas pelear con tu mamá. A veces te preguntas si fuiste un hijo deseado, pero te sientes mal por siquiera pensarlo. Comer en exceso te proporciona consuelo, ya que enfocarse solo en la adicción a la comida es una distracción efectiva para lidiar con el dolor.
Te das un maratón de citas en Tinder y luego piensas que tu principal problema es la adicción al sexo.	Cuando tu jefe te gritó, la humillación pública te hizo recordar cuando de niño recibías habitualmente abuso verbal. Intentas no pensar en eso y, en su lugar, terminas portándote mal con otras personas para poder sentirte en control. Enfocarse solo en la adicción al sexo es una forma de evitar el trauma subyacente.

Conducta y creencia	La verdad
Te gastas todo el dinero de la renta y luego piensas que tu principal problema son las compras compulsivas.	Cuando tu hijo adolescente te grita, sientes que eres un mal padre. Algunas veces tratas de compensarlo comprándole cosas, aunque no las necesite. Así, te centras exclusivamente en tus problemas financieros para no tener que enfrentar la vergüenza y la sensación de incompetencia en tus desafíos de crianza.
No te bañas durante una semana y luego piensas que tu principal problema es la flojera.	La temporada de festividades puede ser deprimente y difícil. No es fácil encontrar personas que entiendan que no quieres celebrar, así que te sientes desesperanzado y terminas sin hacer nada. Acto seguido, te obsesionas con lo flojo que eres en lugar de pensar en el aislamiento y la soledad que sientes.
Te bebes una botella de vino y luego piensas que tu principal problema es el alcoholismo.	Alguien que amabas mucho acaba de fallecer en un accidente de tránsito. Te sientes afligido y no tienes con quién hablarlo. Enfocarte únicamente en tus hábitos con la bebida te brinda una forma de evitar el proceso de duelo.

Las adicciones y los hábitos compulsivos son problemáticos y deben manejarse, pero el problema principal es la verdad no atendida. Cuando sabes lo que *realmente* sientes y piensas, puedes aplicar intervenciones que desactiven la impulsividad y mejoren tu sentido de «Yo puedo hacerlo». Es necesario que conozcas el origen de tu dolor para sanarlo y controlar tus hábitos. En *La guerra del arte*, Steven Pressfield señala: «Nuestra misión en la vida no es moldearnos para encajar en un ideal que creemos que deberíamos alcanzar, sino descubrir quiénes somos ya y convertirnos en ello». ¿En qué formas tratas de modificar tu propia verdad para encajar en una imagen idealizada? Quizá reconozcas unas de estas distorsiones cognitivas:

- No fue para *tanto*.
- No fue su intención herirme.
- Es una tontería y no debería afectarme.
- Debería simplemente estar agradecido.

Es sano reconocer el privilegio, sentir gratitud por tener recursos y valorar las cosas buenas que tienes en tu vida, pero recuerda, la perspectiva es sana; la comparación *no*. La comparación distorsiona la verdad. Del mismo modo que un cuerpo de agua requiere una ensenada y una desembocadura o se estanca y se contamina, también nosotros necesitamos equilibrar la perspectiva con el dolor. Cuando la perspectiva se da a costa de la verdad, se vuelve rápidamente perjudicial. No puedes prevenir una endodoncia si no admites tener dolor de dientes. La primera tarea para vencer un hábito o adicción es admitir tu verdad: no estás bien. La segunda tarea es plantearte la pregunta: «De acuerdo, admito que no estoy bien y que siento dolor. ¿Ahora qué?». La respuesta a esta pregunta se encuentra en un lugar que ni te imaginas: un concepto militar conocido como bucle OODA.

El bucle OODA

En la década de 1950, el coronel John Boyd, un piloto de combate de la Fuerza Aérea de Estados Unidos, asesor del Pentágono y estratega militar, creó el bucle OODA (observa, orienta, decide, actúa).[14] Cualquiera que sea el hábito que deseas vencer, esta sencilla

[14] El bucle OODA es una estrategia militar extremadamente compleja que modifiqué *en gran medida* aquí con el objetivo de vencer los hábitos. Distintas variaciones del bucle OODA se utilizan a menudo en los litigios y en los negocios para mejorar las habilidades de toma de decisiones.

herramienta de cuatro partes puede ayudarte a *salir* del estancamiento y *mantener* el control. En *Boyd: The Fighter Pilot Who Changed the Art of War* [Boyd: el piloto de combate que cambió el arte de la guerra], Robert Coram señala: «Boyd [...] se percató [...] de que cada persona vive un cierto tipo de guerra [...]. Para prevalecer en relaciones personales y de negocios, y especialmente en la guerra, debemos comprender lo que ocurre en la mente de una persona». Si te erizaste con la idea de que «en ocasiones la vida es una guerra», échale un vistazo a tu lenguaje. Como vimos en el capítulo 1, las metáforas sobre la guerra abundan. *Luchamos* con la báscula, *peleamos* con nuestros impulsos destructivos y experimentamos *crisis nucleares*. A veces puede que pienses que eres tu peor *enemigo*, y tu hogar tal vez se sienta como una *zona de combate*. Como aprendiste en el capítulo 2, modificar o cuestionar tus pensamientos (como sucede con la terapia cognitivo-conductual) puede modificar la trayectoria de tu conducta. El marco de trabajo del bucle OODA es una técnica de conciencia plena. Cuando integras la conciencia a tus pensamientos, escapas de la trampa del pensamiento y conducta automáticos.

→ **Observar**

Haz una pausa. Observa tu impulso de procrastinar, beber, excederte, etc. Considera los sucesos del día de hoy y de la semana pasada. Pregúntate si te estas mintiendo sobre algo. Luego, cuestiónate: «¿Qué es lo que de *verdad* pienso y siento sobre los sucesos del pasado reciente? ¿Necesito analizar situaciones en busca de pensamientos y emociones secretos y dolor no atendido?».

→ **Orientar**

Advierte que vives en un cuerpo. ¿En qué parte de tu cuerpo sientes incomodidad? ¿Qué te sientes obligado a hacer? Percibe las sensaciones de calor, frío, entumecimiento, hormigueo, cosquilleo o tensión. Siente tu frecuencia cardiaca, respiración y temperatura. Recuérdate que tu cuerpo está tratando de ayudarte y *no* de sabotearte.

→ **Decidir**

Pregúntate: «¿Con qué opciones cuento en este momento?». Elabora una lista de todas las personas, lugares y cosas que tienes a tu disposición. ¿Cómo puedes usarlas para sentirte menos afectado?, ¿qué acciones podrías tomar? Organiza la lista de lo más fácil a lo más difícil de realizar.

→ **Actuar**

Haz la primera acción de la lista. Si no te ayuda a resistir el impulso, realiza la segunda. Continúa así hasta llegar al final. Si sigues sintiendo el impulso, regresa al paso Observar y repite el proceso.

TU BUCLE OODA (CÓPIALO EN UN CUADERNO)

Observar: ¿qué pienso realmente de esta situación?
Orientar: ¿qué ocurre en mi cuerpo?
Decidir: ¿cuáles son mis opciones?

Actuar: ¿cómo me sentí al tomar esa decisión? ¿Necesito hacer algo más?

El bucle OODA evita las espirales emocionales. Puedes ser muy rápido para ignorar o minimizar los pequeños factores irritantes o molestias «menores» del día a día, pero el dolor no atendido *enseguida* gana rapidez y velocidad, y tarde o temprano te encontrarás fuera de control. Mientras trabajas con tu propio bucle OODA, sería útil recordar las palabras del ícono de la literatura inglesa Samuel Johnson: «Las cadenas del hábito son demasiado ligeras para sentirlas, hasta que se vuelven demasiado fuertes para romperlas».

La capacidad psicológica o fisiológica para afrontar se ve rebasada

La primera parte de nuestro análisis del manual de la FAA se centró en comprender la función de la adicción: la autoprotección. En la segunda parte, se proporcionaron habilidades para corregir y evitar una situación peligrosa usando la verdad y el bucle OODA. La tercera y última parte aborda qué hacer cuando los factores psicológicos y fisiológicos rebasan tu capacidad para afrontar. Te vuelves adicto a sustancias y hábitos porque, al intentar detenerte, tu cuerpo se siente agobiado por impulsos incontrolables. Tu cerebro intenta sobrellevarlo; pero, al final, sucumbes ante las ansias. La abstinencia es un paso desagradable, pero necesario entre el «¡Hurra, tomé una buena decisión!» y el «¡Hurra, tengo un hábito sano nuevo!». La abstinencia no aplica solo para los usuarios de drogas duras, puede suceder con *cualquier* cosa que tu cerebro esté acostumbrado a tener: personas, lugares, cosas, conductas o sustancias. Sus síntomas varían entre una ligera incomodidad y pánico debilitante, así como síntomas psicológicos como náuseas o migrañas.[15] No estás loco. Para cambiar un hábito, necesitas prepararte para lidiar con la fase de abstinencia y desintoxicación. Uno de los mitos que producen mayor estancamiento es la creencia de que tomar buenas *decisiones* produce buenas *emociones* de inmediato. Es una expectativa ilusoria. Como recordarás, en la sección sobre las espirales de la muerte mencionamos que las ilusiones conducen rápidamente a colisiones. Estas son las diez etapas que puedes esperar atravesar cuando te dispongas a vencer un hábito de toda la vida. Abróchate el cinturón.

LAS ETAPAS AL VENCER UN HÁBITO

1. «Listo. Hagámoslo».
2. «Hurra. Estoy haciendo un cambio sano».
3. «Ay».
4. «No, en serio... ay».
5. «Quiero darme por vencido».
6. «Suspiro... está bien».
7. «Qué aburrido».
8. «Me siento deprimido».
9. «Creo que ya no me siento tan mal».
10. «No es tan terrible».

En *La princesa prometida*, una de las líneas más citadas es la del héroe Westley, quien sarcásticamente señala: «La vida es dolor, su majestad. Cualquiera que diga lo contrario está vendiendo algo». Podrías modificarla ligeramente para decir: «*Vencer hábitos* es dolor. Cualquiera que diga lo contrario está vendiendo algo». No permitas que las declaraciones de «buenas vibras siempre» te hagan creer que estás solo en tu lucha. Dejar a una persona tóxica, una sustancia química o una conducta es *muy* difícil los primeros

[15] Siempre consulta primero a un médico antes de descartar que tus síntomas se deban a razones médicas.

días y semanas. Si nuestras expectativas son demasiado idealistas («¡Esto va a estar genial!»), huiremos cuando la dura realidad nos alcance. Cuando las expectativas («Esto va a estar horrible») concuerdan con la realidad («Sí, esto se siente horrible»), puedes mantener el control usando el bucle OODA. También ayuda tener en mente que *bah* es un punto en el camino hacia sentirse bien. Conforme vayas ajustando tus nuevos hábitos, es posible que entres en un periodo en el que te sentirás adormecido, lo cual es una parte normal del proceso. Aunque es tentador en este punto confundir la sensación de adormecimiento con *depresión*, no te desvíes.

«Está bien; no me desviaré, pero ¿cuánto tiempo va a durar?».

La psicología popular a menudo afirma que toma 21 días[16] crear un deslumbrante hábito nuevo. Debido a que en el proceso de cambio intervienen muchos factores (edad, salud, acceso a recursos, estabilidad financiera, motivación, genética, etc.), es casi imposible establecer un marco temporal para el vencimiento de los hábitos. Un estudio publicado en la *European Journal of Social Psychology* [Revista Europea de Psicología Social] descubrió que algunos participantes cambiaron sus hábitos en tan solo 18 días, mientras que otros tardaron hasta 254 días. Independientemente de cuánto tarde realmente cambiar un hábito, puedes estar seguro de que el síndrome de abstinencia *no* dura para siempre. Según informes anecdóticos —asumiendo que te encuentras en un entorno relativamente funcional—, la mayoría de las personas experimenta un alivio significativo del síndrome de abstinencia hacia el final de la segunda semana. Si actualmente eres adicto a alguna sustancia química, busca atención médica, ya que es peligroso y hasta mortal desintoxicarse de ciertas drogas y del alcohol sin supervisión médica. Los informes anecdóticos que presento aquí se refieren al cambio de patrones de *conducta*, no a la disminución del consumo de sustancias. Si estás

[16] La cifra de 21 días se cita con frecuencia en la cultura pop y probablemente proviene de un libro de la década de 1960 sobre la autoimagen, titulado *Psico-Cibernética*, escrito por el cirujano plástico Maxwell Maltz. Él no dijo que tomaba 21 días formar un hábito, sino que, por lo general, a sus pacientes les llevaba al menos tres semanas formar una nueva autoimagen.

considerando un tratamiento de corta estancia para ti o un ser querido, es importante que investigues y dediques tiempo a encontrar un centro especializado y asegurarte de crear un plan de atención posterior al internamiento.

Conclusión

Mi propia historia de recuperación incluye abuso de drogas, trastornos alimentarios, espirales obsesivo-compulsivas y adicciones conductuales peligrosas. No es *fácil* vencer los hábitos, pero el proceso es *simple*. Cualquiera que sea el problema que *enfrentas*, el conjunto de habilidades que necesitas para cambiar un hábito es el mismo que se utiliza para evitar que un avión se estrelle: comprender lo que es *real* frente a creer lo que *sentimos*. Se requiere un poco de capacitación y práctica, pero vale la pena el esfuerzo. Tal vez creas que a los pilotos nuevos se les enseña a evitar las espirales de la muerte, pero no es así. Quizá también pienses que las escuelas enseñan a los niños a identificar y cuestionar las distorsiones cognitivas, pero no es así. Sin embargo, *puedes* reprogramar tu cerebro. ¿Cómo? En el manual de la FAA se menciona: «Si experimentas una ilusión vestibular durante el vuelo, ignora tus percepciones sensoriales y confía en tus instrumentos». En una aeronave, el *indicador de altitud* proporciona a los pilotos una imagen clara de su posición en relación con el horizonte. Tu cuadro del bucle OODA es tu indicador de altitud. En lugar de confiar ciegamente en lo que piensas, dedica tiempo a asegurarte de que tus percepciones concuerdan con la realidad.

Recuperarse de las adicciones y los malos hábitos no se trata de ser bueno o de negarse a sentir placer, sino de *honestidad*. Como señaló sabiamente Robert Fulghum: «No creas en todo lo que piensas». Si eres honesto sobre tus pensamientos y emociones, y evitas las ilusiones, es probable que *no* te estanques en el sillón o dentro de una lata de Pringles. La recuperación implica responsabilizarte de tu vida y cuestionar las *ilusiones*.

En *Awakening the Heroes Within* [Despertar a los héroes internos], Carol S. Pearson señala: «Ninguna vida, por exitosa y emocionante que sea, te hará feliz si no es realmente tuya, así como ninguna vida te hará miserable si en realidad te pertenece». Recuerda que ver no es lo mismo que creer. En el renombrado clásico de Madeleine L'Engle, *Una arruga en el tiempo*, la protagonista Meg intenta en vano describir una visión a una criatura ciega conocida como la Tía Bestia, quien, desconcertada por el concepto, responde emocionada: «No sabemos cómo *lucen* las cosas, sino cómo *son*. Debe ser algo muy limitante este asunto del ver». Qué razón tenía.

Lecciones clave

1. Mentirte es el combustible que mantiene vivas las adicciones y los hábitos.
2. No existe una cura universal para la adicción.
3. Las adicciones y los hábitos son problemáticos, pero no son *el* problema.
4. El objetivo de tus adicciones y hábitos es la autoprotección, *no* el autosabotaje.
5. Lo opuesto a la adicción es la *honestidad*.
6. La abstinencia *no* es la única forma de controlar las adicciones y los hábitos.
7. En lo profundo de cada adicción, compulsión o hábito, se encuentra un dolor no atendido.
8. Tomar una buena *decisión* en raras ocasiones produce de inmediato una *emoción* buena.
9. El *síndrome de abstinencia* es el paso entre querer y tener.
10. *No intentes abstenerte de las sustancias químicas sin supervisión médica*.

Qué hacer y qué no hacer

Qué hacer	Qué no hacer
Hacer una lista al final del día (en tu mente está bien) y preguntarte: «¿En qué momento fui deshonesto conmigo mismo o con alguien más?».	Pensar que no mentiste el día de hoy. Todos mentimos cada día. Las minimentiras cuentan como mentiras.
Abordar este asunto con honestidad: «No siempre hago lo que sé que puedo hacer para sentirme mejor porque ________________».	Flagelarte por no hacer lo que sabes hacer. Si fuera fácil vencer los hábitos, no habría hábitos que vencer.
Preguntarte dónde tienes un dolor no atendido (incluso si crees que no debería dolerte).	Preocuparte por hacer todos los cambios a la vez. Un paso a la vez.
Prepararte para el proceso de abstinencia creando un inventario de personas, lugares y cosas que te ayudarán a soportar las semanas de incomodidad.	Darte por vencido cuando llegue el síndrome de abstinencia. Es difícil superar la incomodidad, pero el síndrome de abstinencia agudo a causa de los malos hábitos (con excepción de las sustancias químicas) rara vez dura más de una semana o dos.

Retos de cinco minutos

1. La gratitud solo es sana si coexiste con la verdad. Elabora una lista de diez cosas por las que estés agradecido.
2. Del otro lado de tu lista de gratitud, elabora otra con diez cosas por las que sientes frustración, molestia, enojo o tristeza (incluso si crees que no deberías sentirte así).
3. Al final del día, piensa en al menos una mentira que te hayas dicho a ti mismo o a alguien más. No te juzgues, solo reconócelo.

9 CONVERTIRSE EN UN ADULTO EMOCIONALMENTE MADURO

La pequeña Alicia
c
a
y
ó
por el agujerO,
se golpeó la cabeza
y se lastimó el alma.

Lewis Carroll,
Las aventuras de Alicia en el País de las Maravillas

Olivia entró en mi consultorio vestida para las cámaras como de costumbre. Su falda de tubo negra y su blusa blanca impecable creaban un lienzo impresionante para la refinada joyería que colgaba con elegancia de su cuello y muñecas. Su maquillaje perfecto estaba enmarcado por un cabello brillante con ondulaciones de salón, pero en oposición a su apariencia de revista

Vogue, Olivia era una niña aterrada dentro del cuerpo de una mujer adulta.

Después de agarrar mi pesada cobija y una caja de Kleenex, Olivia se acomodó en el sillón de mi consultorio y, llena de lágrimas, me describió su última crisis de pareja. Aunque tenía 39 años, andaba tan confundida por la vida como la pequeña Alicia metiendo la pata por todo el País de las Maravillas. Olivia nunca expresaba lo que quería decir y pocas veces quería decir lo que expresaba; decía «no» cuando quería decir «sí» y «sí» cuando quería decir «no». ¿Límites? Imposible. Su padre gobernaba su vida (y sus finanzas) con la misma fiereza que la Reina de Corazones exigía cabezas. A Olivia le aterraba todo el tiempo que sus amistades la abandonaran y, aunque era una renombrada abogada fiscal, nunca le daba seguimiento a aquello que *sabía* que la haría sentir mejor. Olivia, como Alicia, «por lo general se daba muy buenos consejos (aunque rara vez los seguía)».

El término clínico para la adolescencia perpetua de Olivia es *regresión emocional*,[1] que ocurre cuando te sientes físicamente más pequeño y emocionalmente más joven que tu edad cronológica. Tu «tamaño» emocional no coincide con tu tamaño real. Este capítulo trata sobre la regresión emocional: qué es y por qué te estancas, así como el camino para transformar la regresión emocional en madurez emocional. Como adulto con madurez emocional, ya no tendrás que disminuirte y no aceptarás ordenes de las infames voces en tu mente (a las que algunos llaman el *minicomité maldito*).[2] Además, tendrás el poder de convertir a padres todopoderosos en *personas* humanas normales. Cuando sabes qué es la regresión y cómo revertirla, puedes salir del estancamiento y comenzar a moverte.

---

[1] «La regresión en los adultos [...] implica retroceder a una etapa de desarrollo anterior (emocional, social o conductualmente)» en momentos de estrés. Lokko, Hermioni N. y Stern, Theodore A. (2015). «Regression: Diagnosis, Evaluation, and Management». *The Primary Care Companion for CNS Disorders*, 17(3). Disponible en: <https://doi.org/10.4088/PCC.14f01761>.

[2] El origen del término *itty-bitty shitty committee* (minicomité maldito) es desconocido, pero es una expresión que se usa comúnmente en los círculos de recuperación. El minicomité maldito es el grupo de voces críticas en tu mente cuyo juicio temes.

Darle nombre al problema: regresión emocional frente a madurez emocional

¿Sientes que estarás «en problemas» en el trabajo?, ¿tienes miedo de molestar a tus papás? Hasta los 27 años oculté mis tatuajes bajo leotardos para no provocar la ira de mi padre. ¿Las tareas adultas como el cambio de aceite o la limpieza de dientes te causan agobio y parálisis?

¿Sientes la necesidad de pedirle permiso a tu pareja como lo harías con un papá? El siguiente cuadro muestra la diferencia entre regresión emocional y madurez emocional.

Signos de regresión emocional	Signos de madurez emocional
Presentan indecisión.	Los adultos con madurez emocional solicitan retroalimentación y sopesan opciones, pero al final de cuentas se sienten empoderados para tomar decisiones.
Les da miedo hacer enojar a las personas.	Los adultos con madurez emocional no se hacen responsables de manejar las emociones de otras personas, sino que transitan el conflicto con habilidad y pueden establecer límites.
Tienen dificultad para decir no.	Dicen que no con confianza.
Tienen explosiones emocionales.	Tienen regulación emocional. Son responsivos más que reactivos.
Desean ser el hijo, empleado o amigo «favorito».	Saben que todas las personas son valiosas y que la vida no es un juego de suma cero.

Signos de regresión emocional	Signos de madurez emocional
Nunca se sienten competentes. Presentan síndrome del impostor.	Aceptan sus fortalezas y debilidades.
Tienen miedo de seguir sus sueños: ¿qué pensarán «los demás»?	Se mueven con confianza en la dirección de sus sueños, incluso si eso significa decepcionar a los demás.

Para salir del estancamiento necesitas tener el tamaño correcto, y la lucha para lograrlo es *real*. Parece que Lewis Carroll entendía la regresión emocional cuando escribió *Las aventuras de Alicia en el País de las Maravillas*. Alicia le comenta a la Oruga, «eso de pasar por tantos tamaños en un día la confunden a una». ¿Cuántas veces en un día experimentas diferentes tamaños? Piénsalo. Tal vez te encojes de miedo cuando te llama tu jefa a su oficina, pero en la noche te sientes como un adulto capaz cuando le lees cuentos a tu hijo para dormir; quizá te sientas como un adolescente malhumorado en la mañana cuando tu mamá critica tu peso, pero a mitad de la tarde te sientes como un poderoso guerrero que *conquistó* a los clientes en la reunión de ventas. Todos experimentamos cambios de tamaño en distintos grados. Cuando la regresión emocional se activa, los adultos se transforman en infantes llorones, adolescentes taciturnos o niños gritones.

Es la mejor época del año... para la regresión

Considera el ambiente emocional desde el Día de Acción de Gracias hasta Año Nuevo. Como lo comentamos en el capítulo 7 respecto a las dinámicas familiares, no hay otra época del año que proporcione más evidencia de regresión emocional que la temporada de festividades.[3] Para los terapeutas, esta temporada es lo mismo que la temporada de declaraciones fiscales para los contadores. Los teléfonos suenan, las bandejas de entrada de los correos electrónicos se desbordan y las listas de espera se inflan. ¿Qué tan joven te sientes cuando vas a casa para las festividades? El abismo entre las expectativas culturales y la realidad de esta temporada es amplio y profundo. El dolor emocional se traga (junto con un montón de pay de calabaza y ponche) porque las personas piensan que deberían sentirse felices. Piensa en la oleada de alegres mensajes que aparecen las 24 horas del día, 7 días a la semana:

- «Esta es la temporada para ser feliz...».
- «Regala alegría al mundo...».
- «¡Regocíjate, regocíjate!».
- «Todo es tranquilidad; todo es luminoso...».
- «Paz en la tierra; buena voluntad para los hombres...».

A pesar de la banda sonora positiva y alentadora, la temporada de festividades es cuando la depresión se dispara y la autoestima se desploma. La regresión emocional no es la *única* causa de la nostalgia durante las festividades, pero sí ocupa uno de los *primeros* lugares en la lista de factores que contribuyen a ella. ¿Con qué frecuencia asistes a regañadientes a la fiesta navideña de tu hermana cuando en *realidad* lo que quieres es tener una noche a solas? Si le dices a tu hermana que sí porque te da miedo que se enoje, eso es un signo de regresión emocional. ¿Cuántas veces has arrastrado los pies a *otro* fiasco del Día Acción de Gracias con la familia de tu pareja en *lugar de* quedarte en casa y ordenar comida para llevar como en verdad querías? Si dices que sí solo para calmar a tu fría suegra, es probable que la causa sea la regresión emocional. La mayoría de nosotros pasa noviembre y diciembre sintiéndose minimizada y estancada. Luego, en Año Nuevo, regresamos a nuestro tamaño correcto y formulamos metas decisi-

[3] Este capítulo hace referencia a varias festividades típicas de EE. UU., pero su contenido es aplicable a las celebraciones de cualquier religión y país.

vas. Cuando se presenta la primavera y ya pasó tiempo desde que abandonamos las metas, sentimos vergüenza. Cuando llegan de nuevo las festividades, el ciclo vuelve a comenzar: regresión-resolución-repetición.

En *Growing Yourself Back Up* [Volver a crecer], el experto John Lee puntualiza: «La regresión está tan extendida en nuestra cultura que la mayoría de las personas está en proceso de regresión, en medio de una regresión o acaba de salir de una [...]. Aprender a lidiar con la regresión en ti mismo y en otros es una de las habilidades más valiosas que podrás aprender». Si te sientes estancado en *algún* área de tu vida, es probable que la regresión emocional esté jugando un papel protagónico en ella. Para iniciar el proceso de «volver a crecer», piensa en todas las personas, lugares y sucesos que ocasionan que te sientas más joven que tu edad cronológica. Puedes usar este formato (o crear uno propio) para compilar un inventario. Copia las siguientes frases en un cuaderno (repítelas tantas veces como sea necesario) para crear tu «lista de regresiones».

> Siento que tengo _____ años cuando mi ___________
> (**mamá/papá/jefe/cónyuge/amigo/amiga**) dice/
> hace _________________________. Si me sintiera
> maduro y poderoso, más bien diría/haría
> _________________________, pero no lo hago porque temo
> que _________________________ suceda.

Regresaremos a tu lista más adelante. La siguiente sección destaca lo que *debería* ocurrir: transformación exitosa de infancia emocional a madurez emocional (trata de no avergonzarte si tu transformación se siente incompleta. Estás en buena compañía). Luego nos adentraremos en la causa de la regresión emocional y cuestionaremos las creencias que contribuyen al estancamiento. Finalmente, tendrás acceso al mapa del sendero que te sacará de la regresión emocional. Advertencia: recorrer el camino requiere un poco de esfuerzo, pero las recompensas finales hacen que valga la pena.

Adultez interrumpida: la alquimia de la adolescencia

La alquimia es un proceso de transformación mítico. De acuerdo con la Royal Society of Chemistry [Sociedad Real de Química], «el objetivo de los alquimistas era triple: hallar la piedra del conocimiento (la piedra filosofal), descubrir la fuente de la eterna juventud y descubrir la transmutación de los metales [convertir el plomo en oro]». En muchas tradiciones espirituales, la alquimia se usa como metáfora para describir el proceso de transformar el dolor en poder, el desastre en mensajes y el trauma en triunfo. Los alquimistas pretendían crear algo infinitamente valioso a partir de las materias primas. La alquimia es un proceso mágico y misterioso. Madurar también lo es.

En la aclamada novela del autor Paulo Coelho *El alquimista*, el protagonista proclama: «Esta es la razón por la que la alquimia existe [...] para que todos busquen su tesoro, lo descubran y quieran ser mejores de lo que eran en su vida anterior». La alquimia es una forma de describir tu desarrollo desde la infancia hasta la adultez. No elegiste tu infancia, pero sí puedes decidir qué hacer con tu materia prima. La adolescencia es (idealmente) la época en la que la materia prima de la infancia se procesa y transforma en una adultez gloriosamente funcional, pero este proceso casi *siempre* se ve interrumpido. La vida ocurre; *no* es tu culpa. La interrupción de la alquimia no es una debilidad personal. Los cuidadores, las finanzas, el privilegio, el trauma y una infinidad de factores fuera de tu control contribuyen al proceso.

Debido a que no existen límites claros que distingan la niñez de la adultez, es imposible transformarse en un adulto en *cada* aspecto de tu vida al mismo tiempo como por arte de magia. Tal vez seas un excelente padre, pero un adolescente de secundaria podría competir con tu fluidez financiera; quizá seas excelente en tu profesión, pero te cuesta trabajo usar el hilo dental;[4] puede que

[4] Si tienes un aspecto secreto sobre higiene del que te avergüenzas, debes saber que una sorprendente cantidad de adultos, que en otros aspectos son altamente funcionales, informan que les cuesta trabajo lavarse los dientes, usar hilo dental o bañarse.

no tengas problemas para cultivar amistades, pero te aterra la intimidad. La mayoría está estancada en al *menos* un área de su vida.

En *Alchemy: How Adolescence Changes Children into Adults* [Alquimia: cómo la adolescencia transforma a los niños en adultos], el doctor Harris C. Faigel explica: «La adolescencia, como la alquimia, es un proceso casi mágico que transforma a los niños en adultos. Es un camino personal a través del tiempo, un recorrido de exploración difícil y demandante, a ratos tormentoso, a ratos aburrido. La adolescencia es el puente, el cambio alquímico que hace posible el recorrido de la niñez a la adultez». Si la adolescencia es el puente a la adultez, el puente está repleto de viajeros estancados. La regresión al «cerebro adolescente» es la culpable de muchas explosiones, crisis emocionales y colapsos nerviosos.

Por fortuna, debido a que la regresión emocional es un estado mental y no un padecimiento físico, *no* tienes que quedarte en el puente. Como dijo Einstein: «El tiempo y el espacio son formas de percepción y no las condiciones en las que existimos». Si el tiempo y el espacio son pensamientos, significa que tienes el poder de cambiarlos.[5] Es totalmente posible revertir la regresión emocional y regresar a la madurez emocional. Alicia se cayó en la madriguera del conejo, luego maduró emocionalmente y encontró el camino de regreso a casa. Tú puedes hacer lo mismo.

Causas de la regresión

La nostalgia emocional es la causante de las regresiones emocionales. ¿Eso qué significa? Maya Angelou señaló: «La nostalgia por el hogar vive en todos nosotros. Ese lugar seguro donde podemos ser quienes somos sin ser cuestionados». Sin embargo, el hogar no es solo la estructura de ladrillos y cemento donde la decoración inge-

[5] Advertencia: «Cambiar tus pensamientos cambia tu vida» es verdad *solamente* si estás en un entorno seguro, *no* eres objeto de racismo sistemático y tienes acceso a recursos. No es cierto para todo el mundo. Si hay áreas en las que legítimamente no tienes poder para cambiar, enfócate en lo que sí puedes.

niosa te invita a «vivir, amar y reír».[6] Richelle E. Goodrich puntualizó: «El hogar es donde es más probable que escuches "Te conozco", "Te acepto", "Te perdono" y "Te amo"». La persona más importante de la que necesitas escuchar estas frases eres *tú*. Los adultos que se sienten psicológicamente «nostálgicos» presentan regresiones emocionales y buscan en el *exterior* lo que pueden encontrar en su *interior*. A menos que sientas que es seguro vivir en tu mente y cuerpo, ningún lugar se sentirá de verdad como tu hogar.

Es posible que vivas físicamente en tu hogar con tus papás o la familia extendida; quizá crees físicamente un hogar con tu pareja e hijos y no hay nada de malo en ello, pero para salir del estancamiento, el hogar *también* necesita ser un trabajo interno. La feminista y pionera Betty Friedan señaló: «Es mucho más fácil vivir a través de alguien más que completarte. La libertad de dirigir y planear tu propia vida es intimidante si nunca la has enfrentado antes. Es aterrador cuando una mujer finalmente se percata de que no hay una respuesta a la pregunta "¿quién soy?", excepto la voz en su interior». El viaje de autoconocimiento como adulto maduro (de cualquier sexo) es el de un héroe.

El *viaje del héroe* es un concepto que popularizó Joseph Campbell. La mayoría de nuestros cuentos favoritos se basa en esta idea. El héroe se va de casa, encuentra obstáculos y regresa triunfante a su hogar con mayor madurez y sabiduría, así como una comprensión más profunda de sí mismo. En *El héroe de las mil caras*, Campbell refirió: «El viaje del héroe trata sobre la valentía de hurgar en las profundidades; la imagen del renacimiento creativo; el ciclo eterno del cambio en nuestro interior; el asombroso descubrimiento de que el buscador es el misterio mismo que desea descifrar». El objetivo del viaje del héroe es pasar de la infancia emocional a la madurez emocional. Reconocerás que estás cerca del destino cuando:

---

[6] Una buena búsqueda en Google sobre «vivir, amar y reír» arroja 457 000 000 de resultados, así como miles y miles de decoraciones para la pared, chucherías y tazas.

- tu tolerancia a las relaciones tóxicas disminuya;
- tus relaciones con la comida, el sueño y el sexo se sientan (en su mayoría) pacíficas;
- expreses lo que quieres decir (y quieras decir lo que expresas) sin miedo al juicio;
- seas capaz de decir «no» sin culpa;
- tu diálogo interno sea compasivo y amable;
- te sientas empoderado para tomar decisiones;
- ya no tengas miedo de «meterte en problemas»;
- apliques tus propios consejos.

En este punto, los pacientes por lo general dicen: «Está bien, esto comienza a tener sentido. Estoy estancado porque no me siento como un adulto y no siento que mi cuerpo sea mi hogar. Lo entiendo, pero ¿ahora qué hago? ¿Cómo encuentro mi camino a casa?».

Creencias que bloquean la transición a la madurez emocional

Lo primero que se debe hacer después de nombrar el problema (regresión emocional) es identificar las creencias que te mantienen estancado en el puente hacia la adultez. En los capítulos 5 y 6, aprendiste la diferencia entre relaciones en la infancia y relaciones en la adultez. Usaremos ese mismo proceso de distinción aquí. Existen cuatro creencias principales que bloquean la transición de la infancia emocional a la madurez emocional:[7]

1. Amor incondicional (la creencia de que los adultos dan y reciben amor incondicional).

[7] No todos los niños experimentan estas creencias. Yo no las viví, y puede ser que tú tampoco. El trauma infantil destruye la capacidad de creer en la inocencia, la bondad, el amor incondicional y la confianza. Si tus circunstancias te privaron de los dones de la mentalidad infantil, dirígete a la siguiente sección.

2. Confianza incondicional (la creencia de que las relaciones adultas la necesitan).
3. Bondad (la creencia en la existencia de los malos y los buenos).
4. Inocencia (la creencia de que la vida es solo unicornios y mariposas).

Utopía infantil	Realidad adulta
¡Recibo amor incondicional!	En *El drama del niño dotado*, la psicóloga y autora *bestseller* Alice Miller puntualizó: «Como adultos no necesitamos el amor incondicional [...] esa es una necesidad de la infancia, una que no puede ser satisfecha en ningún momento posterior en la vida». *Todas* las expresiones de amor sanas requieren condiciones. La única persona que puede darte amor incondicional como adulto eres *tú*.
¡Confío incondicionalmente en todas las personas!	Todas las personas son humanas y ningún humano es perfecto. El capítulo 6 desmantela el mito de que la confianza incondicional es necesaria (o realista) para tener relaciones adultas sanas.
¡La bondad existe! En la vida hay buenos y malos.	No existen las personas completamente buenas o malas. Los adultos maduros emocionalmente reconocen que dentro de *todos* nosotros hay un equilibrio de lo bueno y lo no tan bueno.

Utopía infantil	Realidad adulta
¡La inocencia existe! En la vida no hay malicia ni injusticia.	La inocencia es un don disponible solo para un pequeño grupo de niños *muy* afortunados. Los adultos maduros emocionalmente pueden experimentar el asombro y alegría de un niño, pero no la inocencia. La inocencia en un adulto es incompatible con reconocer la realidad del dolor. Los adultos son conscientes de las duras realidades de la vida.

Antes de que arrojes el libro en señal de protesta, recuerda que las recompensas de la adultez superan *por mucho* los beneficios de la niñez. Es doloroso dejar atrás las utopías infantiles, pero como adulto maduro emocionalmente puedes decidir:

- con quien tener una relación de pareja o amistad;
- qué comer, cuánto y cuándo;
- dónde vivir (y donde pasar las festividades);
- cómo criar a tus propios hijos (humanos y peludos);
- cuándo seguir tus sueños.

Y recuerda: no tienes que dejar *todo* en el pasado de la infancia; por el contrario, como adulto maduro emocionalmente, tendrás *más* libertad para soñar y satisfacer tus caprichosos deseos (yo misma creé una puerta secreta en mi librero que lleva a un recoveco de lectura oculto, que es una fantasía de infancia inspirada por Nancy Drew). La legendaria Julia Cameron, conocida como la reina del cambio y la creadora suprema de *El camino del artista*, concibió un método llamado *citas con el artista* que puede ayudarte si sientes que tu creatividad está estancada. «La cita con el artista es una expedición semanal festiva y a solas, cuyo fin es explorar algo que te interese».[8] Los adultos maduros emocionalmente se dan permiso libre de culpa para hacer cosas como las citas con el artista. La madurez emocional *no* requiere que abandones el asombro, la imaginación o la magia de la infancia, sino que reconozcas que la *etapa de desarrollo* de la infancia se acabó.

Puedes seguir abriendo con alegría regalos de Navidad coloridos como adulto; puedes jugar LEGO hasta saciarte y comer Cheerios viendo las caricaturas el sábado en la mañana; puedes pintar el techo color morado y las paredes azules, saltar en charcos, construir fuertes épicos con las cobijas, jugar a disfrazarte y perseguir moscas. Todos tenemos un «niño interior» al que le encanta explorar y jugar.

Cronológicamente, no volverás a ser un niño de 10 años que espera que papá llegue a casa para jugar a la pelota.[9] No podrás revivir la emoción de un niño de 5 años pidiendo su deseo al soplarle a las velas de cumpleaños o de un adolescente que se prepara nerviosamente para su primer beso. Si tuviste una infancia dolorosa, no puedes regresar y rehacerla. Si tuviste una infancia alegre, no puedes quedarte ahí. La regresión emocional es el resultado de:

a) tratar de seguir siendo un niño (si tuviste una infancia feliz)

o

b) tratar de recrear la infancia (si esta no fue ideal).

Olivia, la paciente que describí al inicio del capítulo, estaba estancada porque anhelaba desesperadamente seguir siendo la «niña de papá». La regresión emocional le creaba la *ilusión* de amor y cui-

---

[8] «Citas con el artista» <https://juliacameronlive.com/basic-tools/artists-dates/>. Si no hubiera sido por *El camino del artista*, probablemente seguiría en un empleo que aborrecía, en una relación que me estaba destruyendo y siendo adicta a todo tipo de conductas y sustancias químicas. Las herramientas y los conceptos de Julia Cameron te cambian la vida. Los recomiendo ampliamente.

[9] Si crees en la reencarnación, entonces técnicamente sí tienes otra oportunidad de vivir la niñez, pero será una infancia diferente. La reencarnación *no* es un «pase gratuito» para evitar el dolor de esta vida.

dado incondicional, pero a un costo muy alto. La creencia de que necesitaba que la «rescataran» interrumpió su transformación alquímica. En el taller Becoming an Emotional Adult [Convertirse en un adulto emocionalmente maduro], que imparto con la especialista en cambio de mentalidad, la doctora Sasha Heinz (quien escribió el prólogo del libro y es una de mis personas favoritas en el planeta), guiamos a viajeros valientes por los caminos sinuosos y a menudo incómodos de la regresión emocional. Como adulto emocionalmente maduro, no necesitas al «caballero de armadura brillante», ya que tú *eres* ese caballero.[10]

¿Eso qué significa? Una herramienta para revertir la regresión emocional (y un camino que te conducirá al hogar) es el *duelo*.

(Efecto de disco rayado). *Espera, ¿qué dijiste? ¿La solución a la regresión es el duelo?*

El *duelo* es una palabra prohibida en el mundo del bienestar «solo piensa positivo». Se supone que no debes pasar por él a menos que alguien haya fallecido e, incluso en ese caso, se espera que solo lo hagas por un breve periodo antes de «seguir adelante y vivir tu vida». El duelo es el arma secreta que rompe el hechizo de la regresión, pues te libera de las cadenas del pasado y abre una puerta hacia tu yo más auténtico, adulto y mágico.

¿Cómo? Permitirte estar de duelo por tu pasado te libera de la compulsión de repetirlo.[11] Si tu infancia fue traumática, el trabajo de duelo te ayuda a metabolizar el trauma. Si tu infancia fue aceptable o feliz, el trabajo de duelo sigue siendo necesario. ¿Por qué? El trabajo de duelo le permite al cerebro procesar la caducidad del amor incondicional, la confianza, la bondad y la inocencia. El trabajo de duelo le dice al cerebro: «Los tiempos en los que *alguien* te cuidaba de lleno se acabaron. Es *tu* turno de tomar las riendas». Para lograr la transformación de tu infancia emocional a la madurez emocional

[10] Ser tu propio caballero de armadura brillante no significa que no necesitas a otras personas. Todos estamos programados para la conexión. Existe una diferencia entre solicitar *ayuda* y solicitar *rescate*.

[11] La *compulsión de repetición* es un concepto freudiano que popularizó y actualizó con su trabajo el especialista en trauma Bessel van der Kolk.

es necesario que honres el pasado y le pongas fin. *Todos* los finales importantes requieren un proceso de duelo.

> **Permitirte estar de duelo por tu pasado te libera de la compulsión de repetirlo.**

El trabajo del duelo: el camino que te conduce al hogar

El psiquiatra y padre de la teoría del apego, John Bowlby refirió lo siguiente: «Los adultos que muestran una ausencia prolongada de duelo consciente son, por lo general, autosuficientes, orgullosos de su independencia y autocontrol [...]. Pero tarde o temprano algunos de los que evitan todo duelo consciente entran en crisis, usualmente con algún tipo de depresión». Si estás estancado en algún área de tu vida, cierto grado de duelo consciente es una herramienta necesaria y potente.

Sin embargo, la cultura occidental no es buena en los menesteres del duelo, ya que, al recordarnos nuestra vulnerabilidad, se vuelve incómodo. Al duelo no le importa el poder, el estatus o la riqueza y nos visita a todos en algún momento.

En *Está bien que no estés bien*, Megan Devine señala: «Es necesario que recordemos (como práctica funcional) honrar todos nuestros duelos. Honra las pérdidas, pequeñas y grandes; las que cambian la vida y las que cambian momentos. Y, sobre todo, no las compares. Que todas las personas experimenten dolor no es un remedio para nada». El final de la infancia (haya sido buena o mala) entra dentro de la categoría de duelos que debemos honrar. Incluso si no recuerdas nada sobre tu niñez, es importante que te digas: «Se terminó este periodo de mi vida. No puedo regresar y rehacerlo. La infancia ya no es mi lugar. Me doy permiso de sentir todas mis emociones y entrar en duelo por todas las pérdidas, grandes y pequeñas».

El pasado permanece en el presente hasta que lo procesas.

La regresión emocional ocurre cuando nos rehusamos a aceptar el final de la infancia, pero incluso *sí* aceptas su deceso, la desinformación sobre el duelo te puede dejar estancado. Si la salud mental es un compromiso con la realidad (como leíste en el capítulo 1), es importante separar el mito de la realidad en lo que se refiere al proceso de duelo.

MITOS Y REALIDADES DEL DUELO

«El tiempo cura las heridas».	El tiempo no cura las heridas. Puedes experimentar emociones intensas sobre algo que ocurrió dos, cinco o veinte años atrás. *El proceso de sanación* es lo que cura las heridas, no el paso del tiempo.
«Necesitas cerrar el ciclo».	Cerrar el ciclo *no* depende de otra persona; más bien es un proceso *interno* y tiene que ver con tu relación *contigo mismo*. Cerrar un ciclo no depende de que alguien más esté dispuesto, se arrepienta o esté vivo.

«No hables mal de los muertos».	Este consejo es del filósofo Quilón de Esparta que vivió en el siglo VI a. C. Los tiempos han cambiado; tienes derecho a estar enojado con personas fallecidas. * Dato curioso: El consejo de Quilón se popularizó después como un proverbio latino: *De mortuis nihil nisi bonum*. <https://www.washingtonpost.com/>.
«Debes dejar el pasado atrás».	El pasado permanece en el presente hasta que lo procesas. El pasado está en tu cuerpo. Cargas con cada experiencia que has vivido.
«Necesitas perdonar para sanar».	El perdón es una aspiración espiritual, pero no se requiere para sanar el trauma o procesar el duelo.
«Necesitas soltar».	En el cuerpo se almacenan recuerdos episódicos (cosas que recordamos) y no puedes «soltarlos». Las experiencias se vuelven parte de tu fisiología.
«No puedes cambiar el pasado».	No puedes cambiar nada del pasado, pero puedes cambiar todo sobre la manera en que tu cerebro almacena los recuerdos del pasado.
«Su intención no fue lastimarme, así que no debería sentirme mal».	La intención no cancela el impacto. Quizá no tuve la intención de atropellarte con mi auto, pero eso no deshace tus fracturas.
«El duelo se da en cinco etapas».	La teoría de Elisabeth Kübler-Ross sobre «las cinco etapas del duelo» se refiere a la muerte no al duelo. Su trabajo se centraba en pacientes con enfermedades terminales que se preparaban para morir, *no* en los seres queridos que enfrentaban la pérdida. El duelo es un torbellino caótico (arriba, abajo, atrás, adelante) sin lógica ni sentido. No existen etapas claras ni estructuradas.

Vale la pena repetir el último punto de la lista anterior: el dolor *no* se presenta en etapas, pero se nos sigue enseñando el modelo de las «cinco etapas del duelo», el cual se refiere a la muerte, no al duelo. En lugar de pensar en etapas, adopta el *enfoque de tareas* diseñado por J. William Worden,[12] que es, por excelencia, el referente actual para los terapeutas, *coaches* y asesores emocionales. Vamos a modificar el lenguaje de Worden para ajustarlo al reto del duelo por la pérdida de la infancia, pero primero mencionaré las tareas en su forma original:

Las cuatro tareas del duelo de Worden

1. Aceptar la realidad de la pérdida.
2. Procesar el dolor del duelo.
3. Ajustarse a un mundo sin la persona fallecida.
4. Encontrar una conexión perdurable con la persona fallecida al tiempo que te embarcas en una vida nueva.

Como lo explica Alice Miller: «La experiencia nos ha enseñado que solo contamos con un arma imperecedera en nuestra lucha contra la enfermedad mental: el descubrimiento y la aceptación emocional de la verdad en la historia individual y única de nuestra infancia».

El objetivo del duelo es encontrar el camino de vuelta a tu hogar interior.

[12] Las cuatro tareas del duelo se incluyen en el libro de J. William Worden, *El tratamiento del duelo. Asesoramiento psicológico y terapia.*

Quizá no estés luchando contra la enfermedad mental, pero *todos* conocemos la incomodidad del estancamiento. El «arma imperecedera» en tu lucha contra el estancamiento es la disposición para aceptar la verdad de que la infancia (sin importar si fue horrible o maravillosa) se acabó. Solo entonces podrás cruzar el puente que conduce de la niñez a la adultez. El objetivo del duelo no es cambiar el pasado, sino encontrar el camino de vuelta a tu hogar interior. No se trata de culpar a tus padres ni se requiere el perdón.

El siguiente cuadro describe las cuatro tareas del duelo modificadas. Copia las indicaciones en un cuaderno.

Tarea para el duelo	Entrada de diario
1. Aceptar la realidad de que la infancia se terminó (lo que sucedió sucedió).	Escribe todas las cosas buenas y malas de tu infancia. Escribe las experiencias que viviste y las que *no* pudiste vivir. Usaremos esta lista en la sección «Ritual».
2. Estar dispuesto a sentir *todas* tus emociones sobre tu infancia (y su finalidad).	Por cada punto de la tarea 1, escribe tus sentimientos *reales*. No te preocupes si eres cruel o hiriente. El ejercicio es para tu uso personal.
3. Crear límites nuevos con amistades y familia que reflejen *tus* valores.	Si completaste la lista de regresiones que se incluyó al inicio del capítulo, regresa a ella ahora. La frase «Si me sintiera maduro y poderoso, diría/haría ________ » es un límite que tienes que empezar a aplicar ya. Si establecer límites cambia la relación, recuerda: los adultos maduros emocionalmente pueden manejar la decepción, la frustración y la crítica de otras personas.

Tarea para el duelo	Entrada de diario
4. Tomar las riendas de tu vida y decidir con base en *tus* pensamientos, emociones y sueños.	Concéntrate en las ventajas de la adultez. ¿Qué personas, lugares y cosas están disponibles para ti ahora que ya no tienes las opciones de la infancia?

La mayoría de las personas se estanca en la tarea 1. Aceptar la realidad de que la infancia se terminó. ¿Qué significa aceptar la realidad? Significa que tu cerebro puede registrar el mensaje de que la etapa de la infancia se completó. Pero *¿cómo* envías ese mensaje al cerebro? Una forma de salir adelante es concentrarte en las ventajas de la adultez. Puedes hacerlo creando una lista de Hacer/Ser/Tener (HST), que es un inventario de veinte cosas que quieres *hacer*, veinte cosas que quieres *tener* y veinte cosas que quieres *ser*. Otra manera de abordar la tarea 1 es crear un *ritual*. Las culturas, desde tiempos ancestrales, han aprovechado el poder de los rituales para marcar finales y transiciones.

Cómo usar los rituales en tu trabajo con el duelo

Hacemos fiestas de graduación para marcar la transición de la preparatoria a la universidad; hacemos fiestas de cumpleaños para celebrar el día que llegamos al mundo. Las fiestas de 15 años, las bodas, los bautizos y el bar mitzvá son todos ejemplos de rituales. Sin embargo, aunque los rituales occidentales son casi siempre emotivos y significativos, *no* son particularmente útiles para hacer transiciones y honrar los finales. ¿Por qué? Cuando los ritos de transición se centran más en los *padres* y la fiesta que en el *propósito*, es fácil olvidar el objetivo y quedar estancado. De acuerdo con las investigaciones etnográficas (el estudio de la forma de vivir de las personas), los rituales de transición deben incluir tres fases: separación, liminalidad e incorporación.

Fase de separación

Sucede cuando te desapegas de una realidad existente; en este caso, la infancia. Puedes retener *elementos* de tu niñez, pero hay un periodo de separación en el que debes partir y reconocer lo que quedó en el pasado (las utopías de la infancia).

Fase de liminalidad

Se trata de una fase intermedia de incertidumbre en la que dejaste el lugar donde estabas, pero todavía no llegas a tu destino. Si te sientes estancado, es probable que te encuentres en la fase liminal. El duelo ayuda a moverte de esta fase a la de incorporación.

Fase de incorporación

Una vez terminadas las fases de separación y liminalidad, puedes establecerte en la nueva fase de vida: madurez emocional.

Debido a que casi todos los rituales modernos no incluyen estas tres fases, puedes inventar tus propios rituales. Elizabeth Gilbert señala en *Comer, rezar, amar*:

> Para eso son los rituales. Hacemos ceremonias espirituales como seres humanos con el fin de crear un lugar de descanso seguro para nuestras emociones más complicadas de alegría o trauma; así, no tenemos que cargarlos sobre nuestros hombros toda la vida [...]. Creo firmemente que, si tu cultura o tradición no cuenta con el ritual específico que deseas, tienes todo el derecho de crear una ceremonia de tu propia invención.

Las investigaciones indican que los rituales autocreados son una poderosa medicina para los corazones heridos.[13]

Si te sientes perdido e inseguro en cuanto a cómo crear un ritual, puedes utilizar cualquiera de los siguientes ejemplos. Cada ritual incluye un elemento sensorial. Como podrás recordar del capítulo 3, los elementos sensoriales son clave para sentirse seguro y eso es un requisito previo para salir del estancamiento. Independientemente del ritual que elijas, recuérdate que el proceso de duelo (y sanación) está conformado por infinitas posibilidades. No existe una manera correcta o incorrecta de transitar el duelo. Si no quieres hacer ninguno de estos rituales, no los hagas. Mientas más personalizado e individualizado sea el ritual, más fácil será para tu cerebro anclar el mensaje de la tarea 1. Recordatorio: estos ejercicios no son aplicables a duelos por la pérdida de un ser querido, sino al duelo por el final de la infancia que tuviste o por la ausencia de la infancia que nunca tuviste.

Rituales para el duelo por la pérdida de la infancia

1. *Ejercicio sensorial con tierra:* entierra algo que simbolice tu infancia. Despídete de él escribiendo un panegírico o leyendo la lista de la tarea 1. Puedes leer tu lista a solas o frente a un testigo compasivo.

[13] En una entrevista con Kim Mills para la Asociación Estadounidense de Psiquiatría, el doctor Michael Norton, profesor de Administración de Empresas de la cátedra Harold M. Brierley en la Harvard Business School, dijo: «Lo que hallamos en la investigación, y estas son buenas noticias, es que incluso los [rituales] privados que inventamos por nuestra cuenta se asocian con una menor intensidad del duelo y una mejor capacidad de recuperación». Disponible en: <https://www.apa.org/research/action/speaking-of-psychology/ritual-loss-covid-19>. «Investigaciones recientes indican que los rituales son más racionales de lo que parecen. ¿Por qué? Porque incluso los rituales más simples pueden ser extremadamente eficaces [...]. Es más, parece que los rituales benefician hasta a las personas que declaran no creer en su efectividad [...]. Hace poco, una serie de investigaciones realizadas por psicólogos reveló resultados nuevos intrigantes que demuestran que los rituales pueden tener un impacto causal en los pensamientos, emociones y conductas de las personas». Gino, Francesca y Norton, Michael I. (14 de mayo de 2013). «Why Rituals Work», *Scientific American*. Disponible en: <https://www.scientificamerican.com/article/why-rituals-work/>.

2. *Ejercicio sensorial con agua:* toma un baño de sales o visita un río, lago u océano. Imagina que te despides de tu infancia mientras observas el agua. Imagina que las pérdidas desaparecen con las olas o se van por el desagüe, etcétera.
3. *Ejercicio sensorial con fuego:* enciende una vela en honor a los años de tu infancia. Puedes leer la lista de la tarea 1 en voz alta o en tu mente. Imagina que te despides mientras apagas la vela de un soplido.
4. *Ejercicio sensorial con aire:*[14] toma una botella para hacer burbujas. Mientras soplas para crearlas, imagina que representan tu infancia. Al tiempo que revientan y desaparecen, imagínate despidiéndote de tu infancia.
5. *Ejercicio sensorial con el tacto:* crea un altar conmemorativo para tu infancia colocando uno o más objetos significativos en un lugar por donde pases frecuentemente; puede ser la esquina de una ventana, una repisa o incluso la guantera de tu auto.

En un inicio, algunas personas se oponen a la sugerencia de usar elementos de la naturaleza como tierra, aire, fuego y agua («Esto es *demasiado hippy* para mí»). Casi siempre, esas personas se sorprenden al darse cuenta de que los ejercicios sensoriales tienen una *base científica*. Los estímulos sensoriales ayudan a que el cerebro racional se reconecte y que regreses a tu tamaño correcto. La regresión emocional se detiene cuando «puedes mantener la mente en el mismo lugar que tus pies».[15] No obstante, recuerda que los rituales no son para hacerse una sola vez y listo. En otras palabras, el proceso de duelo no termina en cuanto realizas el ritual; más bien, con ellos se busca ayudar al cerebro a aceptar la realidad de la pérdida y a seguir avanzando. La pérdida es dolorosa, pero también lo es estar estancado. Por lo general, el dolor del

---

[14] Varias personas liberan globos de Cantolla o farolillos voladores en rituales de duelo, pero estos representan un serio riesgo ambiental.

[15] «Mantén la mente en el mismo lugar que tus pies» es un mantra que se usa comúnmente en el mundo de la recuperación de las adicciones.

cambio es preferible al dolor de seguir igual. La autora *bestseller* y psicoterapeuta Lori Gottlieb puntualizó: «No se puede vivir el cambio sin pérdida, que es muchas veces la razón por la que las personas dicen que desean cambiar, pero permanecen igual».

Conclusión

Lo que es más importante recordar es que la niñez se *terminó*. Lo lograste; la cruzaste *toda*. Sobreviviste al nacimiento, la infancia y la adolescencia, y solo por eso mereces un *desfile*. *No* es fácil transformarse alquímicamente en un adulto funcional; pero, al igual que Alicia halló su camino en el laberinto de reyes y reinas, conejos y locura, tú puedes encontrarlo también. Cuando logras una transición exitosa de la infancia emocional a la madurez emocional, los asuntos pequeños ya no se sienten grandes; los asuntos grandes se sienten más controlables, y tus padres todopoderosos se vuelven *personas* de tamaño normal. Al final de *Las aventuras de Alicia en el País de las Maravillas*, nuestra heroína es capaz de enfrentar sus miedos, abandonar el País de las Maravillas y regresar a su hogar. En una de las escenas finales, Alicia es sometida a juicio y rodeada por adversarios hostiles. Cuando parece que no hay más remedio, encuentra su voz y confronta osadamente a la malvada Reina de Corazones:

> —¿A quién le importas? —pregunta Alicia (ya había crecido a su tamaño normal para ese entonces)—. ¡No eres nada más que un paquete de cartas!

Lecciones clave

1. La regresión emocional ocurre cuando te sientes más pequeño y joven que tu edad cronológica y tamaño físico.
2. Los signos de la regresión emocional incluyen indecisión, necesidad de complacer a los demás, crisis emocionales y síndrome del impostor.

3. La temporada de festividades es la época central para la regresión emocional.
4. Preguntarte «¿En qué edad me siento en este momento?» puede ayudarte a detener la regresión.
5. Sigue siendo posible para los adultos maduros emocionalmente jugar, ser creativos y comportarse como niños.
6. La solución para la regresión emocional es el duelo.
7. Hacer el duelo por el pasado te libera de la compulsión de repetirlo.
8. El duelo no se presenta en etapas.
9. La mayoría de la información que se nos enseñó sobre el duelo en la cultura occidental es incorrecta.
10. Existen cuatro tareas para el duelo por la pérdida de la infancia: aceptar la realidad de que la infancia se terminó, estar dispuesto a sentir tus emociones, crear límites nuevos con amistades y familia, y tomar las riendas de tu vida, así como decisiones con base en *tus* pensamientos, emociones y sueños.

Qué hacer y qué no hacer

Qué hacer	Qué no hacer
Darte tiempo para atravesar el proceso de duelo. El tiempo no cura las heridas; trabajar para sanar es lo que cura las heridas. Tómate todo el tiempo que necesites.	Pensar que el duelo se hace una vez y listo. El duelo es como el océano: unos días está soleado y el agua está tranquila; otros días te revuelca y terminas con el traje de baño lleno de arena y la boca llena de algas.

Qué hacer	Qué no hacer
Usar los rituales para ayudarle a tu cerebro a procesar el final de tu infancia.	Pensar que necesitas hacer las cosas de una forma específica. Haz los rituales que tengan sentido para ti. No existe una manera correcta de transitar el duelo.
Tener en mente que el cambio no puede ocurrir sin la pérdida.	Criticarte por temer al dolor que implica el cambio. El cambio es doloroso debido a que implica pérdida.
Pensar en las personas, lugares y cosas que te hacen sentir como adulto. Recuérdalas durante momentos que signifiquen un detonante, especialmente durante las festividades.	Iniciar la temporada de festividades sin un plan para la regresión.

Retos de cinco minutos

ENTRADAS DE DIARIO

1. Lo que voy a extrañar *más* de ser niño es ______________________________.
2. Lo que *no* voy a extrañar de ser niño es ______________________________.
3. Temo que, si acepto que mi infancia se terminó, significará que ______________________________.
4. Lo que me entusiasma experimentar como adulto emocionalmente maduro es ______________________________.
5. Si me sintiera más adulto/emocionalmente «grande», me permitiría ______________________________.

10 JUGUEMOS

La vida es como un juego de ajedrez.
Para ganar, necesitas hacer un movimiento.

ALLAN RUFUS,
The Master's Sacred Knowledge

Cuando Netflix transmitió *Gambito de dama* en el otoño de 2020, se convirtió en la serie más vista en 63 países. Basada en una novela de Walter Tevis, *Gambito de dama* sigue la vida de la prodigiosa Beth Harmon desde que era una huérfana dopada con tranquilizantes hasta que se convierte en una campeona de ajedrez. Parecía poco probable que una miniserie de siete horas sobre un asediado genio del ajedrez provocara maratones masivos y, sin embargo, millones de personas la devoraron. La mente aguda de Beth, sus lujosos atuendos y su mirada penetrante alimentaron el atractivo de la serie, pero el juego de ajedrez se convirtió sorprendentemente en una cautivadora coestrella. En un artículo de *The New York Times*, se afirmó: «En las semanas posteriores al estreno de *Gambito de dama* [...] las ventas [de tableros de ajedrez] aumentaron un 125 por ciento».

El ajedrez tiene cierto atractivo. Tal vez sea la larga historia del juego (ha existido por más de 1 500 años); quizá se deba al misterio del juego (el ajedrez es fácil de aprender y confuso jugarlo); tal vez se deba al romance y las historias épicas asociados con los castillos, los caballeros, los reyes y las reinas; o quizá seguimos gravitando hacia esos 64 cuadros porque el ajedrez es una metáfora perfecta de la vida. Tanto el ajedrez como la vida son complejos e intrigantes; ambos requieren sacrificios, y puedes jugarlos sin estrategia, pero eso por lo general no termina bien. Tanto en el ajedrez como en la vida, hasta el más simple peón puede convertirse en una reina poderosa con suficiente tiempo y perseverancia, y, en ocasiones, *todos* terminamos en la desafortunada situación conocida en ajedrez como *zugzwang*:[1] cuando *cualquier* movimiento que hagas terminará haciendo que una mala situación se vuelva peor. Varios líderes de opinión, científicos y escritores a lo largo de la historia han comparado la vida con un juego de ajedrez. Benjamin Franklin señaló una vez: «El juego de ajedrez no es meramente una diversión ociosa, puesto que, a través de él, se adquieren o fortalecen cualidades de la mente muy valiosas que son útiles en el transcurso de la vida humana [...] puesto que la vida es un tipo de ajedrez en el que tenemos puntos que ganar y competidores o adversarios que enfrentar».

Si estás comenzando a pensar: «Mmmm, eso está genial, pero no soy fan del ajedrez», no necesitas aprender a jugarlo para beneficiarte de las herramientas que te proporciono a continuación. Este capítulo te brinda un plan práctico para que implementes todos los conceptos y la información del libro, a fin de que puedas salir del estancamiento de una vez por todas. Los programas paso a paso pueden conducir rápidamente a la inercia porque, si se dificulta un paso, a menudo todo el esfuerzo se descarta (como sabe muy bien cualquiera que haya intentado armar muebles de Ikea). Al usar la metáfora del ajedrez (no se requiere conocimiento

---

[1] «*Zugzwang* es una palabra alemana que básicamente significa "Es tu turno de moverte, ¡y todos tus movimientos son malos!". En ajedrez no puedes "pasar" o "saltarte un movimiento", así que a veces tener que moverte significa perder el juego». Disponible en: <https://www.chess.com/article/view/what-is-zugzwang-chess-terms>.

real del juego), aprenderás siete reglas sencillas para salir del estancamiento. No necesitas seguirlas en orden secuencial, así que siéntete con la libertad de pasar de una a otra en cualquier orden y hacer lo que tenga sentido para ti en cualquier momento.

EL TABLERO DEL ESTANCAMIENTO: LAS SIETE REGLAS

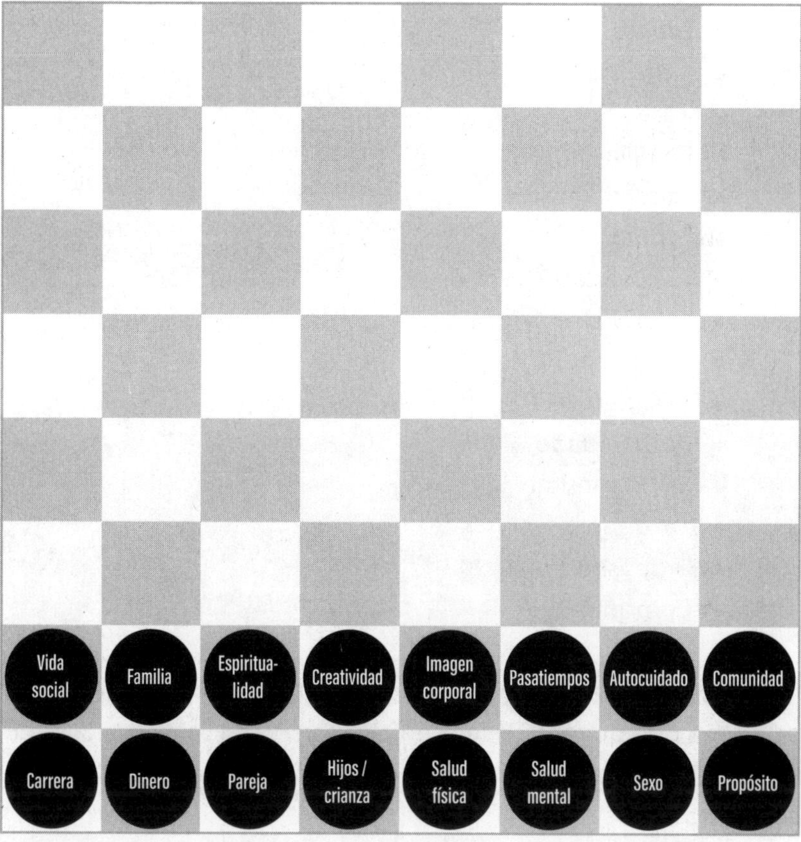

- **Regla 1.** Haz un inventario.
- **Regla 2.** Busca movimientos fáciles.
- **Regla 3.** Elabora una lista de tres opciones.
- **Regla 4.** Analiza qué piezas puedes mover y cuáles no.
- **Regla 5.** Realiza una acción.
- **Regla 6.** Escucha la retroalimentación.
- **Regla 7.** Celebra.

Regla 1. Haz un inventario

Un tablero de ajedrez tiene peones, caballos, alfiles, torres, reinas y reyes. Para nuestros fines, simplificaremos *mucho* todo para que no tengas que recordar un sinnúmero de instrucciones. Cada «pieza» en tu tablero representa un área de tu vida.

- Carrera
- Dinero
- Vida social
- Pareja
- Familia
- Hijos/crianza
- Espiritualidad
- Creatividad
- Salud física
- Imagen corporal
- Pasatiempos
- Autocuidado
- Salud mental
- Sexo
- Propósito
- Comunidad

Identifica qué piezas tienen sentido para *ti* e incluye cualquier otra categoría que quieras. Es fácil enfocarse en una sola cosa cuando te sientes estancado; hacer un inventario te ayuda a ver el tablero completo.

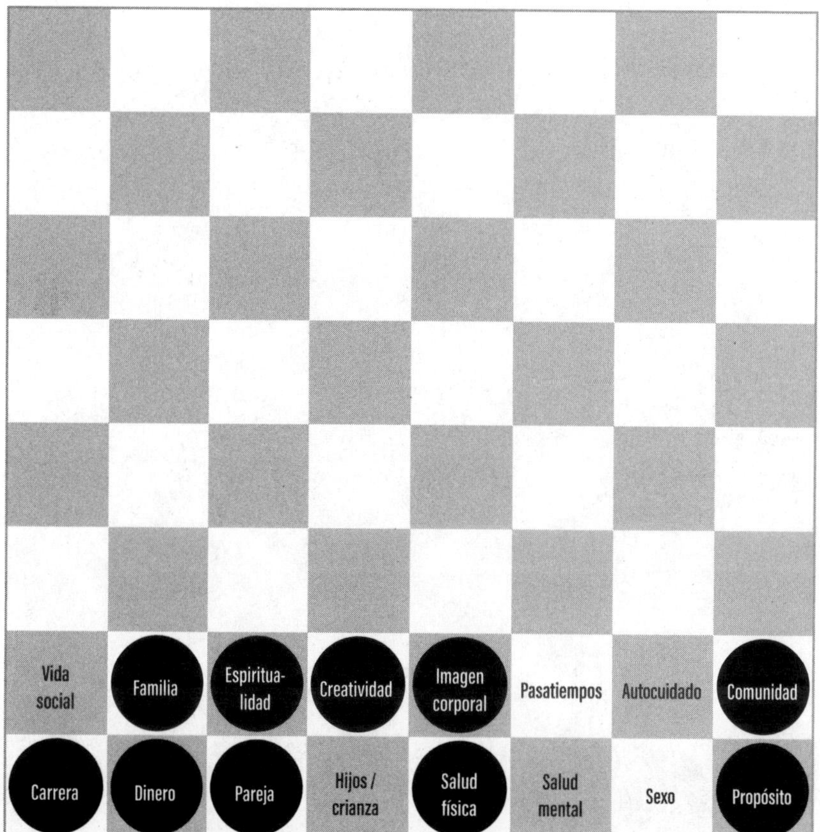

Regla 2. Busca movimientos fáciles

Cuando estás agobiado o no tienes recursos suficientes, no es necesario ni útil forzar la situación. Busca movimientos fáciles y primero realiza esos. No debes seguir un orden específico para salir del estancamiento. Es posible que te sientas atrapado en el trabajo, pero a gusto con tus relaciones; tal vez estés estancado en el área del dinero, pero puedes encontrar fácilmente espacios para la creatividad. Siempre y cuando hagas *algo*, seguirás en el juego. *Todos* los movimientos cuentan. Ya que tomes impulso a partir de los movimientos fáciles, generarás suficiente energía del tipo «Puedo hacerlo» para enfrentar tareas complejas. Recuerda que *cualquier* cambio —incluso uno positivo— supondrá un grado de duelo y pérdida.[2]

[2] Lee el capítulo 9 para saber cómo abordar el proceso de duelo.

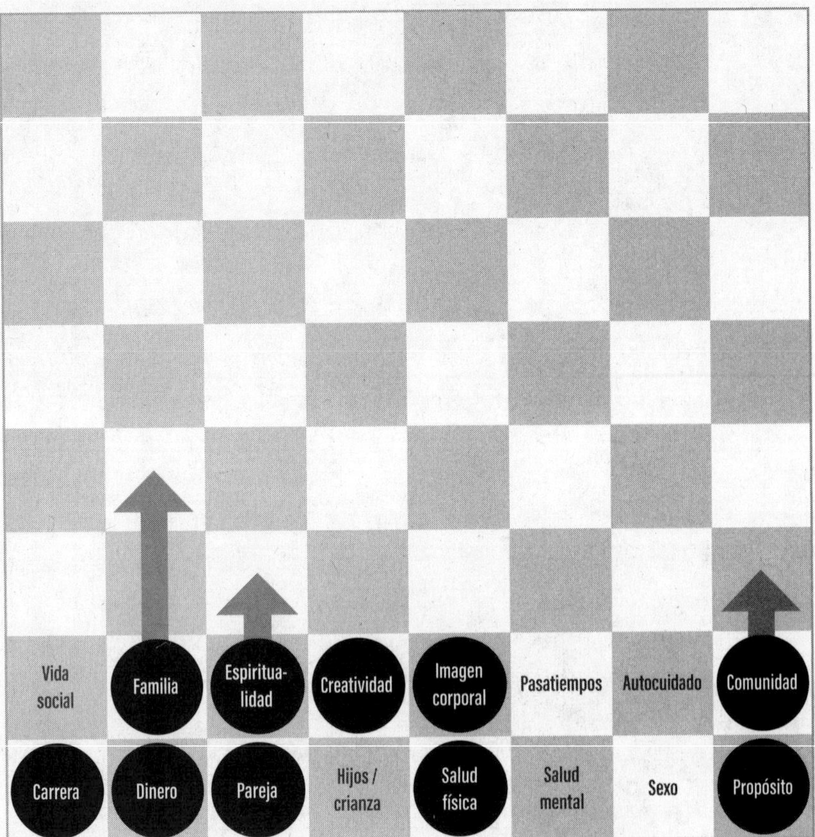

Regla 3. Elabora una lista de tres opciones

Observa tu tablero y nota qué piezas se sienten estancadas. Escribe tres opciones *pequeñas*; por ejemplo, si la pieza del dinero se siente atrapada, tus tres opciones pueden ser las siguientes:

1. Crear una lista de todas las cuentas vencidas.
2. Escribir los números telefónicos del servicio de atención al cliente de cada una.
3. Llamar a *uno* de los recaudadores y acordar un plan de pagos.

Si la pieza de la espiritualidad se siente estancada, tus tres opciones pueden ser las siguientes:

1. Escucha un pódcast sobre espiritualidad.
2. Pregúntale a una amistad a la que admires qué hace como práctica espiritual.
3. Asiste a un servicio espiritual (aunque no te identifiques con el servicio, podrás hacerte una idea de lo que te gusta y lo que no, y así tu siguiente opción se ajustará más a tus preferencias).

Si la pieza de la imagen corporal se siente estancada, tus tres opciones pueden ser las siguientes:

1. En lugar de aplicar el positivismo corporal, aplica la *neutralidad* corporal. Piensa en al menos una parte de tu cuerpo con la que te sientas neutral y agradécele por hacer su trabajo.
2. Deja de mirarte al espejo durante una semana (esta es una buena opción si te gritas cada vez que ves tu reflejo).
3. Coloca toda la ropa que no te queda en una caja y llévala al sótano o al ático. Nada crea una espiral de vergüenza como una confrontación diaria con los pantalones de mezclilla superajustados.

Regla 4. Analiza qué piezas puedes mover y cuáles no

La mayoría de las sesiones de Doce Pasos abre con una «Oración de la Serenidad»:[3]

> Dios, concédeme la serenidad para aceptar las cosas que
> no puedo cambiar,
> el valor para cambiar las cosas que sí puedo
> y la sabiduría para reconocer la diferencia.

[3] La autoría original de la «Oración de la serenidad» es desconocida. Se le atribuye a Reinhold Niebuhr, pero en 2008, un artículo de *The New York Times* cuestionó ese supuesto. Goodstein, Laurie. (11 de julio de 2008). «Serenity Prayer Stirs Up Doubt: Who Wrote It?». *The New York Times*. Disponible en: <https://www.nytimes.com/2008/07/11/us/11prayer.html>.

No necesitas estar en un proceso de recuperación (o creer en una deidad) para sacarle provecho a esta plegaria. Es esencial reconocer la diferencia entre lo que *quieres* cambiar (pero no puedes) y lo que crees que *no puedes* cambiar (pero sí puedes). Ciertas piezas están en tu juego porque las elegiste, y, en ocasiones, la vida pone piezas en el juego, como la depresión postparto o el racismo sistemático, que definitivamente *no* elegiste. Algunas veces es posible cambiar las circunstancias, pero no siempre. Tu «tablero» es una combinación de circunstancias y elecciones. Y recuerda que no puedes jugar el juego de alguien *más*. Por mucho que *quieras* que tu cónyuge deje de beber, no puedes obligarlo a cambiar; por mucho que *quieras* que tu hijo adolescente tenga relaciones sanas, *no puedes* elegir a sus amistades. Tus decisiones pueden *influir* en tus seres queridos, pero la influencia no es lo mismo que el control. Las únicas piezas que puedes controlar son las tuyas.

Las únicas piezas que puedes controlar son las tuyas.

Regla 5. Realiza una acción

La primera ley del movimiento de Newton dice que un objeto sin movimiento permanecerá quieto y que un objeto en movimiento *permanecerá* en movimiento hasta que una fuerza externa actúe sobre él. El mismo principio físico aplica a tu estado de estancamiento. Una vez que te mueves, el avance se acumula rápidamente. Elige *una* tarea de tu lista de tres opciones y comprométete a realizarla en un plazo de una semana. Cada noche, antes de dormir, escribe una acción por realizar en un Post-it o pedazo de papel; luego, léela cuando te despiertes.

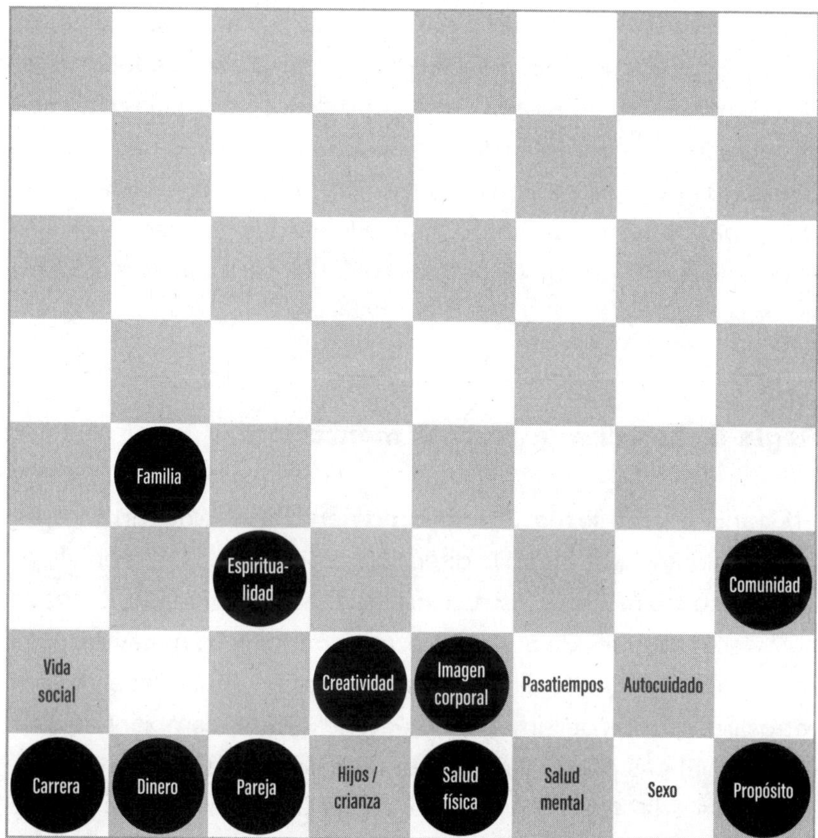

«Espera un segundo... ¿Cómo voy a llegar a mi destino si solo hago una cosa a la vez?».

Es mejor dar un solo paso que no dar ninguno. Martha Beck denomina *pasos de tortuga* a estos movimientos minúsculos. Ella explica que «los *pasos de tortuga* son lo menos que puedo hacer dividido por la mitad. También es la única manera en que logré realizar algo». Beck señala que cuando incluso los pasos *pequeños* se sienten imposibles, hay que dividirlos en sus componentes más diminutos. Recuerdo una llamada con mi padrino de los Doce Pasos después de un atracón de cristal especialmente horrible. No había comido, dormido, ni me había bañado en días. Durante casi una hora me guio para comerme un yogur, una cucharada a la vez. Quizá los clichés que te alientan a dar pasos de bebé, a enfocarte en un día a la vez y a dar el próximo paso correcto[4] se han sobrexplotado, pero existen por una razón. En la distópica novela para adultos jóvenes *Pawn* [Peón] de Aimée Carter, uno de los personajes describe el potencial que tienen incluso las piezas más pequeñas: «Debido a que [tus peones] se siguieron moviendo [...] se convierten en la pieza más poderosa del juego. Nunca lo olvides, ¿sí? Jamás olvides el potencial que tienen los peones solitarios para cambiar el juego entero».

Regla 6. Escucha la retroalimentación

El estancamiento se termina en el *momento* en que das un paso, incluso si sientes que vas en la dirección equivocada. Piensa en el GPS de tu auto: *no* recibirás instrucciones si estás estacionado. El GPS se activa solo después de que empiezas a conducir. Lo maravilloso del GPS es que, aunque te dirijas hacia la dirección equivocada, recibes retroalimentación de inmediato. ¿Retenes? El GPS cambiará de ruta. ¿Tráfico? El GPS puede llevarte por las calles aledañas. ¿Te equivocaste de salida? No hay problema. Tomar una salida equivocada ya no genera las palmas sudorosas y el pánico que se suscitaba en la época en la que se usaba un mapa impreso y uno se bajaba a pedir instrucciones en las gasolinerías.[5]

En ocasiones, solo *después* de hacer el movimiento equivocado (y aprender de él), el movimiento correcto queda claro. Cuando realices una acción (*cualquiera*) es importante que pongas atención a la retroalimentación y hagas ajustes conforme sea necesario. Casi siempre el estancamiento es el resultado de *ignorar* la retroalimen-

[4] «Dar el siguiente paso correcto» es uno de los mantras de Alcohólicos Anónimos. «The Next Right Thing» [Dar el siguiente paso correcto] también es una canción popularizada por Kristen Bell en la película *Frozen 2*. El registro más antiguo que se conoce de la frase es un libro de 1897 titulado *Ye Nexte Thynge* escrito por Eleanor Amerman Sutphen, en el que cita un poema de George A. Paull que incluye las líneas: «Y en el transcurso de las horas / las palabras silenciosas resuenan / como una tenue inspiración / "Haced lo próximo que debéis"».

[5] Si alguna vez te sentaste, histérico, a un lado de la carretera porque era la época previa al GPS y no tenías idea de qué camino tomar, te entiendo.

tación, especialmente en los primeros años de la vida adulta. La comediante Taylor Tomlinson bromea: «Estoy harta de mis veinte. No se tiene intuición ni instintos [...] no se tiene esa corazonada mística e incómoda bajo las costillas que te indica: "Oye, quizá *no* es buena idea salir con un DJ [...] *de nuevo*"».[6] Aprender de tus decisiones es tan importante como las decisiones mismas.

Regla 7. Celebra

Hay momentos en los que no estás *realmente* estancado, pero *parece* que lo estás porque no te permites celebrar (o hasta *validar*) tus pequeñas victorias. Esto puede sonar así:

- «Bueno, sí, cociné yo mismo esta semana en lugar de comprar comida rápida, pero todavía tengo que bajar muchos kilos».
- «Bueno, sí, hice algunos pagos de mi tarjeta de crédito, pero mi deuda sigue siendo enorme».
- «Bueno, sí, fui a caminar esta mañana, pero no es como que haya entrenado "de verdad"».
- «Bueno, sí, obtuve un bono, pero no conseguí el ascenso que quería».

Recuerdo la primera vez que mi esposo me vio celebrar después de que logré poner mi ropa limpia en su lugar el mismo día que la lavé. Como ingeniero nuclear y exmilitar, es comprensible que se confundiera con mi alegría exuberante y actitud festiva por semejante aspecto normal de la vida, pero si alguna vez has sufrido depresión, *sabrás* que cambiar con éxito la ropa de la lavadora a la secadora y de ahí al clóset en un lapso de 24 horas es un *gran* triunfo que en definitiva merece ser celebrado con una orden a domicilio de donas.

---

[6] Como me habría gustado que el especial de Taylor Tomlinson en Netflix, *Quarter-Life Crisis* [Crisis de los 25 años], hubiera estado disponible cuando tuve mi propia crisis de los veinte. Es excelente.

Una cita de san Francisco de Asís dice lo siguiente: «Comienza haciendo lo necesario; luego lleva a cabo lo posible, y pronto estarás realizando lo imposible». También es importante *celebrar* cuando haces lo necesario; después, *celebrar* de nuevo cuando llevas a cabo lo posible, y luego, celebrar *de verdad* cuando comiences a realizar lo imposible.

«Pero ¿qué pasa si todo comienza a salir mal y no tengo nada que celebrar?».

Sé de lo que hablas. Cuando la situación se ve lúgubre, oscura y turbia, es difícil conectar con la alegría. Celebrar *no* es lo mismo que ser positivo o estar agradecido durante los momentos difíciles. Cuando las circunstancias son duras, *no* tienes que practicar el desagradable juego de «solo buenas vibras» o «Tengo muchas bendiciones, así que no debería estresarme». Tienes derecho a sentir enojo, tristeza, miedo, soledad, cansancio, frustración y agobio, y tienes derecho a honrar tus pequeñas y grandes victorias. Tienes derecho a celebrar tu decisión de levantarte de la cama, incluso si solo llegaste al sillón; tienes derecho a celebrar tu decisión de desayunar, especialmente cuando deseas restringirte; tienes derecho a celebrar *cualquier* momento en el que des *un* paso. Ten por seguro que la neurociencia respalda esta loca noción.[7]

La celebración *no* es un uso frívolo de tu tiempo y energía, sino un truco mental poderoso que puede modificar tu fisiología. La celebración implica escuchar música, comer, cantar, gritar y bailar o saltar, todas las cuales son actividades *somáticas* (basadas en el cuerpo). Como leíste en el capítulo 3, las intervenciones corporales reducen las respuestas al estrés y te ayudan a permanecer en

[7] La autora, directora general y antropóloga organizacional Judith E. Glaser señaló: «Los investigadores hallaron que [...] durante una celebración activas los ganglios basales que liberan el neurotransmisor dopamina. Este químico se comunica con áreas del cerebro en la corteza prefrontal, lo que permite a las personas poner atención a tareas esenciales, ignorar la información que distrae y actualizar únicamente la información más relevante en la memoria funcional durante tareas de resolución de problemas». (28 de diciembre de 2015). «Celebration Time», *Psychology Today*. Disponible en: <https://www.psychologytoday.com/us/blog/conversational-intelligence/201512/celebration-time>.

el modo lógico y racional.[8] La celebración les dice a tus guardias de seguridad internos «Tranquilos. No nos está atacando un tigre. Pueden dejar de estimular el eje HHA ahora».[9] Si no estás seguro de cómo comenzar a celebrar las pequeñas victorias, estas son algunas opciones:

La celebración es un truco mental poderoso.

- Date permiso de comer tu postre favorito.
- Date permiso de *no* realizar alguna actividad que creas que debes hacer hoy.
- Compra o recoge algo que te llame la atención (no tiene que costar un ojo de la cara; el objeto puede costar un peso en una tienda *vintage* o ser una hoja interesante que encontraste en la calle), envuélvelo con un bello papel y escríbete una tarjeta que diga algo como «Estoy muy orgullosa de ti por no darte por vencida».
- Desempolva tus platos y vasos bonitos, y úsalos *hoy*, mañana y al día siguiente.
- Enciende esa bonita vela que has estado guardando.
- Coloca decoraciones festivas y disfrútalas, aunque sea mitad de mayo.
- Lo que sea que hagas en ocasiones especiales, hazlo *hoy*.

---

[8] Lee el capítulo 3 para obtener más información sobre las respuestas al estrés. Estas ideas pretenden ser simplificaciones y metáforas.

[9] El eje HHA es el eje hipotálamo-hipófisis-adrenales. «Si bien el funcionamiento correcto del eje HHA es esencial para manejar el estrés, cuando se estimula demasiado (por ejemplo, en alguien que enfrenta estrés extremo a diario), puede causar problemas físicos y psiquiátricos». Disponible en: <https://www.neuroscientificallychallenged.com/blog/2014/5/31/what-is-the-hpa-axis>.

A pesar de que todo esto suena cursi, sentimental y estilo Stuart Smalley,[10] considera la alternativa: ¿qué tan eficaz es tu diálogo interno culposo? ¿Regañarte te acerca o te aleja de tus metas? Pema Chödrön señala: «Regocijarse por experiencias ordinarias no es cursi o trivial; se requiere valentía. Cada vez que abandonamos la queja y permitimos que la buena fortuna cotidiana nos inspire, entramos al mundo de los guerreros».[11] El legendario escritor de ciencia ficción Ray Bradbury puntualizó: «Cada paso que das, aunque no quieras [...] Cuando duele, cuando significa que estás cara a cara con la muerte o incluso si implica morir, es bueno. Cualquier avance es una victoria. Los jugadores que se sientan a pensar su siguiente movimiento por una eternidad jamás ganan un partido de ajedrez».

Una nota sobre espiritualidad

Aunque esta obra trata sobre la *ciencia* del estancamiento, es imposible hablar de ella sin involucrar a la espiritualidad. La espiritualidad es una experiencia universal: *todos* compartimos el deseo de tener relevancia, conexión, belleza y propósito. Si no la cultivas, está casi garantizado que te quedarás estancado, pero *no* necesitas creer en una deidad para ser espiritual. Carl Sagan explicó: «La ciencia no es solo compatible con la espiritualidad, sino que es una profunda fuente de esta». Existen tantas maneras de ser espiritual como maneras de ser humano. La lista de posibilidades espirituales es infinita: la meditación, el *mindfulness*, la cocina, la naturaleza, el arte, las matemáticas, la música, la religión. Ya sea que te identifi-

---

[10] Stuart Smalley es un personaje ficticio del programa *Saturday Night Life* conocido por sus autoafirmaciones exageradas: «Soy suficientemente bueno; soy suficientemente inteligente, y, ¡caray, le caigo bien a las personas!».

[11] Chödrön, Pema, *The Places That Scare You: A Guide to Fearlessness in Dificult Times*. En este hermoso libro también refiere: «Un guerrero acepta que no se puede predecir el futuro. Podemos intentar controlar lo incontrolable en busca de seguridad y predictibilidad, siempre con la esperanza de sentirnos cómodos y seguros, pero la verdad es que no se puede evitar la incertidumbre. Lo desconocido es parte de la aventura y también lo que nos asusta».

ques como un católico devoto, una sacerdotisa pagana o un ateo ferviente, es importante considerar si tus creencias espirituales existen por elección o de *manera predeterminada*.

La espiritualidad no es solo lo que crees, sino quién te da las órdenes de continuar. En *Pensamiento y acción Sufi*, Idries Shah puntualizó: «El ser humano, se dé cuenta o no, confía en alguien o algo cada instante del día». *Todos* tenemos un guía espiritual interiorizado. ¿De quién es la voz en tu cabeza? ¿A quién temes? Si tomas una decisión con base en la opinión de tu vecino, entonces tu vecino es tu guía espiritual; si tomas una decisión porque temes lo que tu mamá dirá, tu madre es tu guía espiritual. Como adulto emocionalmente maduro, *tienes* derecho a elegir tus creencias y prácticas espirituales; *tienes* derecho a decidir qué sacrificar y qué guardar. John O'Donohue lo enfatiza: «No podemos seguir buscando fuera de nosotros mismos aquello que necesitamos obtener de nuestro interior. Las bendiciones que ansiamos no se encuentran en otras personas o lugares. Solo tú puedes darte estos regalos; se encuentran en tu hogar en el centro de tu alma».

Reflexiones finales

El campeón de ajedrez José Raúl Capablanca y Graupera escribió en la década de 1920: «Un libro en sí mismo no puede enseñarte a jugar; solo funciona como guía y el resto se aprende por experiencia». No esperes hasta estar listo para tomar tu turno. No necesitas preparación, solo *voluntad*. Conforme vas saliendo del estancamiento, espera encontrarte con la incomodidad; no te detengas. En las sesiones para tratar el trauma, a menudo usamos la frase «Un tipo distinto de mal es *bueno*». Un tipo distinto de mal significa *cambio*, y *cambiar* a veces se siente como *quebrarse*, pero eres inquebrantable. Existe un lugar oculto dentro de *todos* nosotros que no ha sido afectado por el trauma, no ha sufrido heridas y es inmune al estancamiento. Alice Miller señaló: «Porque el alma humana es prácticamente indestructible y su capacidad de renacer de las cenizas perdura mientras el cuerpo tenga aliento».

Eres inquebrantable.

No necesitas pasar los siguientes diez años en psicoanálisis para vivir tu vida al máximo, ni pasar horas hablando sobre tu infancia para salir del estancamiento. Los terapeutas son arqueólogos de la psique. Nuestro trabajo es cavar profundo y desenterrar patrones antiguos; disfrutamos analizar artefactos y descubrir historias perdidas, pero rápidamente te toparás con la pared si crees que cavar profundo es necesario para *todo*. No lo es. La actitud condescendiente hacia los síntomas (*symptom accommodation*) es una alternativa perfectamente válida y puede consistir en tomar medicamentos, evitar detonantes o usar habilidades para manejar la presión. A veces no es posible hacer un trabajo profundo debido al cuidado de los niños, las finanzas, el entorno, la falta de acceso a recursos, la seguridad o el tiempo. No necesitas conocer la causa raíz de nada si no lo deseas. Solo debes recordar lo siguiente: tal vez no conozcas el *origen* de un síntoma, pero eso no significa que no exista una muy buena razón para que esté presente.

Todos los síntomas de enfermedad mental son manifestaciones creativas de necesidades no satisfechas: *no* eres flojo, no estás loco y no te hace falta motivación, y no necesitas saltar de un acantilado para salir del estancamiento. Da un paso pequeño y observa lo que sucede; luego da otro. No olvides celebrar sobre la marcha. La psicoanalista junguiana y poeta Clarissa Pinkola Estés subraya: «Espero que salgas y dejes que las historias, es decir, la vida, te sucedan, y que trabajes con ellas [...] riégalas con tu sangre, tus lágrimas y tu risa hasta que florezcan, hasta que tú mismo también florezcas».

Esta es *tu* vida, tu tablero de ajedrez. Juguemos.

AGRADECIMIENTOS

Después de un descenso a la locura y la total destrucción de la vida y la identidad que una vez conocí, llegué a las orillas de un nuevo mundo. Doy gracias al Universo por las guías, los conocimientos y la gracia en este recorrido, así como por amarme intensamente. Estoy sumamente agradecida con los científicos, médicos e investigadores por los descubrimientos que cito en estas páginas y por los maestros de los que aprendí el arte y la ciencia de la psicoterapia. Agradezco en especial a Richard C. Schwartz por crear el modelo de sistemas familiares internos, y a Julia Cameron por escribir *El camino del artista*. Descubrir su trabajo en 2007 cambió el curso de mi vida por completo.

Este libro no existiría sin el talento sobrenatural de todas las personas que menciono a continuación y muchas otras. Las palabras *gratitud* y *apreciación* se quedan cortas para describir lo que siento por mi agente, Rachel Beck, y el equipo de Liza Dawson Associates. Rachel sacó mi propuesta de la oscuridad, le dio forma y me ayudó a darle vida. Gracias, en verdad eres una superheroína de los libros.

Estoy eternamente agradecida con Marian Lizzi por creer en este proyecto, con su asistente editorial Rachel Ayotte y el equipo completo de TarcherPerigee, por luchar por este libro de principio a fin. Gracias por hacer mi sueño realidad.

A mi equipo Queen que contribuyó con ideas, reflexiones, revisiones, aliento y voluntad para leer secciones del manuscrito: Meredith Atwood, Jenn Berry, Pam Breakey, Julie Brooks, Kelly Funk, Latrese Kabuya, Kelly McDaniel y Jan Saxton-Boyer, gracias. Mi enorme gratitud para mi querida amiga y colega, la terapeuta en trauma Crystle Lampitt: gracias por leer cada palabra de mis primeros borradores y brindarme la retroalimentación justa en los momentos en que me sentía frustrada y agobiada. Estoy en extremo agradecida con mis amigos y colegas Nate Postlethwait, Vanessa Cornell, Kristen Asher-Kirk y el doctor Michelle Robin por permitirme usar sus palabras. Un agradecimiento especial a Kathryn McCormick por su generosa aportación en el tema de las sombras y el movimiento.

Gracias a mi amiga del alma Elise Reid por proporcionarme los gráficos de ajedrez, por sus soluciones tecnológicas de última hora y por alimentarme cuando estaba demasiado frágil para comprar comida y cigarros al inicio de mi recuperación.

Un gran agradecimiento a la mujer del Renacimiento, Sara Page, por crear todas las caricaturas y diagramas a partir de mis dibujos en una servilleta. Gracias por crear arte original para mi página web (y por diseñarla), los gráficos para mis redes sociales y el mágico mural de árbol en el consultorio de terapia para niños. Te agradezco las horas interminables que dedicaste a superar retos comerciales y crisis de vida. Las princesas no se convierten en reinas sin amigas de calidad y, Sara, tú eres una amiga de primera categoría.

Gracias a los terapeutas y mentores que me rescataron de la miseria y me mostraron una nueva forma de vivir: Candy Smith, Laura Shaughnessy y Tracey Bickle. No estaría aquí sin ustedes. Agradezco a Robert Falconer por no dejarse perturbar por *ninguna* de mis partes internas y por prestarme sus sabias palabras para la introducción. Otro agradecimiento a Andre de Konig por ser el mago junguiano que me ayudó a transitar mi inconsciente. Gracias Jane Clapp por tus innumerables perspectivas en cuestiones somáticas, psicológicas y espirituales, y por estar disponible el día de mi presentación ante el grupo de mujeres ejecutivas que mencioné en el capítulo 6. También le agradezco mucho a Jane Friedman por guiarme en el proceso de propuesta del libro. Ofrezco mi gratitud a mi instructora aérea, Elena Sherman, por ayudarme a salir de mi mente y entrar en mi cuerpo, así como por recordarme que no necesito estar recta, pero mis piernas sí deben estarlo. Y doy gracias también a ti, mi estimado Sebastian, por acompañarme tranquila y pacientemente a través del fuego hasta que te llegó el momento de atravesar el Puente del Arcoíris.

Agradezco a todos mis pacientes pasados, presentes y futuros por confiar en mí como su guía de viajes en sus recorridos terrenales. Mi infinita gratitud para mi brillante amiga, la doctora Sasha Heinz, por escribir el prólogo y por nuestra amistad; la vida ha sido mucho más divertida y el trabajo se ha vuelto infinitamente más inspirador desde que nuestros caminos se cruzaron. Saludos a Medusa y Perséfone reimaginadas.

Finalmente, para mi esposo Michael: gracias por ser el hombre más emocionalmente hábil que he conocido, y por ser mi más grande fan y mi mayor crítico. Tu perspectiva de ingeniero con mentalidad matemática me ha desafiado a aclarar conceptos y mejorar mis habilidades de escritura. Gracias por contenerme, amarme de forma excepcional, ser el mejor papá perro digno de un Óscar; por recordarme cómo jugar, y por cocrear una vida verdaderamente mágica. Te amo.

LECTURAS SUGERIDAS

Anderson, Oli. (2020). *Shadow Life: Freedom from Bullshit in an Unreal World*. Publicación independiente.

Barrett, Lisa Feldman. (2021). *Siete lecciones y media sobre el cerebro*. Paidós.

Beck, Martha. (2003). *Encuentre su propia estrella polar. Reclame la vida gozosa y feliz que está destinado a vivir*. Obelisco.

Bernstein, Gabrielle. (2016). *El universo te cubre las espaldas. Del miedo a la fe*. El grano de mostaza.

Bly, Robert. (1988). *A Little Book on the Human Shadow*. Harper One.

Bradshaw, John. (2015). *Volver a casa: recuperación y reivindicación del niño interior*. Gaia

———. (2005). *Sanar la vergüenza que nos domina: cómo superar el miedo a exteriorizar tu verdadero yo*. Obelisco.

———. (2000). *La familia*. Selector.

Brown, Brené. (2019). *El poder de ser vulnerable: ¿qué te atreverías a hacer si el miedo no te paralizara?* Urano.

———. (2017). *Los dones de la imperfección. Líbrate de quien crees que deberías ser y abraza a quien realmente eres. Guía para vivir de todo corazón*. Gaia.

Cameron, Julia. (2018). *El camino del artista. Un curso de descubrimiento y rescate de tu propia creatividad*. Aguilar.

Campbell, Joseph. (2020). *El héroe de las mil caras*. Atalanta.

Chapman, Gary. (2017). *Los 5 lenguajes del amor. El secreto del amor que perdura*. Unilit.

———. (2011). *Lo que me hubiera gustado saber antes de casarme*. Portavoz.

Chödrön, Pema. (2019). *Los lugares que te asustan. El arte de convertir el miedo en fortaleza*. Paidós.

Dana, Deb. (2019). *La teoría polivagal en terapia: cómo unirse al ritmo de la regulación*. Eleftheria.

Earley, Jay. (2009). *Self-Therapy: A Step-by-Step Guide to Creating Wholeness and Healing Your Inner Child Using IFS, a New Cutting-Edge Therapy*. 2.ª ed. Pattern System Books.

Estés, Clarissa Pinkola. (2022). *Mujeres que corren con los lobos. Mitos y cuentos del arquetipo de la Mujer Salvaje*. Vintage Español.

Fadiman, James y Gruber, Jordan. (2020). *Your Symphony of Selves: Discover and Understand More of Who We Are*. Park Street Press.

Faigel, Harris C. (2012). *Alchemy: How Adolescence Changes Children into Adults*. Quill House Publishers.

Fisher, Janina. (2023). *Sanar el yo fragmentado de los sobrevivientes del trauma. Guía para superar la autoalienación*. Gavia.

Forward, Susan y Frazier Glynn, Donna. (2014). *Mothers Who Can't Love: A Healing Guide for Daughters*. Harper Paperbacks.

Frances, Allen. (2014). *Saving Normal: An Insider's Revolt Against Out-of-Control Psychiatric Diagnosis, DSM-V, Big Pharma, and the Medicalization of Ordinary Life*. William Morrow Paperbacks.

Frankl, Viktor E. (2021). *El hombre en busca de sentido*. Herder.

Gilbert, Elizabeth. (2016). *Libera tu magia. Una vida creativa más allá del miedo*. Aguilar.

Gottlieb, Lori. (2021). *Deberías hablar con alguien. Una psicóloga, su terapeuta y un viaje revelador por el alma humana*. Urano

Gottman, John. (2002). *The Relationship Cure: A Five-Step Guide to Strengthening Your Marriage, Family, and Friendships*. Harmony.

Hari, Johann. (2021). *Conexiones perdidas. Causas reales y soluciones inesperadas para la depresión*. Capitán Swing.

Hendricks, Gay. (2020). *Tu gran salto. Conquista tus miedos ocultos y lleva tu vida al siguiente nivel*. Faro.

Hendrix, Harville y LaKelly Hunt, Helen. (1997). *Conseguir el amor de su vida. Una guía práctica para parejas*. Obelisco.

Johnson, Robert A. (2010). *Aceptar la sombra de tu inconsciente. Comprender el lado oscuro de la psique*. Obelisco.

Jung, Carl G. (2024). *El hombre moderno en busca de su alma*. Tus Decretos.

Lee, John. (2001). *Growing Yourself Back Up: Understanding Emotional Regression*. Three Rivers Press.

Levine, Peter A. (2020). *Trauma y memoria. Cerebro y cuerpo en busca del pasado vivo. Una guía práctica para comprender y trabajar la memoria traumática*. Eleftheria.

Levine, Peter A. y Frederick, Ann. (1997). *Waking the Tiger: Healing Trauma*. North Atlantic Books.

Lewis, Marc. (2016). *The Biology of Desire: Why Addiction Is Not a Disease*. PublicAffairs.

Love, Patricia y Robinson, Jo. (1991). *The Emotional Incest Syndrome: What to Do When a Parent's Love Rules Your Life*. Bantam.

Maté, Gabor. (2020). *Cuando el cuerpo dice «no». La conexión entre el estrés y la enfermedad*. Gaia.

Maté, Gabor y Levine, Peter A. (2010). *In the Realm of Hungry Ghosts: Close Encounters with Addiction*. North Atlantic Books.

McDaniel, Kelly. (2024). *Criadas sin amor. Cómo sanar las heridas causadas por la falta de cuidado materno para tener una mejor relación contigo misma y con los demás*. Urano.

Mellody, Pia y Freundlich, Lawrence S. (2003). *The Intimacy Factor: The Ground Rules for Overcoming the Obstacles to Truth, Respect, and Lasting Love*. HarperSanFrancisco.

Mellody, Pia, Wells Miller, Andrea y Miller, J. Keith. (2005). *La codependencia. Qué es, de dónde procede, cómo sabotea nuestras vidas*. Paidós.

Miller, Alice. (2021). *Por tu propio bien. Raíces de la violencia en la educación del niño*. Tusquets.

———. (2020). *El drama del niño dotado y la búsqueda del verdadero yo. Edición revisada y ampliada*. Tusquets.

———. (2020). *El cuerpo nunca miente*. Tusquets.

O'Donohue, John. (2010). *Anam Cara. El libro de la sabiduría celta*. Sirio.

Ogden, Pat, Minton, Kekuni y Pain, Clare. (2009). *El trauma y el cuerpo: un modelo sensoriomotriz de psicoterapia*. Desclée De Brouwer.

Pearson, Carol S. (2015). *Persephone Rising: Awakening the Heroine Within*. HarperOne.

Peck, M. Scott. (2019). *El camino menos transitado: hacia el amor, la serenidad y la plenitud*. Vergara.

Perel, Esther. (2007). *Inteligencia erótica. Claves para mantener la pasión en la pareja*. Ediciones Martínez Roca.

Pinker, Susan. (2022). *El efecto aldea. Cómo el contacto cara a cara te hará más saludable, feliz e inteligente*. Funambulista.

Porges, Stephen W. (2021). *Guía de bolsillo de la teoría polivagal. El poder transformador de sentirse seguro*. Eleftheria.

Pressfield, Steven. (2013). *La guerra del arte. Rompe las barreras y vence tus batallas creativas internas*. Black Irish Entertainment.

Resch, Elyse y Tribole, Evelyn. (2022). *Alimentación intuitiva. El retorno a los hábitos alimentarios naturales*. Gaia.

Rosenberg, Marshall B. (2017). *Comunicación no violenta. Un lenguaje de vida*. Acanto.

Roth, Geneen. (2019). *This Messy Magnificent Life: A Field Guide to Mind, Body, and Soul*. Scribner.

Schwartz, Richard C. y Falconer, Robert R. (2017). *Many Minds, One Self: Evidence for a Radical Shift in Paradigm*. Center for Self Leadership.

Schwartz, Richard C. y Sweezy, Martha. (2022). *Terapia Sistemas de familia interna (IFS)*. Eleftheria.

Siegel, Daniel J. (2007). *La mente en desarrollo. Cómo interactúan las relaciones y el cerebro para modelar nuestro ser*. Desclée De Brouwer.

Singh, Awdesh. *31 Ways to Happiness*. Balaji World of Books.

Szasz, Thomas S. (2008). *El mito de la enfermedad mental. Bases para una teoría de la conducta personal*. Amorrortu Editores.

Tatkin, Stan. (2015). *Conectados para el amor. Descifra el cerebro de tu pareja para que tengas una relación más sólida*. Grijalbo.

Tawwab, Nedra Glover. (2021). *Set Boundaries, Find Peace*. TarcherPerigee.

Turner, Toko-pa. (2021). *El verdadero significado de la pertenencia. Reconectar con nuestro hogar interior*. Sirio.

Van der Kolk, Bessel. (2020). *El cuerpo lleva la cuenta. Cerebro, mente y cuerpo en la superación del trauma*. Eleftheria.

Van Gennep, Arnold. (2013). *Los ritos de paso*. Alianza.

Walker, Pete. (2019). *TEP complejo. De sobrevivir a prosperar. Una guía y mapa para recuperarse del trauma infantil*. Plataforma editorial independiente CreateSpace.

———. (2015). *The Tao of Fully Feeling: Harvesting Forgiveness out of Blame*. Plataforma editorial independiente CreateSpace.

Watters, Ethan. (2011). *Crazy Like Us: The Globalization of the American Psyche*. Free Press.

Whitaker, Robert. (2015). *Anatomía de una epidemia. Medicamentos psiquiátricos y el asombroso aumento de las enfermedades mentales*. Capitán Swing.

Williamson, Marianne. (2021). *Volver al amor. Basado en los principios de Un curso de milagros*. Urano

Wolynn, Mark. (2018). *Este dolor no es mío. Identifica y resuelve los traumas familiares heredados*. Gaia.

Worden, J. William. (2022). *El tratamiento del duelo. Asesoramiento psicológico y terapia*. 5.ª ed. revisada y ampliada. Paidós.

Zweig, Connie y Wolf, Steve. (2002). *Vivir con la sombra. Iluminando el lado oscuro del alma*. Kairós.

RECURSOS ADICIONALES

Alexander, Bobby C. «Rite of Passage». *Encyclopaedia Britannica*. Disponible en: <https://www.britannica.com/topic/rite-of passage>.

Callahan, Molly. (18 de abril de 2019). «It's Time to Correct Neuroscience Myths». Northeastern University College of Science. Disponible en: <https://cos.northeastern.edu/news/its-time-to-correct-neuroscience-myths/>.

Mobbs, Dean *et al.* (2019). «On the Nature of Fear». Originalmente publicado en *Nature Neuroscience*, 22, 1205-16. Republicado en *Scientific American*. Disponible en: <https://www.scientificamerican.com/article/on-the-nature-of-fear/>.

Moser, Jason S. *et al.* (Diciembre de 2017). «Third-Person Self-Talk Facilitates Emotion Regulation Without Engaging Cognitive Control: Converging Evidence from ERP and fMRI». *Scientific Reports*, 7(1), artículo 4519. Disponible en: <https://doi.org/10.1038/s41598-017-04047-3>.

Pilecki, B. C., Clegg, J. W. y McKay, D. (2011). «The Influence of Corporate and Political Interests on Models of Illness in the Evolution of the DSM». *European Psychiatry*, 26(3),194-200. Disponible en: <https://doi.org/10.1016/j.eurpsy.2011.01.005>.

Sjöblom, Margareta *et al.* (2016). «Health Throughout the Lifespan: The Phenomenon of the Inner Child Reflected in Events During Childhood Experienced by Older Persons». *International Journal of Qualitative Studies on Health and Well-Being*, 11(1), artículo 31486. Disponible en: <https://doi.org/10.3402/qhw.v11.31486>.

Sutton, Jon. (Ed). (Abril de 2017). «Lisa Feldman Barrett: "Many Fairy Tales About the Brain Still Propagate Through Our Field"». *The Psychologist*, 30, 54-57. Disponible en: <https://thepsychologist.bps.org.uk/volume-30/april-2017/many-fairy-tales-about-brain-still-propagate-through-our-field>.

«What Causes Depression?». Harvard Health Publishing. (24 de junio de 2019). Disponible en: <https://www.health.harvard.edu/mind-and-mood/what-causes-depression>.